KB064804

그리스 철학과 神

그리스 철학과 神

소크라테스 이전 철학자들에서 신 개념의 역사

로이 케네스 해크 지음

이 신 철 옮김

도서출판 b

| 일러두기 |

1. 이 책은 Roy Kenneth Hack, *God in Greek Philosophy to the Time of Socrates*, Princeton: Princeton University Press, 1931을 완역한 것이다.

머리말

소크라테스 이전 철학에서 최고의 신적인 힘에 관한 학설들에 대한 이 서술은 신과 프네우마Pneuma(신의 영)에 관한 스토아학파 학설의 기원을 다루는 몇몇 연구의 결과로서 착수되었다. 이 연구들은 『종교 연구』*Ricerche Religiose*(1926-1929)에 실려 출간된 바 있다. 이 연구들에서 도달한 결론은 최고의 신적인 힘의 참된 본성에 관한 문제가 플라톤에 의해 처음으로 제기되었다고 한다면 플라톤에서 제논에 이르기까지 그리스 철학자들이 그 문제에 몰두한 것을 설명하기가 비록 불가능하지는 않다 하더라도 대단히 어렵다는 것이었다. 19세기의 많은 학자들은 그리스 철학의 역사가 우리에게 서로의 활동 사이에 거의 아무런 관계도 없는 다음과 같은 두 그룹의 철학자 상像을 제시한다고 믿었다. 소크라테스 이전 철학자들은 자연의 탐구에 그들의 온 정력을 쏟아 부어 자연과학을 창조했다고 생각되었으며, 플라톤과 아리스토텔레스는 자연과학을 형이상학에 종속시켜 최고의 신적인 실재에 관한 학문을 창조했다고 생각되었던 것이다. 첫 번째 그룹의 활동은 원자론자들의 완전한 "유물론"에서 그 정점에 도달했다고 생각되었다. 더 나아가 일반적으로 첫 번째 그룹은 신적인 힘의 본성에 관한 그 이전의 그리스 사유 및 전통들과 단호히 단절했다고 여겨졌다. 3세기도 채 안 되는 기간에 그리스 사유의 주된 흐름이 그 방향을 두 번 변화시킨 것으로 믿어졌던 것이다.

그리하여 원전들에 대한 재검토가 필요해 보였다. 이 작업은 일차 문헌과 이차 문헌 둘 다 철저히 그리스 텍스트에 토대하고 있다. 만약 다른 이들의 생각을 보고하는 데서 피할 수 없는 왜곡을 참작한다면, 나로서는 원전들은 최고의 신에 관한 그리스 사유의 연속성이 실제로는 결코 단절된 적이 없었다는 것을 보여준다고 믿는다. 어쨌든 만약 소크라테스 이전 철학자들이 최고의 신적인 힘의 본성에 대한 정의를 개선하고자 시도하고 있었다고 한다면, 이용 가능한 전거들이 설명될 수 있다. 그러나 다른 한편으로 만약 그들이 무엇보다도 우선 자연과학을 정초하고자 시도하고 있었다고 한다면, 그들의 일련의 학설들이 이해될 수 없게 될 뿐만 아니라 이용 가능한 전거의 대부분이 무시되지 않을 수 없다. 그리고 플라톤과 아리스토텔레스가 신적인 실재에 대해 드러내는 관심은 갑작스럽고 다소간 기적적인 발전으로 보이게 될 것이다. 나는 그리스어를 알지 못하는 독자들도 비록 불완전할 수밖에 없을지라도 스스로 판단할 수 있었으면 하는 바람에서 전거의 상당 부분을 번역해 놓았다. 그리고 여러 구절들에서는 원전의 독해를 복원할 수 있었는데, 여기서는 정당한 일이지만 저자가 그 동안 저술해 왔던 것을 미리 파악된 이론에 의해 수정했다.

나는 첼러Zeller에게 많은 빚을 지고 있다는 점을 감사한 마음으로 고백하지 않을 수 없다. 그의 기념비적인 『그리스인들의 철학』*Philosophie der Griechen*은 철저한 성실함과 그가 완벽하게 다룰 수 있었던 엄청난 해박함으로 인해 이 분야에서 모든 현대적 작업의 기초이다. 딜스Diels에게도 감사드리지 않을 수 없는데, 그가 편찬한 『소크라테스 이전 철학자들의 단편들』*Fragmente der Vors-okratiker*은 섬세한 학문 정신의 산물이자 필수 불가결한 도구이다. 버넷Burnet의 『초기 그리스 철학』*Early Greek Philosophy*과 로뱅Robin의 『그리스 사유』*La pen-sée greque*는 가치 있는 독자적인 저작들이다. 나는 참고 문헌에서 자신들의 탐구를 통해 이 시기에 대한 우리의 지식을 증대시켜 준 다른 몇몇 학자들의 이름도 거론해 두었다. 오토 길베르트Otto Gilbert의 『그리스 종교철학』*Griech-ische Religionsphilosophie*, 콘퍼드F. M. Cornford의 『종교에서 철학으로』*From Religion to Philosophy*, 그리고 디에A. Diès의 『신비한 순환』*Cycle mystique*은 초기 그리스 철학의 연구를 위해 특별히 중요하다.

한 마디 덧붙이자면, 내가 보기엔 이 시기나 다른 어떤 시기의 철학을 다루는 모든 사람들은 베르그송에게 매우 커다란 빚을 지고 있거나 빚을 져야만 한다. 사유와 표현의 관계, 철학 학파들의 발생과 철학 종파들의 전쟁, 그리고 부정 판단의 의미에 대한 엄청나게 집요한 연구로 철학사의 규율에 혁명을 일으킨 베르그송은 지금 예언자의 일반적 경험을 겪고 있다. 현대 사유의 대부분은 베르그송의 작업에 관한 한 시간적으로 이미 20년을 뒤처져 있다. 어느 천재이든 그의 성취에 대해서는 불가피하게 상당한 와전과 오해가 있을 수밖에 없다 할지라도, 철학을 과학에 종속시키고 인간 자유의 성장을 방해하는 것과 같은 자그마한 다툼들의 오만함과 무용함은 감소될 수 있어야 할 것이다.

우리 대학 대학원의 참으로 자유로운 재단과 우리 대학의 교무위원회, 그리고 대학원장인 모어L. T. More 교수와 고전학과장인 셈플W. T. Semple 교수에게 나는 그들의 공감하는 도움과 지원에 대해 특별한 빚을 지고 있다. 로마 대학의 에르네스토 부오나이우티Ernesto Buonaiuti 교수와 하버드 대학의 조지 라 피아나George La Piana, 그리고 신시내티 대학의 앨런 웨스트Allen West에게도 그들의 너무도 친절한 도움과 비판에 대해 깊이 감사드리지 않을 수 없다.

또한 출판 비용과 관련하여 찰스 펠프스 태프트 기념 재단Charles Phelps Taft Memorial Fund이 베풀어준 관대한 도움에 대해서도 기쁜 마음으로 감사드린다.

1930년 5월 19일

신시내티

R. K. 해크

| 차 례 |

제1장 신과 그리스 철학자들

일반적으로 우리 서구 세계에서 최초의 철학자로 알려져 있는 밀레토스의 탈레스는 물이 모든 것의 원인이자 근원이라고 말했다. 그는 또한 모든 것이 "신들"로 가득 차 있으며 살아 있다고 말하기도 했다. 탈레스와 그의 제자들이 말하고자 했던 것은 무엇인가? 우주 만물의 실체가 신적이라는 이러한 믿음은 그리스의 철학적 사유의 최초의 위대한 창조적 시기를 통해 어떤 변형을 겪었던가? 철학자들이 신성 divinity의 관념을 다루고자 할 때 어떤 일이 일어나는가? 그리스인들의 경험은 물론 이 마지막 물음에 대해 완전한 대답을 주지 못한다. 그러나 그것은 우리에게 최소한 몇 가지 교훈적인 암시를 줄 수 있다. 그리스 사유의 가장 훌륭한 것은 여전히 살아 있지만, 우리 자신의 무관심과 현대 학문의 지나친 전문화로 인해 그것은 너무도 조용하고 외로운 삶을 살고 있다. 그리하여 철학자들은 아주 종종 실제로는 기원전 4세기에 속하는 이론을 표명함으로써 현대 세계를 깜짝 놀라게 할 수 있다. 마찬가지로 아주 종종 그리스의 과학과 철학 그리고 종교를 다룬 역사들은 실제로는 서로 의존하고 있는 사실들을 완고한 정의들에 의해 분리시키고자 시도해 왔다.

탈레스와 그의 제자들에 대한 견해들이 적절한 사례이다. 몇몇 역사가들은 합리적인 과학이 참된 철학의 근원이며 참된 철학임을 인정할 수 있게 해주는 하나의 진정한 인식표라고 확신한다. 그리하여 그들은 우주만물의 기원에 관한 다양한 우주발생론들cosmogonies이나 이야기들이 그리스 철학이 그로부터 전개된 배아일 수 있다는 주장을 몸서리치며 거부하는 것이다. 탈레스와 이오니아학파의 나머지 사람들이 세계나 근원적 실체에 신성을 귀속시킨다는 사실은 다소간에 장애물이다. 그러나 그들은 이오니아학파가 "신"이라는 용어를 사용할 때 의미하는 것이 전적으로 세속적이고 비종교적인 어떤 것이라고 주장함으로써 그 문제를 해결한다. 그들과 마찬가지로 훌륭한 학자들이자 정확히 똑같은 사실을 다루고 있는 다른 역사가들은 비록 이오니아학파가 우리가 이야기 듣고 있는 것처럼 생명과 성장, 신과 영혼을 우주만물로부터 완전히 추방한 원자론자들의 학설에서 그 정점에 도달하는 과학적이고 실천적인 충동에 고무되었긴 하지만 계속해서 종교적 관념들을 다룬다고 주장한다. 서로 갈등하는 이 두 견해 사이의 실제적인 차이가 이오니아의 사유가 세속적이고 과학적으로 되었다고 이야기될 수 있는 날짜에 관한 것이라는 점은 분명하다. 버넷학파는 신성이 이오니아의 세계 도식으로부터 사실상 제거된 것이 탈레스의 시대보다 오래 전이라고 주장하는 데 반해, 콘퍼드는 그 과정이 기원전 5세기의 일정한 시점까지는 끝나지 않았다고 생각한다.

우리는 나중에 신성이 이오니아의 세계 도식으로부터 실제로 추방된 적은 결코 없었다고 믿을 만한 어느 정도의 이유가 있다는 것을 보게 될 것이다. 사실 철학 체계들에서의 신성은 **그럼에도 불구하고 계속해서 되돌아온다**_tamen usque recurret_는 호라티우스의 시구에서의 자연과 유사해서, 그것은 사람들이 아무리 내쫓고자 애쓰더라도 언제나 되돌아오는 길을 발견하게 될 것이다. 물론 그럼에도 불구하고 이오니아학파는 예외일 수도 있다. 만약 그들의 문명이 극도로 세속적이었다는 것이 사실이라고 한다면, 탈레스가 "신"이라는 용어를 사용할 때 의미했던 것이 매우 비종교적인 어떤 것일 수 있으며, 초기 철학사에서의 가장 찬란한 장은 실제로는 과학사에서의 한 장이자 플라톤, 제논 그리고 에피쿠로스의 매우 종교적인 체계에 대해 낯설고도 적대적인 서곡인 것으로 판명될 수도 있다. 그러므로 "신"(테오스θεός)의 의미는 단순한 번역의 문제가 아니라 그리스 사유의 역사 전체를 포함하는 문제가 그에 집중되어 있는 핵심이다. 그리고 탈레스가 사용한 단어들은 사회적 산물이자 그의 동료 이오니아 학자들에게 많든 적든 이해될 수 있어야만 했기 때문에, 우리는 그의 시대(탈레스는 기원전 585년경에 활약했다)의 교양 있는 그리스인들이 신들과 우주만물에 관해 어떻게 생각했으며 또 그들의 신성 개념이 어느 정도까지 비종교적이었는지를 탐구하지 않을 수 없다.

다행스러운 것은 이미 충분히 어려운 이 탐구가 기원들의 문제로 인해 더 복잡해질 필요가 없다는 점이다. 이 목적을 위해서 문헌 전거가 중요해지는 것은 다만 오로지 그것만이 유일하게 현실적인 용법을 증명해 주기 때문일 뿐이다. 제우스가 본래 부싯돌 신이거나 아폴론이 담쟁이덩굴 가지인지 아닌지 하는 것은 그 기원들의 영향이 기원전 6세기에 명확히 나타나 있지 않다면 아무런 차이도 없다. 물론 호메로스야말로 우리의 최초이자 가장 위대한 증인이며, 얼마간은 가장 다가서기 어려운 증인이기도 하다. 그가 어째서 우리의 가장 위대한 증인인가 하는 것은 아주 분명하다. 바로 그의 천재성이 그의 시가詩歌들을 불멸적인 것으로 만들었으며, 호메로스를 알지 못하는 그리스인은 아무도 없었던 것이다. 호메로스가 다가서기 쉽지 않다는 것은 아마도 그리 분명하지 않았을 것이다. 그리스어는 여전히 여러 학자들에게 알려져 있으며, 주위에 호메로스의 풍부한 사본들과 번역들이 존재한다. 그렇다면 호메로스에 이르는 길을 방해하는 것은 무엇인가?

제2장 호메로스

　호메로스가 다가서기 어렵다는 점에 대해서는 하나의 적절한 설명이 있는데, 그것은 바로 그의 천재성이다. 그 천재성이란 그저 그가 다른 가장 위대한 시인들과 마찬가지로 우리의 물음을 참아내지 못하고 오히려 편협하고도 괴팍스럽기 짝이 없는 개인적인 모든 것을 그 밑에 숨기고 있는 넓고도 깊은 창조적 힘을 지니고 있다는 것만이 아니다. 그의 대중성 역시 그의 천재성의 결과이며, 이러한 그의 대중성은 그에게 약탈거리를 찾아 헤매는 군대와도 같은 수많은 주석가들을 가져다주었다. 그 결과는 시인이 거의 사라져버렸다는 것이다. 19세기의 비평가들은 특별히 부지런해서, 그들은 미리 파악된 가능한 모든 이론의 이름으로 호메로스의 증거를 모호하게 만들거나 부정했다. 그의 시들이 제공하는 "자료"는 마치 그것이 산호초 또는 몇 세기에 걸친 시적 활동에 의해 침전된 퇴적물(이 표현은 저명한 역사가

에두아르트 마이어Eduard Meyer의 것이다)이기나 한 것처럼 다루어졌는데, 그리하여 그로부터 사실들이 자의적으로 선택되어 기원전 5세기에 이르는 아무런 시기에나 마음대로 귀속될 수 있었다. 이러한 호메로스 비평의 시대에서 유래한 가장 두드러진 이론 가운데 하나는 이미 언급된 바 있다. 그 이론에 따르면 호메로스와 이오니아 문명 전체의 정신은 철저히 세속적이었으며, 호메로스의 신들은 변함없는 숭배의 대상이기를 그쳤고, 호메로스는 신들을 경외심을 가지고 바라보지 않았으며, 사실상 신의 관념을 숭배의 관념으로부터 떼어놓기 위해 많은 일을 행했다.

만약 호메로스가 강력한 반종교적 힘이라는 이 이론이 받아들여질 수 있다면 분명히 우리가 탐구하고 있는 문제는 이미 해결된 셈이다. 호메로스에게 공감하고 있는 이오니아 철학자들은 "신"이라는 용어를 어느 정도 비종교적이거나 불경스러운 의미에서 우주만물 또는 근원적인 실체에 적용할 수 있었을 것인바, 그것의 정확한 의미에 대한 그 이상의 탐구는 이를테면 온갖 보잘것없는 주장에 대해 설명을 요구하는 것과 마찬가지라 할 것이다. 그 이론이 탁월한 학자들에 의해 추천되었다는 점은 인정하지 않을 수 없다. 그 이론은 빌라모비츠Wilamowitz와 로데Rohde의 산물이며, 에두아르트 마이어는 호메로스가 "철두철미 신성모독적"*durch-aus profan*이라고 말했다. 그리고 그 이론은 아주 그럴듯하다. 더 나아가 그 이론의 바로 그 존재야말로 크세노파네스와 플라톤이 호메로스에 대해 행한 공격의 생명력을 증명해 준다. 현대의 이론은 호메로스의 의인화된 신들이 근본적으로 반종교적이라는 오랜 비난을 희석시켜 반복하는 것 이상이 아닌 것이다.

그러나 아주 기묘하게도 호메로스가 종교 교과서를 저술했으며 전문적인 신학자로서 이야기했다는 이론 역시 마찬가지로 그럴듯하며 또 아주 오랜 역사를 지니고 있다. 비록 시가가 그토록 가치 있는 것이 아니라 하더라도, 이 두 가지 견해가 서로 직접적으로 모순된다는 사실은 다만 인간 판단의 상대성과, 마치 기생식물들이 한 나무의 서로 다른 가지들 위에서 살아가듯이 비평가들도 한 시인이 지닌 천재성의 서로 다른 측면들 위에서 살아간다는 것에 대한 흥미로운 증명에 지나지 않을 것이다. 어쨌든 이 두 번째 견해를 지지하는 사람들도 첫 번째 견해를 지지하는 사람들만큼이나 존경받을 만하고 아마도 그 수에서는 더 많을 것이다. 고대 그리스인들의 대부분이 그 견해의 지지자들이었으며, 그들이 호메로스가 위대한 종교적 교사라고 믿은 것은 그를 전쟁기술과 웅변술의 권위자로 표현한 것만큼이나 자연스러웠다. 헤로도토스의 잘 알려져 있는 다음 구절은 이 견해의 전형적인 경우이다. "호메로스와 헤시오도스는 그리스인들을 위해 시적인 신발생론Theogony을 지었으며, 신들에게 그들의 뜻 깊은 이름을 부여했고, 그들에게 그들의 고유한 명예와 기술을 배정했으며, 그들의 다양한 종류를 나타내 보였다." 이것은 헤시오도스에 대해서는 거의 전적으로 참이다. 그러나 그것은 호메로스에 대해서는 거의 전적으로 거짓이다. 헤시오도스는 전문적인 신학자에 가까웠다. 하지만 호메로스는 그렇지 않았다. 거의 모든 그리스인들이 호메로스가 신들에 관해 **틈틈이 지나치는 김에 말한 것들**obiter dicta을 어떻게든 받아들였다는 사실은 실제로는 그의 영향력의 증거이지 그것이 그를 신학자로 변화시키는 것은 아니다. 호메로스가 신들에 관해 말해야만 했던 것들은 예술 작품의 필수적인 것에 부수적인 것들이다.

좀 더 자세히 검토해 보면 외견상으로 모순되어 보이는 이 이론들이 공통의 토대 위에 기반하고 있음을 알아볼 수 있다. 그 이론들은 둘 다 호메로스가 신들에 관하여 진리를 말하고자 하며, 시가가 마치 전문적인 신학자의 작품인 것처럼 다루어질 수 있다고 가정한다. 그러한 가정으로부터 크세노파네스와 플라톤, 로데와 버넷은 호메로스가 그 어조에서 불경스럽고 세속적이며 반종교적이라는 결론에 도달한다. 그리고 대부분의 고대인들은 똑같은 증거를 사용하여 호메로스가 위대한 종교적 교사였다는 결론에 도달했다. 하지만 그 가정이 당연히 받아야 할 존중에도 불구하고, 우리가 생각해 보아야 할 것은 그 본래의 가정이 올바르지 않으며 오직 그 가정을 포기함으로써만 그것의 지지자들이 호메로스와 우리 사이에 설치해 놓은 장막이 제거될 수 있다고 하는 점이다. 의심할 바 없이 호메로스는 다른 것들뿐만 아니라 종교에 관해서도 우리에게 교훈을 줄 수 있다. 그러나 우리는 마땅히 이 후기 시대에 그로 하여금 한 예술가가 가르치듯이 가르치도록 허락하는 예의를 갖추어야 한다. 우리는 그가 설교도 강의도 하지 않을 것이라고 단연코 확신할 수 있을 것이다.

우리는 지금 호메로스의 시들을 한 사람의 의식적인 문학 예술가의 시들로 읽고 판단할 권리를 주장한 셈이다. 아마도 주의해야 할 것은 그 시들을 몇 세기에 걸친 익명의 시적 활동의 산물로 간주했던 유명한 이론이 마침내 사실상 사멸해 버렸다는 점이다. 그것은 지난 30년 동안 점점 죽어가고 있었다. 사실 그것은 전대미문의 문학적 이단이었으며, 마침내 그 이론을 전복시키는 사실들이 발견된 후에도 오랫동안 삶을 유지해 왔다. 그 이론을 지지하는 자들의 용기는 굉장했다. 그리고 우리는 그들이 문헌 비판과 역사 비판이라는 **과학**_Wissenschaft_

의 기치 아래 싸웠다는 것을 잊어서는 안 되는데, 그 모든 것들이 그들을 고무시켜 사실들에 대한 그들의 저항을 연장시켰던 것이다.[1] 다시 한 번 우리는 자유롭게 호메로스를 탐구하여 그의 시들에서 세계에 대해 그가 개인적으로 그려 보이는 것을 탐구해야 한다.

우리가 마땅히 그렇게 기대할 수 있듯이 신들에 관해 호메로스가 그려 보이는 것은 아주 탁월하게도 대단히 포괄적이고 탄력적이다. 그것은 체계적이지 않다. 그것은 만약 호메로스가 철학자나 신학자였더라면 그러했을 것처럼 신들에 관한 가정들을 그것들이 지닌 논리적인 귀결로 전개하지 않는다. 그러나 또한 그것은 만약 호메로스가 반종교적이었다면 그러했을 것처럼 다신론적인 신화의 가능성들을 희롱하는 한갓된 쾌활한 유희도 아니다. 호메로스가 보는 세계에는 신들이 떼를 지어 모여 있다(테오이Θεοί, 다이모네스δαίμονες). 그리고 세계는 신적인 힘에 의해 철저히 효과적으로 지배되고 있다. 종종 이 힘은 집합적 통일체로서의 신들에 의해서 행사되고 또 그들에게 속하는 것으로서 표현된다. 그리고 가끔은 오로지 제우스만이 이 힘을 휘두르는 것으로서 표현된다. 만약 인과성이 이러한 계통에, 즉

• • •

1) 19세기에 호메로스의 서사시가 다수의 익명의 시인들에 의해 지어졌다고 주장한 학자들은 그들의 비판 결과들이 "과학적"이라고, 다시 말하면 그들의 분석은 문헌 비판이라는 "과학" 위에 서 있기 때문에 화학자들에 의해 수행된 분석만큼이나 정확하다고 주장했다. 그들의 믿음에는 불행하게도 호메로스에 대한 그들의 분석은 서로 아주 달랐다. 그러한 차이는 화학자들이 같은 물질을 분석할 때는 발생하지 않는다. 그리하여 문헌 비판은 과학이 아니라 사이비 과학이며, 그것의 결과들이 가지는 정확성은 보증된 방법이 아니라 특수한 비판자의 통찰에 의존하는 것이라는 저항할 수 없는 추론이 도출되었다. 다른 한편 고고학적 발견들은 다수의 저자를 주장하는 이론이 본래 그 위에 서 있었던 초기 그리스 국가에 관한 모든 가정들을 분쇄시켜 버렸다.

분명히 인격적이고 의인화된 신이나 신들에 한정된다면, 호메로스의 종교적 세계를 "인격적 유신론의 노선에서 *구축된*" 것으로서 기술하는 것이 정당화될 수 있거나 차라리 다신론이라고 말할 수 있을 것이다.

사실 이것은 전통적 견해이다. 일반적으로 호메로스는 비록 때때로 불경스러운 태도를 보이기는 하지만 인격적 다신론을 확신하고 있는 신자로서 다루어지곤 한다. 그리고 그는 실제로 그러하다. 그러나 호메로스를 이해하는 데서 가장 중요한 것은 그의 종교적 믿음들에 관한 이러한 기술이 남김없이 철저하거나 대략적이나마 적절한 기술과는 거리가 멀다고 하는 점과 그의 종교적 세계가 인격적 다신론의 경계를 넘어서고 있다는 점에 주목하는 것이다. 비록 다음과 같은 표현이 형용모순처럼 들릴 수 있긴 하겠지만 호메로스가 비인격적 유신론을 믿고 있다고 주장하는 것도 마찬가지로 참일 것이다. 우리가 바로 그들의 지적 상속인인 한 사람이나 사람들의 관념에 대해 논의할 때 우리는 자연스럽고도 불가피하게 오랜 사고방식에 현대적인 상표를 갖다 붙이며, 이러한 상표들의 표지 밑으로 현대의 개념들을 몰래 들여와서는 실제로는 우리 자신의 것만큼이나 단순하고 아마도 합리적일 믿음들에서 복잡하게 뒤엉켜 있고 비합리적으로 보이는 모습을 산출하곤 한다. 그리하여 인위적인 문제들이 창조된다. 우리는 바로 호메로스의 유신론에 관해 제기된 난점들에서 그러한 문제의 탁월한 예를 지니고 있다.

현대적 사유는 유신론의 개념에서 자동적으로 인격성의 개념을 연상한다. 하지만 그리스의 사유는 반드시 그 두 개념을 결합시키지는 않았다. "신"이라는 용어를 사용할 때 우리는 부지불식간에 그것을 고유명사로, 즉 인격적 존재의 이름으로 간주한다. 그리고 철학과 기독교의 역사가 우리의 현대적인 용법을 설명해 준다. 그러나 우주 만물 안에서의 신적인 힘의 작용에 관한 호메로스의 견해와 보통의 그리스인의 견해는 그것을 인격적 존재의 효력을 발휘하는 행동에 제한하지 않았다. 심지어 **테오스**Θεός라는 단어마저도 종종 어떤 익명의 비인격적인 신적인 힘의 행동을 가리키기 위해서 사용된다. 그러한 예들이 카펠Capelle과 에벨링Ebeling의 호메로스 어휘사전에 인용되어 있다. 아마도 **테오스**가 비인격적인 것으로 쓰이는 경향을 보여주는 가장 명백한 증거는 호격이 후기 시대까지 전혀 사용되지 않았다는 사실일 것이다. 다른 한편 그리스인들은 정확히 제우스나 다른 신들과 같은 단일한 총괄적인 명칭 아래 말을 건넬 수 있었을 뿐만 아니라 또한 인격적 존재들로서 생각될 때에는 이름을 불러 말을 건넬 수도 있었던 신적인 힘들의 집합체로서의 **테오이**(신들)에게 기도드릴 수 있었고 또 그렇게 했다.

호메로스가 신적인 힘을 반드시 인격적 존재에 의해 행사되는 것으로 생각하지 않았다는 사실은 **테오스**와 명백히 인격적인 신들의 이름에 더하여 그가 그러한 힘의 소유자를 지칭하기 위해 사용하는 다양한 용어들과 그 용어들의 본성에 의해 충분히 예시된다. 이러한 용어들 가운데 가장 중요한 것들은 **다이몬**δαίμων과 **다이모네스**δαίμονες(각각은 영어로 "demon"을 연상하지 않도록 하기 위해 "daimon"과 "daimons"로 번역된다)[2], 그리고 **모이라**μοῖρα와 **아이사**αἶσα("모이라"와 "아이

• • •

[2] 이교의 신들이 존재한다는 것을 부정하고자 하지 않았던 초기 기독교인들은 이교의 신들을 악마적인 신적인 힘들로 분류하는 데 만족했고, 그것들 모두를 **다이모네스**라고 불렀다. 그리하여 "demon"의 현대적인 용법은 악마적인 신적인 힘을 의미하

사"는 숙명 내지 운명)이다. 다이몬은 가끔 **테오스**와 동일시되기도 하지만, 종종 "신적인 힘"이나 "숙명" 또는 "행운"과 동의어로서 사용된다. 그리고 모이라에 대한 호메로스의 취급은 끊임없는 논쟁을 불러일으켰는데, 왜냐하면 그것은 대단히 날카로운 형식으로 나타나는 인위적인 문제를 제기하기 때문이다.

호메로스는 인과적 힘을 아주 자유롭게 이름이 없는, 따라서 다소간에 비인격적인 "신" 내지 "다이몬"에 귀속시킬 수 있다고 느낄 뿐만 아니라, 그보다 훨씬 더 나아가 종종 운명을 신적인 힘의 전체를 소유하고 있는 것으로서 표현하곤 한다. 운명 내지 숙명의 관념은 사건들의 연속을 지배하는 비인격적이고 변경 불가능한 힘의 관념이다. 운명에 대해서는 거의 제단이 세워지지 않았고 또 운명에게는 거의 기도가 드려지지 않았다. 논리적으로 볼 때 운명에 대한 믿음은 기도에 귀 기울이고 자기들의 친구들에게는 보상을 베풀며 적들에게는 벌을 내리는 인격적이고 전능하거나 거의 전능한 신들에 대한 믿음과는 어울리지 않는다. 어쩔 수 없는 인과성에 대한 호메로스의 믿음은 분명히 우리가 철학적이라고 부르는 종류의 믿음이다. 그리고 그것은 사물들 일반의 본성과 특별히 인간들이 문제되는 한에서는 죽음의 불가피성에 관한 사색의 결과인 것으로 보인다. 그러므로 숙명은 종종 죽음과 같은 뜻이다. 다른 한편 만약 숙명이 그렇듯 실제로 전능하다면 인격적인 제우스가 휘두르는 힘은 어찌되는가?

이러한 난점에 대한 그럴듯한 해결책이 벨커Welcker에 의해 제안되었고 네겔스바흐Nägelsbach의 『호메로스의 신학』*Homeris-che Theologie*

• • •

게 되었다.

에서 받아들여졌다. 그것이 그럴듯한 까닭은 그루페Gruppe가 말하는 것처럼 "신이 더 강력하면 할수록 그와 운명과의 조화는 그만큼 더 밀접"하기 때문이다. 그러나 그 해결책은 바로 제우스가 자기 자신의 의지를 갖고자 하거나 실제로 무슨 일이 일어나는지를 알지 못하는 일이 일어나는 경우들에서 난파된다. 제우스가 자기의 아들 사르페돈을 운명에서 구해내고자 했을 때 헤라가 그를 꾸짖었고 제우스는 "그녀를 무시하지 않았다." 다시 말하면 제우스는 자기가 하고자 했던 일을 포기했던 것이다.[3] 제우스가 아프로디테, 사랑, 욕망 그리고 잠의 무시무시하고도 효과적인 도움을 받은 헤라에게 현혹되었을 때 그 위대한 신의 의지는 도대체가 전혀 숙명과 동일시될 수 없었다.[4] 아가멤논은 심지어 제우스마저도 또 다른 경우에 헤라에게 기만당하고 아테(파멸적인 어리석음)로 인해 눈이 멀어 그 자신의 욕망에 반해 에우뤼스테우스를 영화롭게 하지 않을 수 없었다는 것을 이유로 아킬레우스와의 다툼을 변명하기 위해 애쓴다.[5] 호메로스는 과연 진지하게 그렇듯 무지와 맹목적 열정의 노리개일 뿐인 제우스라는 이 신의 의지를 운명과 동일시하고자 했을까?

실제적 해결책은 하나의 인격적 신의 의지와 운명을 동일시하는 데가 아니라 전혀 다른 방향에 놓여 있다. 호메로스가 "제우스"라는 단어를 여러 가지 서로 다른 의미에서 사용할 수 있었고 또 그렇게 사용했다는 점을 우리가 상기하자마자 난점은 사라지고, 인격적 신들과 운명 사이의 불일치가 해결된다. 이 제안은 언뜻 보기에 어느 정도

● ● ●
3) 『일리아드』Iliad, XVI, 431 ff.
4) 같은 책, XIV, 153 ff.
5) 같은 책, XIX, 91 ff.

비난받을 만한 것으로 보일 수 있을 것이다. 우리는 부지불식간에 파넬Farnell 씨와 더불어 이렇게 소리 높여 외치는 경향이 있다. "호메로스가 제우스에 대해 말할 때 의미했던 것은 제우스다."[6] 우리가 습관적으로 고유명사에 대해 그것이 자기의 의미를 **한 묶음으로**en bloc 산출한다고 생각하는 것은 완전히 참이다. 스미스가 스미스를 의미하듯이 제우스는 제우스를 의미한다는 것이다. 그럼에도 불구하고 정신적 습관들은 안전한 안내자가 아니다. 우리가 지금 어떤 스미스가 의도되고 있는지를 물어야 하는 것처럼 호메로스를 다루는 데서도 그가 어떤 제우스를 의미하고 있는지를 물어보아야만 한다는 제안은 본래, 호메로스가 "제우스"라는 용어를 사용할 때 종종 운명이나 행운을 의미한다고 말한 플루타르코스로부터 유래한다(De Aud. Poet., 23E).

그리스 제식의 역사에서 제우스라는 이름으로 불리는 일련의 여러 신들이 있는 것과 마찬가지로 호메로스의 구절들에도 제우스라는 이름으로 불리는 일련의 여러 신들이 있다. 단일한 이름 아래 서로 다른 특이한 존재들과 의미들이 놓여 있다는 사실은 플루타르코스뿐만 아니라 사려 깊은 모든 그리스인들에게 익숙했다. 어떤 그리스인도 아르카디아에서 숭배되고 인간 희생물을 요구한 야만적인 제우스와 낯선 손님을 보호하는 친절한 제우스(**제우스 크세니오스**Ζεύς Ξένιος)를 구분하는 데서 조금도 어려움을 느끼지 않았다. 호메로스 역시 형용어구나 맥락에 의존하여 제우스에 대한 자신의 언급을 분류했는데, 그것은 나중에 그리스인들이 자기들의 부를 지키고 증대시키기

● ● ●

6) 『그리스 국가들의 제식』Cults of the Greek States, I, 79.

위해서 **제우스 크테시오스**Ζεὺς Κτήσιος(획득의 제우스)에게 기도하거나, 부모에 대한 자식의 의무와 자식에 대한 부모의 의무를 지키기 위해서 **제우스 헤르케이오스**Ζεὺς Έρκείος(가정을 보호하는 제우스)에게 기도를 드렸던 것과 전적으로 마찬가지이다. 사르페돈의 죽음을 슬퍼하는 인격적이고 의인화된 제우스는 그의 의지가 운명과 동일한 비인격적이거나 탈인격화된 제우스와는 너무도 다르다. 의미에서의 차이는 직접적으로 시인의 의도에 기인한다. 한 경우에서 호메로스는 반신녀半神女인 라오다메이아, 곧 사르페돈의 어머니를 사랑한 매우 인간적인 신에 관해 언급하고 있으며, 그 맥락은 혈족과 애정 그리고 인간적 열정의 맥락이다. 그러나 다른 경우에서 호메로스가 생각하고 있는 것은 사건들의 연쇄이며, 그 연쇄를 꾸며낸 것처럼 보이고 또 인간적 고통 저 멀리 위로 끌어올려져 있는 위대하고 신적인 비인격적인 힘이다. 하나의 제우스는 운명에 종속되어 있다. 그러나 다른 제우스는 운명이다. 그 두 신적인 힘들은 똑같은 이름을 가지고 있으나 그 밖의 공통점은 거의 지니고 있지 않다.

　이로부터 곧바로 나타나는 결론은 신성에 관한 호메로스의 개념이 만약 그의 정신이 오로지 의인화된 인격적 다신론의 한계 안에서만 움직였더라면 그러했을 것보다 훨씬 더 탄력적이고 포괄적이라는 것이다. 그것은 체계적인 개념이 아니며, 다양한 편차와 느낌을 지닌 의미들로 가득 차 있다. 그러나 일반적으로 말할 수 있는 것은 호메로스의 이야기 속에서 의인화된 신들이 자연스럽고도 불가피하게 뚜렷한 인과적 행위자임에도 불구하고 호메로스는 이러한 인간적 특성들을 신성의 필수 불가결한 속성으로 여기고 있지 않다는 점이다. 운명과 거의 동일한 탈인격화된 제우스와 운명 그 자체는 탁월하게 신적이며, 그것들은 또한 탁월하게 인과적이다. 그것들은 모든 사건들의 신적인 근원이며 세계를 지배하는 힘이다.

사실상 호메로스는 비인격적으로 자신을 드러낼 수 있고 그 경우 모이라나 아이사 또는 제우스의 의지, "산"이나 "신들" 또는 다이몬이라 불리는 신적인 힘의 보고가 세계 속에 있는 것처럼 말한다. 그밖에 또한 그것은 서로 다른 정도로 인간적 특성들을 부여받은 이름을 지닌 신적인 존재들을 통해 자기 자신을 드러낼 수도 있다. 신성에 대한 호메로스의 묘사는 풍부하고 다채롭다. 사람들은 아마도 이러한 묘사가 그 모든 현현들에 공통된 견고한 핵심과 단일한 요소를 전혀 지니지 않는다고 생각할 수도 있을 것이다. 그러나 견고한 핵심과 공통된 요소는 존재한다. 그것은 바로 신성의 다름 아닌 실체와 하나의 기본적인 원리가 힘이라는 것이다.

그리스인들은 일반적으로 신성에 대한 호메로스의 직관에 계속해서 충실했다. 호메로스의 시대에서 약 오백 년이 지난 후 메난드로스는 "힘 있는 것은 이제 신으로서 숭배된다(토 크라툰 가르 뉜 노미제타이 테오스τὸ κρατοῦν γὰρ νῦν νομίζεται Θεός)"[7)고 말했다. 뻔뻔스럽게 표현되어 있다고도 할 이 언명은 뭔가 역설의 기미를 보이기도 하지만, 그럼에도 불구하고 정확하다. 만약 신성에 관한 이 관념을 작업가설로서 받아들여 시험해 본다면, 우리는 풍부한 확증을 발견하게 될 것이다.

호메로스가 신성을 부여하는 자연의 힘들을 모두 다 열거할 필요는 없다. 오케아노스(세계를 둘러싸고 있는 신적인 강)는 모든 신들의

● ● ●

7) Kock, 『아티카 희극 단편집』*Comicorum Atticorum fragmenta*, 261.

"존재의 근원"(게네시스γένεσις)이라 불린다. 그의 아내이자 모든 신들의 어머니인 테티스는 신적인 "유모"이다. 그리고 이들의 자손들 가운데는 태양(헬리오스), 밤, 여명(에오스), 그리고 계절들(호라이), "셀 수 없는 짐승의 무리를 먹이는 낮고 굵은 목소리의" 바다인 암피트리테, 강의 신들, 님프들, 바람의 신들이 있다. 죽음과 잠은 또 다른 종류의 위대한 자연의 힘들인데, 그들은 타나토스와 휘프노스로서 신성이 부여된다. 우리는 인간적 성질들이 제거된 제우스가 신적인 운명으로 될 수 있음을 보았다. 또한 호메로스는 "두 주인의 부르짖음이 더 높은 대기를 통해 제우스의 광채에 닿았다"는 구절에서 제우스가 또 다른 변형을 겪도록 하는 데 주저하지 않았는데, 거기서 제우스는 하늘이 되었다. 마찬가지로 아레스는 "아레스의 죽음과 격정으로부터 벗어나기 위한 기도"라는 구절에서 변형되고 있는데, 거기서 아레스는 전쟁이다. 그리고 헤파이스토스는 "그들은 내장들을 뱉어내 그것들을 헤파이스토스 위에 두었다"는 구절에서 불로 된다.8) 이름은 강력한 자연력을 의미하며, 그 자연력은 신적이다.

자연의 힘에 신성을 부여하는 뚜렷한 예가 『일리아드』의 제21권에서 발견된다. 그것은 아킬레우스와 헥토르의 마지막 전투가 임박한 순간인데, 호메로스는 이 거칠고도 장대한 장면에서 크산토스 강 앞에서의 아킬레우스의 도주와 신적인 강을 제압하는 신적인 불(헤파이스토스)에 의한 아킬레우스의 구원을 이야기한다. 세계와 세계 내의 힘들이 우리의 눈앞에서 생동하게 된다. 아니 아마도 호메로스의 천재성이 우리의 상상력을 날카롭게 한다고 말하는 것이 진실에 더

• • •

8) *Iliad*, XIII, 837; Ⅱ, 401; Ⅱ, 426.

가까울 것인바, 바로 그때 우리는 우리의 정신에는 낯설지만 그리스인들에게는 친숙했던 살아 있고 신적인 우주만물을 바라본다.

호메로스는 인간의 삶 속에서 작용하는 또 다른 일련의 힘들을 신적인 존재들로서 취급한다. 남신인 전율(데이모스), 공포(포보스), 여신인 불화(에뉘오), 투쟁(에리스), 파멸을 초래하는 어리석음(아테), 간구(리타이), 우아(카리테스), 소문(오사), 정의(테미스)가 그것들이다. 현대의 정신이 더 이상 이해하지 못하는 믿음 앞에서 느끼는 불편함을 이러한 신들이 습관적으로 인격화된 존재로서 불린다는 사실보다 더 잘 예시해 보여주는 것은 아무것도 없다. 인격화한다는 것은 인격적 본성을 추상에 귀속시킨다는 것을 의미한다. 그러면 어떤 관점에서 포보스가 추상인가? 학자들의 오랜 논쟁을 소개하고, 공포의 형식을 공포의 질료로부터 분리하여 고찰하는 것에 관해 이야기하는 것은 아주 부적절할 것이다. 어쨌든 호메로스와 그리스인들이 공포를 신으로 만든 것은 그것이 실재적인 힘이기 때문이다. 다른 한편 파넬 씨는 강력한 정신적 정서를 외부의 보이지 않는 세계로 투사하여 그것을 "신적인 인과적 힘의 뭔가 모호한 '신령한 존재Numen'"와 동일시하는 것은 "후기의 반성적 사유가 아니라 정신의 원초적 습관의" 징표라고 말한다.9)

우리는 우리의 현대적인 반성적 사유와 정신의 원초적 습관 사이의 대비를 지적함으로써 미묘하게 우리를 우쭐하게 만드는 모든 진술들을 좀 더 조심스럽게 의혹을 가지고서 살펴보아야 할 것이다. 이러한 특수한 경우에서 신성을 힘에 돌리는 것은 원초적일 수도 있고 아닐

- - -

9) 앞의 책, V, 444.

수도 있다. 그러나 일단 그러한 일이 이루어지게 되면 공포나 정의에 일종의 실재적인 존재와 활동을 돌리는 것에 특별히 원초적인 것은 아무것도 없다. 브레알Bréal은 그러한 "추상들"을 취급하는 데서 현명하게도 "오늘날에도 — 일들이 보이는 연속성은 그토록 크다 — 물질, 힘, 실체를 논의하는 사람들은 다소간에 이러한 고대적 정신의 조건을 영속화하고 있다"고 말한다.[10] 어쨌든 우리는 그리스인들이 이러한 신들에 대해 "인격화"라는 용어가 함의하듯이 날조되거나 고안된 것으로 느끼지 않았다는 점을 기억해야만 한다. 그 신들은 현대의 과학자가 "전기"라고 부르는 어떤 것의 효과를 발견하고 인식하는 것과 꼭 마찬가지로 발견되고 인식되었던 것이다.

파넬 씨의 견해에 반대하는 다른 학자들은 "원초적 언어는 철학적이거나 추상적인 용어들을 다루지 않으며, 물리적이고 구체적인 것이 비물질적이고 추상적인 것에 선행"하기 때문에 공포와 정의와 같은 신들은 이른 시기에 속할 수 없다고 주장해 왔다. 우리는 사유, 종교, 언어 그리고 거의 모든 인간 활동의 역사를 저차적인 것에서 고차적인 것으로, 원초적인 것에서 문명화된 것으로, 더 나쁜 것에서 더 좋은 것으로 나아가는 진보로서 정돈하는 자기만족적인 진화 도식에 철저히 익숙해져 있는 까닭에, 우리가 이전의 어떤 세대보다도 얼마나 더 고차적이고 더 좋으며 더 많이 문명화되었는지를 보여주는 진술들을 세밀하게 검토하지 않은 채 받아들이는 경향이 있다. 변화는 확실하며, 진보의 가능성들은 수천 년에 걸친 끊임없는 노력과 이따금씩 나타나는 천재에 의해 축적되어 왔다. 그러나 지금까지 우리는 대체

• • •

10) 『의미론』*Semantics*(Eng. tr., London, 1900), 246.

로 단지 도구를 만들기 위한 우리의 의심할 수 없는 능력을 실현하고 이용하는 데서 성공해 왔을 뿐이다. **호모 파베르**Homo faber는 **호모 사피엔스**Homo sapiens보다 훨씬 앞서 있다. 그리고 바로 이런 이유 때문에 자동적인 진보의 가정은 불합리하다. 단순히 호메로스가 아리스토텔레스보다 시간적으로 선행한다는 이유만으로 그가 아리스토텔레스보다 덜 "세련"되었다거나 좀 더 "원초적"일 것 같다는 생각은 나르시시즘의 하나의 형식이다. 호메로스 시대의 그리스어는 원초적 조건으로부터 몇 세기나 떨어져 있었다. 그리고 언어가 일반적으로 구체적인 것에서 추상적인 것으로 움직인다는 것도 참이 아니다. 언어는 그렇게도 움직이지만 동시에 다른 방향으로도 움직인다. 행동들과 상태들을 가리키는 이름들이 구체적인 대상들의 이름들로 이행해 왔으며 또 여전히 이행하고 있는 것이다. 호메로스 시대의 그리스인들이 정의에서 신성을 인식했던 것과 똑같은 과정이 확실히 "성공의 사실"이 신이며, 친구를 만나는 감격이 "신"이라고 말한 후기 그리스인들에 의해 답습되었다.11) 이러한 신들은 전혀 추상들이 아니다. 그러나 물론 그것들은 그것들에 공감하지 않는 사람에게는 추상적으로 보일 수 있을 것인데, 이는 "자기 자신을 사유하는 사유"라는 아리스토텔레스의 신에 대한 정의가 아리스토텔레스에게는 최고의 가장 완전한 실재를 의미했지만, 아리스토텔레스에게 동의하지 않는 사람에게는 추상적으로 보이는 것과 단적으로 마찬가지이다.

그렇다면 지금까지 호메로스의 신들이 "인간의 영광스럽게 된 형상에서 파악된 강인하고 명확하게 정의된 인격들"이라는 일반적 인상

● ● ●

11) 길버트 머리Gilbert Murray의 『그리스 종교의 다섯 단계』Five Stages of Greek Religion, 26 ff에서의 가치 있는 논의를 참조.

은 잘못된 것으로 판명된다. 그것은 다만 그와 같은 신들 가운데 소수에게만 적용된다. 증거는 호메로스의 신을 창출하는 것이 인간적 특성들의 소유가 아니라 힘의 소유임을 보여준다. 더 나아가 호메로스 자신은 그의 의인화된 신들이 스스로 인간적인 것을 전혀 지니지 않는 특정한 경쟁 신들보다 열등하다는 점을 인정하고 있다고 생각한다. 그리스인들은 공적이거나 사적인 가능한 모든 일을 두고 맹세하는 관습을 지니고 있었다. 맹세(**호르코스**ὅρκος)는 자유에 대한 제한(**헤르코스**ἕρκος)으로 여겨졌다. 그리고 (글로츠Glotz가 맹세에 관한 그의 탁월한 논문에서 언급하고 있듯이)[12] "맹세의 습관은 곧바로 맹세를 깨트리는 데로 이어진다"는 것을 알고 있던 그리스인들은 신들의 우월한 힘이 맹세를 깨트린 인간들에게 마땅한 벌을 보증한다는 이유로 언제나 신들을 증인으로서 선택했다. "맹세의 신에게는 이름이 없는 한 아들이 있는데, 그는 손도 발도 가지고 있지 않지만 맹세를 깨트린 사람의 가족에 속하는 모든 것을 빼앗아 완전히 파괴할 때까지 맹렬한 추적을 결코 그치지 않는다." 증인으로서 간구된 신들의 복수에 대한 이러한 믿음은 그리스 역사를 관통하여 계속해서 살아남았다. 여기서 곧바로 다음의 물음이 떠오른다. 호메로스는 그의 인간적인 신들 가운데 하나가 행한 맹세에 대해 어떤 신들을 증인으로서 선택할 것인가? 여기서 우리는 하나의 특권을 지닌 경우를 갖는 셈인데, 왜냐하면 그 물음에 대한 대답은 호메로스가 맹세하는 신들보다 훨씬 더 강력하다고 믿은 신들의 이름을 드러내지 않을 수 없기 때문이다. 이러한 좀 더 강력한 신들은 하늘(우라노스), 땅(가

• • •

12) 『고대 그리스 연구』*Etudes sur l'antiquité greque*, 99 ff.

이아), 그리고 헤라가 말하는 것처럼 "축복 받은 신들에게 가장 위대한 맹세이자 가장 두려운 것"인 스튁스의 떨어지는 물이다(*Iliad*, XV, 36 ff.). 그러므로 최고의 힘들은 신적인 우주만물을 대표하는 힘들이다. 그리고 만약 이 세 가지에 운명을 그리고 운명과 동등한 비인격적인 제우스와 신적인 힘의 총체를 가리키기 위해서 사용될 때의 포괄적인 복수의 "신들"을 덧붙인다면, 우리는 호메로스가 인정하고 있는 최고의 신적인 힘들의 완전한 목록을 가지게 된다. 이 최고의 힘들 가운데 어느 것도 실제로 의인적이지 않다. 그렇지만 호메로스의 신들에 관한 전통은 아주 완고하다. 그 전통은 가볍게 내쳐지길 거부하며, 그와 같은 증거에도 불구하고 우리로 하여금 호메로스의 신들에 관한 우리의 지배적인 인상이 그들의 인간적인 너무도 인간적인 본성과 행위의 인상임을 떠올리게끔 하는 것이다. 다행히도 이러한 수수께끼는 아주 쉽게 설명될 수 있다.

힘이 신적이라는 원리에 따라 모든 시기의 그리스인들은 보통 사람의 수준을 넘어서는 사람들에게 일정한 신성을 부여했다. 그러한 사람들은 영웅이라 불렸는데, 그리스에서 이 이름은 보통 사람의 지위와 신의 그것 사이의 중간 지위를 가리키는 일반적인 기술적 명칭이다. 이러한 지위 부여는 보통 탁월한 개인들과 전투에서 쓰러진 전사들의 집단에 제한되었다. 그러나 미케네 그리스인들의 특수한 경우에 그들의 후손들은, 다시 말하면 역사 시대의 모든 그리스인들은 미케네의 영광과 힘의 전승에 대한 외경으로 가득 차 있어서 자신들의 조상 모두에게 영웅의 지위를 부여했고 그들의 시대를 영웅시대라 불렀다. 호메로스는 아주 의식적이고 사려 깊게 선택된 의고적擬古的인 문체로써 그 자신의 시대에 선행한 영웅시대의 극적인 행위를 묘사하고자 했다. 그리고 그는 의인화된 신들에게 영웅들에 관한 정치적, 사회적, 종교적 전승에 의해 행위에서의 중심적 위치를 부여하지 않을 수 없었다.[13]

그리스인의 정신에서 영웅이 부분적으로 신적이라는 믿음을 표현하는 가장 자연스러운 방법은 양자로 입적시키는 방법이었다. 역사시대에 그의 삶과 실제 인간 부모가 잘 알려져 있는 사람에게 직접적인 신적인 혈통을 귀속시키는 것은 분명히 어려운 일이었다. 그리하여 그리스인들은 일반적으로 영웅을 신과 관련시키지 않으면서 그에게 부분적으로 신적인 지위를 부여하는 데 만족했다. 그러나 전승과 그들의 힘을 보여주는 유물에 의해서만 알려져 있었던 미케네 그리스인들의 경우에는 그러한 장애물이 존재하지 않았다. 자기들의 믿음과 상상에서 자유로웠던 그들의 후손들은 그 시대의 모든 중요한 영웅들을 신과 관련시켰다. 그와 같은 고대의 믿음을 더 이상 공유하지 않거나 심지어 공감하지도 않는 비평가들은 호메로스에서의 신적인 "극적 구성"이 쉽게 조롱될 수 있다고 여겨왔다. 그러나 만약 그들이 스스로를 호메로스의 위치에 놓고 모종의 마법으로 스스로에게 호메로스의 강력하고도 용의주도한 상상력을 부여하게 된다면, 그들은 자기들이 그 모든 본질적인 것들에서 의인화된 신들에 대한 호메로스 자신의 묘사를 반복하지 않을 수 없으며, 실제로는 시적인 천재성과 심오한

● ● ●

13) 이 주제 전체에 대해서는 『케임브리지 고대사』Cambridge Ancient History, Vol. Ⅱ에서의 베리J. B. Bury에 의한 뛰어나고도 정통한 장 ⅩⅧ을 참조. 영웅 숭배에 대해서는 파넬의 『그리스의 영웅 숭배』Greek Hero Cults와 푸카르Foucart의 『영웅 숭배』Culte des héros, 그리고 『아메리카 문헌학회보』Transactions of American Philological Association, Vol. LX (1929)에서의 호메로스와 영웅에 대한 필자의 논문을 참조.

종교적 믿음의 결합이었던 것을 "손쉬운 회의주의"로, 그리고 "조롱하며 어느 정도 방자한 보카치오 같은 정신"으로 오해했다는 점을 발견하게 될 것이다.

호메로스의 믿음은 우리의 믿음이 아니었다. 그러나 그것이 그의 믿음을 이해하고자 하지 않는 것에 대한 변명이 되지는 않는다. 신들은 그에게 힘을 나타냈다. 이러한 신들 가운데 몇몇, 즉 그들 가운데 가장 위대한 신들은 철저히 비인격적인 힘들이었다. 제우스마저도 제우스가 운명을 의미하는 경우에는 비인격적이다. 다른 신들은 보편적인 그리스 전통에 따라 죽을 수밖에 없는 존재와의 결합에 의해 영웅들의 부모가 되었다. 가장 위대한 영웅들이 가까운 촌수로든 먼 촌수로든 이용 가능한 가장 위대한 신들의 자손이 되도록 선택되었다. 그러나 가장 위대하고 다소간에 비인격적인 신들 가운데서는 단 하나만이 그를 이용할 수 있게 하기에 충분할 만큼의 모호한 이름을 지니고 있었다. 영웅은 모이라나 우라노스의 아들일 수는 없었지만 제우스의 아들일 수는 있었다. 따라서 아버지가 되는 엄청난 부담이 제우스에게 부과되었으며, 그에 이어 그 이름들이 마찬가지로 모호하고 무의미하며 인격적이기도 한 좀 더 못한 신들에게 부과되었다. 제우스나 아테네 또는 아프로디테와 같은 인격적인 이름이 힘의 소유자에게 돌려지는 그 힘을 저절로 규정하는 것은 아니라는 점을 잊기는 쉽다. 가령 심지어 강의 신의 이름이 정의의 여신의 이름보다 조상의 이름으로서 훨씬 더 적합하다. 그리하여 호메로스의 시대에 이르기까지 많은 신들이 이중의 기능을 수행하고 있었다. 그들은 전통에 의해 그들이 지닌 신성의 바로 그 실체인 일정한 특수한 힘들의 대표자들이었을 뿐만 아니라 또한 가족들의 시조들이기도 했던 것이다. 이러한 가족들은 세대가 거듭됨에 따라 점점 더 인간적으로 그리고 점점 덜 신적으로 되어갔다. 그리고 전통적인 믿음을 공유했던 모든 그리스인들과 더불어 호메로스 역시 가족들의 시조들인 신들이 힘의 영원한 소유와는 양립할 수 없는 것들을 제외한 모든 인간적인 특성들을 소유하고 있는 것으로서 상상하지 않을 수 없었다. 호메로스가 이 신들에 대해 제시하는 그림은 참으로 믿는 자의 그림이다.

초인간적인 힘의 소유를 인간적인 특성과 결합시키고 영웅들에 대한 믿음을 진지하게 받아들이게 되면 그 결과는 호메로스에서의 의인화된 신들이다. 그들은 죽음에서 면제되어 있는데, 왜냐하면 힘은 죽지 않기 때문이다. 또한 그들은 초인간적인 지식을 부여받고 있는데, 왜냐하면 지식은 힘의 하나의 형식이고 프쉬케, 즉 생명과 영혼의 속성이기 때문이다. 그리고 그들의 나머지 특성과 행동은 그러한 힘의 소유가 불사의 남자들과 여자들에게 미칠 수 있는 효과에 대한 세밀하고도 무서우리만치 참된 묘사이다. 대부분의 이야기는 희극 내지 심지어 소극笑劇을 닮아 있다. 그러나 그것은 어쩔 수 없는데, 왜냐하면 이러한 신들이 그들의 영웅적 후손들의 죽음에 대해 슬픔을 느낀다는 점을 제외하면 가장 커다란 인간적 형벌, 즉 죽음의 형벌이 빠져 있기 때문이다. 죽음 다음으로 비극의 또 다른 원천은 인간의 행위들이 그 속으로 희미해져가는 변경될 수 없는 과거의 사실이다. 그러나 이러한 신들이 실수를 하고 죄를 범한다는 것은 참이지만, 그럼에도 불구하고 그들이 범한 잘못들의 중대함은 그들이 인간과는 달리 자기 앞에 영원한 시간을 가지고 있다는 사실에 의해 상쇄된다.

이러한 신들의 의인화는 본질적으로 그리스 종교가 영웅 숭배와 그 결과 특정한 신들을 인간들과 관계시키고자 하는 시도를 위해 지불한 대가이다. 이 신들에 대해 호메로스가 제시하는 그림과 보통 그리스 사람의 정신 속에 있는 그림의 유일한 차이는 호메로스로 하여금 그의 동시대인들과 공유하고 있던 믿음의 모든 함축들을 깨달을 수 있게 한 그의 예술적 천재성에 기인하는 차이이다. 우리가 인정하지 않을 수 없는 것은 그러한 그림이 일단 적절하게 생각되는 경우, 이야기의 매력에 의한 것을 예외로 하면 비록 정통적인 입장을 지닌 대다수의 사람들을 동요시키지는 않겠지만 때때로 이따금씩 이단적 주장을 내세우는 몇몇의 개혁가들에게 충격을 줄 여러 면모를 제시하지 않을 수 없었다는 점이다. 이것이 우리가 호메로스의 "사악한" 신들과 "반종교적" 어조에 대한 비판자들에 대해 해야 하는 유일한 양보이다. 그러나 물론 그의 시대에 의해 부과된 제한들 내에서긴 하지만 호메로스가 하나의 예술가로서 판단된다면, 그가 크세노파네스와 플라톤의 새롭고도 상이한 종교적 요구들을 예견하지 못하고 또 그에 따르지 못했다고 해서 비난받을 수는 없다.

의인화된 신들이 비록 시들에서 커다란 역할을 하고 있다 하더라도 그들은 신성에 대한 호메로스의 직관 안에서 다만 한 가지 요소일 뿐이다. 그들은 특정한 신적인 힘들이 비록 보통의 인간들로부터 멀리 떨어져 있긴 하지만 그들과 유사하다는 호메로스의 확신을 표현한다. 그리고 우리는 이미 여러 경우에서 호메로스가 오로지 힘에 대해서만 생각하고 있을 때는 그것이 지닌 인간적 성격의 외피는 완전히 사라지고 노골적인 힘만이 남게 된다는 점을 본 바 있다. 제우스는 쉽사리 "신에게 어울리게" 운명이 된다. 헤파이스토스는 이제 절뚝거리기를 그치고 신적인 불이 된다. "신"이라는 단어의 그러한 용법은

"종교적 의미에서 '신'이라는 단어가 언제나 무엇보다도 우선 숭배의 대상이지만 이미 호메로스에게서 그것이 그 단어의 유일한 의미이기를 그쳤다"는 이유에서 비종교적이라고 이야기되어 왔다. 헤시오도스의 『신통기』*Theogony*는 이러한 의미 변화에 대한 가장 훌륭한 증거라고 말해진다. "거기서 언급된 신들 가운데 여럿은 결코 어느 누구에 의해서도 숭배되지 않았으며, 그들 가운데 몇몇이 자연현상들 내지 심지어 인간적 정념들의 단순한 인격화일 뿐이라는 것은 명백하다"14)는 것이다. 여기서 떠오르는 다음과 같은 물음은 그리스 사유를 이해하는 데서 대단히 중요하다. 이 세 가지의 관념 즉 신, 숭배 그리고 힘 사이의 관계는 어떤 것인가?

호메로스와 그리스의 종교적 전통에 관한 한, 신과 신성의 관념을 힘의 관념으로부터 떼어놓는 것은 불가능하다. 모든 신은 힘으로서 생각된다. 보통의 인간 수준을 넘어서는 모든 힘은 신으로서나 최소한 부분적으로 신적인 것으로서 생각되는 것이다. 우리는 이미 자연현상들과 인간적 정념들의 "단순한 인격화"를 분석하였으며, 또한 호메로스가 그것들을 힘들로서 그리고 신적인 것들로서 간주한다는 것을 보았다. 호메로스는 그가 인정하는 모든 신적인 힘들을 숭배하는가? 이 물음은 다음의 또 다른 물음으로 대답될 수 있을 것이다. 숭배의 본질은 외적인 의식을 드리는 데에, 소리 높여 기도드리는 데에, 무릎 꿇는 데에, 희생물을 바치는 데에 존재하는가? 그러한 행위들은 확실히 정신적 상태의 상징에 불과하다. 숭배의 현실성은 인간이 자기 자신의 힘보다 우월한 힘을 인식하는 데에 놓여 있으며,

. . .

14) J. Burnet, *Early Greek Philosophy*³, 14.

그러한 인식이 언제나 일정한 외적인 의식으로 이어진다는 것은 참이 아니다. 이 문제에 관한 한 또한 외적인 의식이 참된 내적인 숭배의 확실한 보증이라는 것도 참이 아니다. 호메로스와 관련하여 어느 누구도 그가 어떤 제단을 쌓았다거나 어떤 희생물을 바쳤는지를 알지 못한다. 그의 시들이 그의 유일한 증거이다. 그러나 그 시들이 믿을 만하다는 것은 그리스의 외적인 제식에 대해 알려진 모든 사실에 의해 확증된다. 신적인 바람들(아네모이)에 대한 제식은 자주 있었는데, 보레아스는 투리의 토지를 소유한 시민이었다. 태양은 일반적으로 숭배되었으며, 땅에 대한 제식도 드물지 않았다. 강들은 모든 곳에서 숭배되었으며, 그것들과 더불어 샘들과 나무들 그리고 산들의 님프들도 숭배되었다. 다른 범주에서는 뮤즈들, 우아들, 숙명들 그리고 저주(에리뉘에스), 승리, 존경, 연민, 웃음 그리고 공포의 여신들이 모든 그리스인들에게 알려져 있었으며, 그들 대부분에 대한 제식은 일반적이었다. 그러므로 우리는 이러한 신들 및 그와 유사한 신들이 호메로스의 구절들에서나 그 밖의 다른 곳에서 비종교적인 것은 아니라고 결론짓게 된다. 그렇다면 어째서 탁월한 현대의 학자들은 이러한 사실들을 부정하고자 하는가?

대답은 단순하고 시사적이다. 이 학자들은 만약 그러한 사실들이 받아들여진다면 그들이 "신화에서 과학을 끌어내는 오류"에 빠질 수 있으며, 이오니아 철학자들의 "신"이 그들이 그 신에 대해 요구한 "종교적 전통으로부터의 완전한 독립성"을 상실할 수 있다는 점을 두려워한다. 우리는 이미 호메로스의 신들이 종교적 전통으로부터 독립적이지 않다는 점을 보았다. 곧이어 우리는 이오니아의 철학자들과 과학적 인간들이 종교적 전통으로부터 기적적으로 해방된 것은 아니었다는 것을 보게 될 것이다. 사변적 사유는 루소가 상상한 인간처럼 자유롭게 태어나지 않는다. 그것은 심지어 철학자들과 과학적 인간들의 배타적 속성도 아니다. 비록 시인들이 자기들의 생각을 체계적 형식으로 제시하는 것도 아니고 또 우리가 한 시인의 생각에 대해 보고할 때 언제나 그를 어느 정도 부당하게 취급하긴 하지만 그들도 역시 관념들을 지니고 있는 것이다. 이러한 맥락에서 우리가 기억해야 할 것은 철학자들이 그들 자신의 관념들을 체계로 확대할 때에는 마치 우화 속의 개구리처럼 반드시 그 관념들을 파괴했다고 하는 것이다.

호메로스가 인정하는 신적인 힘들의 다수성은 충분히 놀랄 만하다. 또한 인간적인 그룹과 인간적이지 않은 그룹 사이의 차이도 현대인을 당혹스럽게 만든다. 심지어 그의 신들의 이름마저도 안정적이지 않고 경우에 따라 서로 다른 의미를 지닌다. 그럼에도 불구하고 몇 가지 점에서 이러한 신적인 힘들은 전적으로 똑같다. 첫째, 그들은 모두 우주만물 내지 그의 몇몇 부분을 지배하는, 따라서 인간을 지배하는 힘의 현현들이다. 둘째, 그들은 모두 불사적이다. 셋째, 하나의 신성, 즉 오케아노스가 존재의 근원(게네시스γένεσις)이라 불리는데, 그로부터 (하늘과 땅을 포함하여) 다른 모든 신들이 유래하며 인간도 마찬가지이다. 다른 모든 신들은 불사적이긴 하지만 생성되었으며, 우주만물의 역사의 한 부분이라는 것이다. 그러므로 호메로스의 신의 본질적 특성은 힘과 생명 그리고 우주적 역사 안에서 하나의 위치를 소유한다는 점이다. 의인화는 필수 불가결한 부속물이 아니며, 도덕적 완성 역시 필수 불가결한 부속물이 아니다. 힘이 필연적으로 도덕적인 것은 아니다. 그와 반대로 사람의 관점에서 보면 여러 힘들은 악하다. 호메로스가 가장 능란한 표현을 구사하는 것은 아마도 부상당했을 때 "구천 내지 만 명의 전사가 전투에서 외치는 것과도 같이 큰 소리로 울부짖으며" 제우스에게 놀랄 만한 역설의 언어로 과연 제우스가 이러한 난폭한 행위들을 보면서도 도대체 아무런 분노도 느끼지 않는지를 물었던 아레스를 조롱할 때이다.15) 크세노파네스도 플라톤도 의인화된 신들이 인간의 눈으로 보아 악한 것을 행할 때 그 신들에 대해서 호메로스보다 더 통렬히 비판하지는 않았다. 호메로스와 철학자들의 차이는 도대체가 그가 도덕적으로 덜 민감하다는 점이 아니라 그가 여전히 이러한 신들의 실재를 믿고 있다는 점이다. 신들이 악에 대한 그들의 인과적 책임으로부터 벗어날 수 있는 것은 악을 인간 자신의 어리석음에 돌림으로써 가능하다고 처음으로 제안한 것은 클레안테스가 아니라 호메로스이다. 그러나 호메로스든 그어느 철학자든 아직은 신들이 원인이기를 그치지 않고서도 어떻게 책임으로부터 벗어날 수 있는지를 설명하지 못했다. 『오디세이아』 제1권에서의 제우스의 연설 전체가 참조되어야 하며, 그와 더불어 우리는 호메로스가 신적인 운명을 "존재해야만 하는 것"과 동일시함으로써 우주만물의 궁극적인 선이라고 주장하는 수많은 구절들을 참작해야 한다. 또한 호메로스의 도덕적인 어조가 여기저기 흩어져 있는 구절들의 문제에 그치는 것도 아니다. 제임스 애덤James Adam이 그의 귀중한 논문인 『그리스의 종교적 교사들』*The Religious Teachers of Greece*에서 "『일리아드』와 『오디세이아』의 줄거리 전개는 전체적으로 볼 때 '행위자가 당해야 한다'는 법칙을 실현한다"고 지적한

• • •

15) *Iliad*, V, 864 ff. 제우스는 대답에서 아레스를 "**알로프로살로스**ἀλλοπρόσαλλος(변덕스러운, 이리저리 흔들리는)"라고 부르면서 그에게 우는 소리 하지 말라고 말했다.

것은 올바르다. 하지만 비평가들은 호메로스가 심지어 그의 신들을 희생시키면서까지 도덕법칙을 지탱하고 있는 바로 그 장면들을 감히 "희롱하는 회의주의"라고 비난해왔다. 지금은 엘뤼시온의 땅에 있을 호메로스는 아마도 자기가 오해되고 있는 데 대해 그리 놀라지 않을 것이다.

호메로스를 떠나기 전에 오케아노스 신에게로 되돌아가 보자. 호메로스는 우주만물의 근원으로서의 비-의인화된 신에 대한 이러한 믿음에 대해 논의하지 않는다. 그는 그저 그것을 당연시하고 있으며, 그리함으로써 그의 증언의 무게를 증대시킨다. 우주만물과 다른 모든 신들이 신적인 근원으로부터 생겨났다는 생각은 이미 널리 퍼져 있었고, 그에 이어지는 그리스 사유에서 차지하는 이 생각의 중요성은 아무리 강조해도 지나치지 않다.

제3장 헤시오도스

    헤시오도스의 『신통기』는 호메로스보다 훨씬 덜 예술가이자 훨씬 더 전문적 신학자인 한 시인의 작품이다. 그것의 저자는 인간의 삶에 직접적으로 영향을 미치는 힘을 지니는 수많은 신들, 즉 기억, 불운, 비난, 비애, 분노, 사기, 우정, 노년, 망각(레테), 수고 그리고 그 밖의 여러 신들의 이름을 지을 뿐만 아니라, 또한 존재의 근원인 크게 입 벌리고 있는 심연인 카오스, 땅, 에로스, 에레보스, 밤, 아이테르[1], 낮, 하늘, 바다, 나일, 알페이오스 그리고 달과 같은 우주만물의 자연사에 속하는 신들의 긴 목록을 덧붙였다. 시인은 우주만물이 본질적으로 신적인 힘이라는 자기의 믿음을 너무도 명확하게 표현할 수 있었다. 오케아노스를 카오스로 대치시킨 것이라든지 에로스의 설명되지

● ● ●

[1] 나는 그리스어 **아이테르**αἰθήρ(어슴푸레 빛나는 상층의 대기)를 영어의 파생어가 연상되는 것을 피하기 위해 음역했다.

않은 출현과 같은 세부적인 것들을 제외하면, 헤시오도스는 만약 호메로스가 신학자였더라면 그렇게 했을 것과 거의 동일한 순서로 신적인 비-의인화된 힘들이 연속적으로 출현하게 하고 있다. 호메로스에게서와 마찬가지로 헤시오도스에게서도 모든 힘은 신이고, 이들 힘들 가운데 하나가 그 밖의 다른 모든 것의 근원이다.

표면적으로 보면 신성에 대한 헤시오도스의 파악은 호메로스의 덜 명확하게 정의된 개념들과 아주 유사하다. 모든 그리스 철학사가들 가운데 가장 위대한 이인 첼러는 헤시오도스에게 그의 저작 속의 한 자리를 부여하면서 다음과 같이 언급하고 있다. "신화적 우주론자들을 …… 철학자들의 자리에 놓는 것이 잘못이라 하더라도, …… 우리는 다른 한편으로 이러한 초기 시도들의 중요성을 낮게 평가해서는 안 된다. 왜냐하면 그 시도들은 최소한 과학이 처음으로 고려해야 했던 물음들에 주의를 환기시키는 데서, 그리고 사유로 하여금 일반적 관점 하에서 특수한 현상들을 결합하는 것에 익숙해지게 하는 데서 유용했기 때문이다. 그리하여 과학의 시작을 향하여 많은 일들이 행해졌다." 첼러는 계속해서 헤시오도스의 "어린아이와 같은 호기심"에 대해 이야기하며, 세계의 원초적 조건과 이후의 그 전개 문제를 다루는 데서 시인을 안내한 것이 지적 반성이 아니라 그의 상상력에 의한 직관들이었음을 암시한다. 첼러의 시대 이후로 학자들은 그리스 사유에 대한 헤시오도스의 기여에 좀 더 많은 무게를 부여하는 경향을 보여 왔다. 버넷은 "이오니아의 과학과 역사로 성장해 간 것의 싹들이 그의 시들에서 발견될 수 있다"[2])고 말한다. 로벵은 "실재들 사이의

• • •

2) *Early Greek Philosophy*[3], 6.

종속 관계를 파악하고, 미래의 모든 변화의 기초로서 이바지할 사물들의 공통의 토대를 발견"하고자 하는 헤시오도스의 노력에 대해 이야기한다. 또한 그는 다음과 같이 주장한다. "합리적 사유는 신화적 신발생론과 우주발생론의 이러한 노력을 계속하게 될 뿐이다. 방향전환에 의해 이러한 노력을 변형시키는 데서 합리적 사유는 전적으로 새롭고 거의 자발적인 창조라는 가상을 낳게 될 것이지만, 실제로 그것은 다만 이전에 존재하고 있는 맹아를 발전시킬 뿐이다."[3) 마종 Mazon은 그의 탁월한 헤시오도스 편집본에 붙인 서론에서 우라노스의 난폭한 생식력을 끝장낸 그의 생식기 절단 신화와 아프로디테의 탄생 신화 배후에 종의 고정성에 관한 관념이 놓여 있음을 시사한다. "아마도 플라톤의 이데아 이론은 알려지지 않은 이 신화의 창안자를 고무시켰던 매우 단순한 생각의 세련된 번역일 뿐이다." 그렇다면 헤시오도스의 사유와 호메로스의 사유 사이의 실제적인 차이는 얼마나 큰 것인가?

정신과 예술의 단적인 타고난 힘에서 호메로스는 헤시오도스보다 엄청나게 우월하다. 신들에 관한 이 두 시인의 생각의 차이는 상당한 정도로 이러한 정신적 자질에서의 차이에 기인한다. 호메로스가 명확하고 번뜩이는 곳에서 헤시오도스는 혼란스럽다. 『신통기』의 서두에서 뮤즈들에 대한 기원에서조차 헤시오도스가 신성한 헬리콘 산에서 양들을 돌보고 있을 때 뮤즈들이 그에게 다음과 같이 말하는 것의 의미가 무엇인지 그리 명확하지 않다. "들판의 목자들이여, 수치스러운 가련한 것들이여, 한갓된 배들bellies이여, 우리는 많은 날조된 것들

• • •

3) *La pensée grecque*, 33.

을 그것들이 참인 것처럼 말하는 법을 아노니, 우리가 하고자 한다면 그릇되지 않은 것을 말하는 법을 아노라." 마종은 이 구절을 교양 없는 무례한 양치기들은 시가를 한갓된 **"허구와 유희"***fiction et jeu*일 뿐이라고 믿는 반면, 헤시오도스는 시가가 또한 진리이기도 하다는 것을 증명할 사명을 지닌다는 것을 의미하는 것으로 여긴다. 그러나 헤시오도스는 허구적인 시가에 대한 암시를 호메로스나 초기 서사시 일반에 대한 비판으로서 의도했을 수 있다. 그리고 당연한 가필의 가능성들이 허용될 경우에도 헤시오도스 사유의 구조는 종종 모호하다.

그 정도가 훨씬 더 큰 두 시인의 종교적 관념의 차이는 그들이 지닌 의도가 완전히 다르다는 점에 기인한다. 헤시오도스는 뮤즈들에 대한 그의 기원을 다음과 같은 주목할 만한 구절로 끝맺고 있다. "오, 제우스의 아이들이여! 사랑스러운 노래를 주소서. 그리고 영원히 죽지 않는 자들의 거룩한 족속을, 땅과 별이 빛나는 하늘과 어두운 밤에서 태어난 자들을, 그리고 소금기 바다를 솟아오르게 한 자들을 찬양하소서. 태초에 신들과 땅이 어떻게 존재하게 되었는지, 강들과 밀려오는 파도를 지닌 한없는 바다, 빛나는 별들과 저 위의 드넓은 하늘 그리고 이들 신으로부터 태어나 좋은 것들을 주는 자들인 신들이 어떻게 존재하게 되었는지 말해 주소서. 그리고 이 나중의 신들이 어떻게 자기들의 부를 나눴는지, 그들이 자기들의 명예를 어떻게 나눠 가졌는지, 그리고 그들이 태초에 어떻게 여러 골짜기를 가진 올림포스를 차지하게 되었는지 말해 주소서. 오, 올림포스에 사시는 뮤즈들이여, 내게 이 이야기를 시작부터 들려주시고, 내게 그들 가운데 무엇이 처음으로 존재하게 되었는지를 말해 주소서." 분명히 로벵의

견해는 올바르다. 여기서 우리는 우주만물의 시작과 그에 이어지는 역사에, 그리고 신들의 기원과 그에 이어지는 역사에 몰두하고 있는 합리적 사유를 지니고 있다. 두 가지 과제는 여전히 하나로서 간주되고 있다. 헤시오도스는 명백히 자연의 힘들인 신들을 믿는 것에 못지 않게 "의인화된" 신들을 여전히 믿고 있으며 또 그들을 숭배하고 있는 것이다. 그럼에도 불구하고 이 경건한 신학자는 곧이어 소수의 좀 더 사려 깊은 그리스인들에게 의인화된 신들에 대한 믿음을 불가능하게 만든 과정을 시작했다.

그 한 가지 이유는 헤시오도스가 신들을 두 그룹으로 정돈하기 때문이다. 시간적으로 보아 첫 번째 그룹은 우주만물의 불멸적인 힘들이다. 두 번째 그룹은 올림포스의 신들로 이루어지는데, 그들의 최고의 지배자가 제우스다. 제우스의 승리와 그의 관대함을 통해 올림포스의 신들은 그들보다 앞선 자들에게 속했던 힘들을 물려받았고, "좋은 것들을 주는 자들"(도테레스 에아온δωτῆρες ἑάων)로 표현된다. 우리가 호메로스에게서 발견했던 오랜 이중성들은 여전히 지속되고 있다. 가령 제우스와 사려(메티스)의 결혼 이야기와, 계절들, 질서, 평화, 숙명들을 낳은 제우스와 정의의 결혼 이야기에서처럼 명백히 인격적인 올림포스 신의 이름이 어느 순간에 명백히 비유적으로 쓰일 수 있는 것이다. 하지만 헤시오도스는 호메로스가 하지 않았던 일을 행했다. 그는 이 두 그룹의 신들 사이에 구분선을 긋고는 그가 말하는 이야기를 통해 우리의 주의를 그들을 분리시키는 사건들에 집중시켰던 것이다.

헤시오도스에 따르면 신들의 다섯 세대가 있다. 카오스가 시조이다. 땅, 에로스, 에레보스, 그리고 밤은 두 번째 세대이다. 세 번째 세대의 가장 중요한 구성원들은 하늘, 바다, 오케아노스, 레아, 정의, 기억, 티탄족(크로노스도 그들 가운데 하나이다), 퀴클롭스들, 기간테스, 에리뉘에스, 아프로디테, 아이테르, 낮, 운명들, 분쟁과 망각(레테)이다. 네 번째 세대의 구성원들 가운데는 강들, 님프들, 태양, 달, 여명, 스튁스, 레토, 헤카테, 헤스티아, 데메테르, 헤라, 하데스, 포세이돈, 제우스, 아틀라스, 그리고 프로메테우스가 있다. 그리고 다섯 번째 세대에는 평화, 카리테스(우아들), 페르세포네, 뮤즈들, 아폴론, 아르테미스, 아레스, 아테네, 헤파이스토스, 헤르메스, 그리고 디오니소스가 있다.

세 가지 결정적 사건들이 제우스의 승리로 이어진다. 첫째, 하늘의 생식력이 땅의 충고로 크로노스에 의해 종식되고(vv. 147–210), 크로노스의 지배하에 티탄족이 다스린다. 둘째, 크로노스가 레아와 땅 그리고 하늘에게 속아서 제우스와 다른 다섯 신들의 탄생을 허용하게 되는데, 그들은 땅의 충고로 올림포스로부터 티탄족에 대항한 전쟁을 벌이며 마침내 성공을 거둔다. 셋째, 제우스의 최고 지배권이 모든 신들에 의해 인정되고, 티탄족이 추방되어 세계의 현 시대가 시작되는데, 이 시대에 제우스와 그에게 종속되어 있는 신들은 특별히 "좋은 것들을 주는 자들"이다.

이 마지막 시대에도 땅과 하늘 그리고 우주만물의 다른 모든 신적인 힘들은 여전히 존재한다. 그러나 무질서는 종식되었다. 그리고 제우스는 일군의 그의 형제들과 자매들 그리고 아이들과 더불어 호메로스의 신들이 그러했던 것보다 훨씬 더 역사적이고 인격적으로 제시되어 왔다. 호메로스에게서 종종 그저 다른 의미들을 위한 투명한 표지에 불과했던 이러한 신들의 고유한 이름들이 헤시오도스의 이야기에 의해 사건들로 가득 채워지게 되었다. 그리고 이 이야기가 강력한 비유적 경향을 가지고 있고, 헤시오도스가 한 경우에서 하늘마저도 과감히 의인화하고 있긴 하지만, 그 최종적인 결과는 가장 오랜 신들과 가장 젊은 신들 사이의, 그리고 자연의 신적인 힘들과 이제거의 완전한 역사를 지니게 된 제우스와 같은 매우 인격적인 신들사이의 뚜렷한 대비이다.

따라서 이 두 종류의 신들 사이에 그어진 경계선은 의인화된 그룹에게는 분명히 위험했고 궁극적으로 치명적이었다. 그 위험이 헤시오도스에게 분명했던 것은 아니다. 두 종류 모두 그에게는 여전히 성스러웠고(히에론ἱερόν) 경외의 대상이었다(아이도이온αἰδοῖον). 헤시오도스의 열의로 인해 그가 어떤 그리스인에게도 결코 외적인 제식을받지 못했을 몇몇 신들을 각 그룹에서 열거하게 되었을 수도 있을것이다. 그러나 외적인 제식을 받지 못했을 그 소수의 신들이 그와같은 제식을 받았던 다른 여러 신들과 완전히 유사한 까닭에, 우리는그 신들 가운데 어떤 것을 "비종교적"이라고 비난할 수 없다. 헤시오도스가 예견할 수 없었던 것은 그가 자연의 힘들이었던 신들로부터의인화된 신들을 한 부분으로 분리시킨 것이 결국 의인화된 신들에게파멸적으로 되리라는 점이었다.

의인화된 신들은 이제 그들을 숭배하는 자들의 믿음에 전적으로의존하게 되는 위험한 지위에 놓이게 되었다. 요컨대 그들의 생명이대단히 위태롭게 된 셈으로, 어떤 사람이 그들의 실재적인 존재를믿지 않게 되자마자, 바로 그 순간에 그들은 그 믿지 않는 자에 대해존재하기를 그쳤던 것이다. 그들의 지위를 어떤 인간이 믿든지 않든지 간에 계속해서 존재하게 될 우주만물의 불멸적인 힘들의 지위와 대비시켜 보라. 어떤 신의 역사를 말한다는 것은 최소한 그 신에 대한 부분적인 설명을 제공하는 것이다. 헤시오도스는 비록 소박하긴 하지만 그에게 철학하고자 하는 사람들 사이에 분류될 수 있는 자격을 부여하는 설명을 제공함으로써 의인화된 신들을 우주만물의 훨씬 덜 의인화된 불멸의 힘들로부터 도출했던 것이다. 그러나 우리에게 아주 명확한 것은 의인화된 신들이 이런 설명이든 다른 설명이든 그것을 영원히 견뎌낼 수 없으리라는 점이다.

설명은 철학의 양날 달린 검이다. 설명이 실재에 적용될 때 그것은 실재를 언제나 더 깊이 자르지만 결코 파괴하지는 못한다. 그것이 비실재들에 적용될 때 그것들은 서서히 마지못해 사라진다. 헤시오도스는 설명에 대한 열정을 지니고 있었다. 세계 속의 악에 대한 해학적인 설명을 제공하고자 했을 때, 그는 판도라 이야기를 했다. 인류에게 걱정거리인 여자이며, 여자가 존재한 이유는 프로메테우스에게 속은 것에 대한 제우스의 노여움이라는 것이다. 좀 더 진지한 설명을 원했을 때 그는 시대를 거듭하며 이루어지는 인간의 점진적인 타락에 대해 이야기한다. 그는 우주만물의 질서에 대해 그것을 제우스라는 이름의 분명히 인격적인 존재의 신적인 힘에 돌림으로써 설명했으며, 제우스를 하늘과 땅의 손자라고 설명했다. 그리하여 헤시오도스는 명백히 인격적인 신들을 우주만물의 신적인 힘들에 대한 일종의 등가물로 또는 그것들로부터의 변형으로 만들었다. 대부분의 그리스인은 자연스럽게 이 이야기와 이와 유사한 이야기들에 계속해서 만족해했으며, 스스로 애써 그 이야기의 의미를 생각해 보지 않은 채 그것을 받아들였다. 그러나 소수이긴 하지만 적지 않은 사람들이 역사와 설명에 대한 헤시오도스의 사랑을 나누어 가졌고, 그로 인해 의인화된 신들이 사라지는 데 기여했다.

헤시오도스가 많이 실행한 또 다른 설명 방법은 비유의 방법이다. 우리의 목적을 위해 만약 비유를 하나의 사물을 그와 유사한 또 다른 사물에 의해 기술하는 것이라고 정의한다면, 우리는 즉각 비유가 반드시 설명하는 것은 아니라는 것을 알게 된다. 그것은 상이한 수준들에서 사용되고 다양한 목적을 위해 이용될 수 있는 문학적 장치이다. 은유와 직유라는 좀 더 단순한 형식으로 이루어지는 비유는 이해를 아주 효과적으로 자극할 수 있다. 그러나 비유들은 확장되면 될수록 점점 더 차가워진다. 세인츠 버리는 비유들을 "풍토병"이라고 불렀다. 하지만 비유들이 아무리 고통스럽더라도, 그것들은 그와 유사한 종교적이고 철학적인 변증론이라는 병, 즉 저자가 아무런 비유도 의도하지 않은 곳에서 고집스럽게 비유를 발견하고자 하고 특유한 악의를 가지고서 호메로스와 헤시오도스에게 주의를 기울이고 있는 그러한 종교적이고 철학적인 변증론만큼 나쁘지는 않다. 하지만 헤시오도스에게는 풍부한 참된 비유가 있다. 하나의 신에게 의미 있는 이름을 부여하는 것부터가 이미 비유의 부드러운 형식이다. 그것은 그 신이 신성에 의해 배가된 어떤 지적인 개념과 동등하다는 것을 시사하고 있는데, 우리는 헤시오도스가 그러한 비유들을 좋아한다는 것을 본 바 있다. 그는 아프로디테를 우라노스의 생식기의 거품(아프로스ἀφρός)에서 태어난 여신으로, 티탄족을 "애써 긴장하여(티타이논타스τιταίνοντας) 뻔뻔스럽게 두려운 행위를 행한" 자들로서 설명한다. 위력(크라토스Kratos)과 힘(비아Bia)은 "제우스에게서 떨어져서는 어떤 집도 가지지 못하며, 신이 그들을 이끄는 곳을 제외하고는 어떠한 주거도 길도 지니지 못한다." 판도라 신화는 여자를 "남자들이 참아내지 못하는"

신적으로 만들어진 악으로서 기술하는 비유를 포함한다. 잠은 "평화롭게 땅을 떠돌아다닌다." 그러나 죽음은 철의 심장을 지니고 있다. 그리고 제우스의 결혼들 가운데 최소한 셋은 비유들이다. 첫 번째 결혼은 조금은 야릇하다. 제우스는 메티스(지성)를 삼키고 "위력과 슬기로운 이해에서 자기 아버지와 동등한" 아테네가 곧바로 제우스의 머리로부터 태어난다. 두 번째 결혼은 정의와의 결혼이다. 아이들은 계절들, 질서, 법, 평화 그리고 숙명들이다. 기억과의 세 번째 결혼은 뮤즈들을 낳는다. 이 모든 비유들과 그 밖의 많은 비유들이 『신통기』에서 발견될 수 있다. 『일과 나날』에서 헤시오도스는 우리에게 두 개의 유명한 투쟁의 비유를 주고 있는데, 그 가운데 하나는 고상한 경쟁이고 다른 하나는 다툼의 사악한 영혼이다. 또한 그는 판도라의 신화에 악의 단지와 희망에 관한 모호한 비유를 덧붙인다. 그리고 그는 철의 시대를 기술하는 가운데 양심(아이도스Aidos)과 의로운 분노(네메시스Nemesis)가 "하얀 겉옷으로 쌓인 부드러운 형태들을 한 채, 넓은 길의 땅에서 나와 죽지 않는 신들과 합류하기 위해 인류를 저버릴 것"이라고 예언한다.

이들은 모두 의식적인 비유들이며, 그 대부분은 특정한 신이나 그의 속성들을 설명하기 위해 고안되었다. 제우스에 관한 각각의 새로운 비유는 제우스를 좀 더 철저하게 설명하고 있으며, 제우스에 대한 우리의 파악에 새로운 요소를 덧붙인다. 각각의 비유는 비록 그 비유가 결혼이나 어떤 신이 다른 신을 "시중든다"거나 "삼킨다"는 진술과 같은 약간의 의인화된 용어들을 포함하고 있긴 하지만, 또한 힘, 평화, 계절들 및 지성과 같은 비-의인화된 용어들도 포함한다. 만약 헤시오도스와 그리스 전통이 제우스의 자손을 아폴론, 아르테미스 또는 페르세포네와 같은 인격적인 이름을 지닌 신들로 제한할 수 있었다면 제우스의 실재적 존재는 그런 한에서 계속해서 하나의 신비로 남았을 것이다. 그러나 제우스가 평화와 같은 아이들과 지성 또는 기억과 같은 아내들을 가지고 있는 것으로서 표현될 때마다 제우스의 신비는 그런 한에서 줄어들고, 그에 비례하여 그의 실재적 존재가 인간의 지성에 다가갈 수 있게 되었다. 헤시오도스가 비유를 사용한 최종적 결과는 분명히 인격적인 신인 제우스가 인격성을 결여한 신적인 속성들의 목록으로 부분적으로 환원되게 된 것이다. 이것이 헤시오도스의 역사에서 결과로서 생겨난 제우스와 결합될 때, 그 총합은 우주만물의 신적인 근원의 후손이자 크게 보아 자기 자신을 우주만물에서의 질서와 인간들 사이에서의 정의와 지성과 덕의 신적인 근원으로서 정의할 수 있는 최고의 신이다. 헤시오도스의 제우스에게 씌워진 의인화의 외피는 매우 얇아졌고, "제우스"라는 이름은 지적이고 종교적인 목적에 대해 편리한 상징으로, 다시 말하면 일정한 양과 질의 신적인 힘을 감싸 안고 있고, 대수학의 기호들처럼 인격을 지니지 않으면서 급수에서의 어느 점으로 또는 등식에서 한 항에서 다른 항으로 쉽사리 옮겨질 수 있는 그러한 상징으로 되었다.

그보다 못한 신들에 관해 이야기하자면, 그들도 서로 다른 정도이긴 하지만 동일한 과정을 겪었다. 우리가 여기서 상기할 필요가 있는 것은 다만 그들 가운데 몇몇만이 그들의 지속적인 존재가 숭배하는 자의 믿음에서 전적으로 독립적인 실재들이라는 점이다.

신들과 우주만물에 관하여 그 당시 통용되고 있던 관념들의 세 가지 특징은 특별히 강조될 만하다. 그 당시 그리고 그 후 피타고라스의 시대에 이르기까지 어떤 하나의 자연적 실재가 뒤이어 나타나는

신들을 포함하여 모든 사물의 신적인 기원이라는 것이 당연한 것으로
여겨졌다. 둘째, 이 신적인 기원의 이름과 본성에 관한 점증하는 관심
이다. 이러한 관심은 헤시오도스가 호메로스의 선택과는 명백히 다르
다는 사실과, 이 시기 동안에 다른 많은 신발생론들이 지어지고 있었
는데, 그것들 가운데 몇몇은 신적인 기원을 선택함에 있어 호메로스
와 헤시오도스 그 둘과 달랐다는 사실에 의해서 증명된다. 셋째, 신이
나 인간의 본성과 힘이 그가 유래한 실체에 의해 설명될 수 있고
또 그 결과라는 관념이 이미 통용되고 있었다. 이 마지막 관념은 물론
한 세대로부터 다른 세대로 이어지는 혈통에 관한 보통의 관념과
관련되는데, 이 후자의 관념에 따라서 그리스인들은 (예를 들어) 영웅
들의 부분적인 신성과 힘을 각각의 영웅에게 신적인 조상을 부여함으
로써 설명했다. 그러나 그것은 사변적 사유에서 중요한 전진을 나타
낸다. 헤시오도스는 이러한 관념의 두 단계를 다루고 있다. 첫 번째
단계에서 하나의 신적인 힘은 성적 결합 없이 다른 신적인 힘을 산출
한다. 그리하여 에레보스와 밤은 카오스로부터 산출되며, 똑같은 방
법으로 땅은 하늘을, 밤은 그의 후손의 대부분을 산출한다. 두 번째
단계에서 실체의 관념이 훨씬 더 뚜렷해진다. 판도라는 땅과 옷들
그리고 보석에서 만들어진다. 그리고 사랑의 여신 아프로디테는 하늘
의 한 부분의 생식력 있는 실체로부터 직접적으로 솟아난다.

어떤 다른 행위자의 개입 없이 자기 자신과 닮은 어떤 것을 산출할
수 있는 능동적 실체라는 이 관념은 물론 그리스 사유에 대해 너무도
심원한 영향을 주게 될 것이었다. 탈레스와 그의 제자들은 우주만물
을 설명하기 위해 그 관념을 이용했으며, 특별히 그것은 그리스의
신학자들과 철학자들에 의해 인간의 생명과 정신에 관한 그들의 학설

에서 사용되었다. 기원전 7세기 무렵 디오니소스 종교와 오르페우스 교의 신학자들은 그리스인들에게 인류가 자그레우스 신을 먹은 티탄 족의 재로부터 솟아났다는 믿음을 널리 알리기 시작했다. 그러므로 인간 속의 사악함은 티탄족의 사악함에 기인하며, 인간 속의 신적인 요소는 자그레우스의 옮겨진 실체였다. 보통의 그리스인의 믿음은 인간의 영혼과 생명(**프쉬케**ψυχή)이 신적인 공기 내지 불의 한 부분이라고 여기고 있었다.

제4장 이행

　이용 가능한 증거에 관한 한 신들과 우주만물의 역사에 관한 호메로스의 관념들은 그에 대한 헤시오도스의 변형들과 더불어 기원전 7, 8세기에 걸쳐 이 주제에 관한 그리스 교설의 일반적인 줄기를 구성했다. 이 줄기에 덧붙여진 유일한 것은 신비종교들의 새롭고 흥미진진한 교설이었다. 그것을 제외하면 그 줄기에서 일어난 유일한 중요한 변화들은 헤시오도스의 사상 속에 이미 존재하고 있던 경향들 가운데 무엇을 강조하느냐에 놓여 있다.

　호메로스와 헤시오도스는 인류를 그들의 조상인 신들로부터 멀리 떼어 놓았으며, 죽음 이후의 행복한 불사성을 오직 소수의 가장 사랑받는 영웅들에게만 약속했다. 헤시오도스는 현 세대 인간들의 타락에 관한 호메로스의 암시에 주목하여 그것을 철의 시대에 대한 그의 능란한 묘사로 확대시켰다. 그 자신은 인류의 유일한 실제적인 희망이 이 종족의 절멸 및 변화의 순환이 새롭게 시작되는 것에 놓여 있다고 암시하는데, 이 제안은 많은 그리스 철학들에서 하나의 교의로 되었다.[1] 자기들의 모든 신도에게 행복한 불사성을 보장하는 신비종교들이 그리스를 휩쓴 것은 놀라운 일이 아니다. 이러한 인정이 이루어진 조건들은 교의에 의해서나 입회자의 일상적 삶의 간섭에 의해서 거의 방해받지 않은 엘레우시스에서의 정교한 제식으로부터 제식을 정교한 신학 및 금욕적인 정화 훈련과 결합시켰던 오르페우스교 체계에 이르기까지 다양하다. 이런 차이들에도 불구하고 신비종교들은 몇 가지 공통된 특징을 지닌다. 그들은 어떠한 사회적 차별도 하지 않는다. 구원하는 신성의 힘은 왕과 평민, 노예에게 똑같이 베풀어진다. 모든 입교자는 신과의 일정한 형식의 결합이나 동일화를 겪어야만 한다. 이것은 대단히 합리적인데, 왜냐하면 불사적인 존재와의 동일화가 불사성을 가져다주기 때문이다. 나아가 신비종교들의 신들은 특별한 의미에서 불사적이다. 가령 페르세포네와 디오니소스는 그들을 숭배하는 인간들이 죽었다가 다시 태어나는 것과 마찬가지로 죽었다가 다시 태어난다. 인간들이, 그리고 이 문제에 관한 한 모든 살아 있는 것들이 이러한 불사의 신적인 힘들과 공유하고 있는 생명의 원리, 즉 프쉬케의 본성과 본질이 빠르게 사람들의 관심과 호기심의 새로운 중심이 된다.

그리하여 그 이후 생명의 본성에 관한 오랜 전통을 수동적으로 수용하는 것을 불가능하게 만든 신비종교들은 이 새로운 문제에 대한 그들 자신의 해결책을 제시했다. "행해진", "보여진", 그리고 "말해진"

● ● ●

[1] 이 관념은 나중에 아낙시만드로스, 아낙시메네스, 헤라클레이토스, 엠페도클레스 그리고 스토아학파에 의해 이용되었다.

것들로 이루어져 있던 엘레우시스 제식은 여전히 모호하게 알려져 있는데, 행위와 감정의 수준에서 이루어지는 그 문제에 대한 나름의 해결책을 보존했던 것으로 보인다.[2] 오르페우스교의 해결책은 훨씬 더 지적이었다. 물론 그 해결책에는 여러 변형들이 있었고, 7세기에 그들의 교리가 정확히 어떤 형태를 취했는지는 말할 수 없다. 우리는 그들이 선과 악의 현존을 설명하는 것과 같은 방식으로 우주만물의 역사를 이야기했으며, 생명 또는 프쉬케의 본성을 디오니소스-자그레우스-제우스와 동일한 것으로 표현했음을 알고 있다. 신적인 (티탄적인) 기원을 지닌 악한 육체 속에 갇혀 있는 프쉬케는 자기의 행복을 보장하기 위해 정화되어야만 한다. 그리고 실패에 대한 형벌은 불행한 불사성 또는 지옥이다.

오르페우스교의 교설들은 7세기에 "제우스"라는 이름이 일정한 양과 질의 신적인 힘을 감싸 안고 있으면서 또한 디오니소스나 자그레우스라 불리는 또 다른 유사한 상징으로 마음대로 변환될 수 있는 단순한 상징으로서 다루어질 수 있음을 상세하게 예시해 보여준다.[3] 오르페우스교도들 역시 하나의 신적인 힘이 우주만물의 근원이라는 그리스의 지배적인 믿음에 동의한다. 그리고 그들은 신적인 근원을 현실의 신적인 우주만물과 동일시함으로써 그 믿음을 한 걸음 더 전진시킨다. 이러한 통일에서의 유일한 오점은 반항하는 티탄족 이야

• • •

2) 제식은 본래 생식력을 증대시키기 위해 고안된 관습들에서 유래한 공감적 마법을 통해 불사성을 전달했던 것으로 보인다.

3) 폴 몽소Paul Monceaux(『오르페우스교의 말들』s. v. orphici, Daremberg et Saglio)는 다음과 같이 말하고 있다. "이러한 모든 이른바 오르페우스교의 신들은 다만 하나의 유일한 신의 서로 다른 이름들이거나 다양한 형식들 또는 연속적인 화신들일 뿐이다."

기와 이제 하나의 악으로서 선한 프쉬케와 대비되는 "육체"의 개념인데, 왜냐하면 "육체"는 티탄족의 산물이자 그들과 마찬가지로 선에 반항하기 때문이다. 그리하여 오르페우스교도들은 악의 문제에 대한 새롭고도 매력적인 해결책을 제공했는데, 그것은 피타고라스와 플라톤을 통해서뿐만 아니라 이 해결책의 반대자들을 통해서도 철학의 장래의 과정을 결정하는 데 많이 기여했다.

그리하여 "신"(테오스θεός)의 본성과 의미는 기원전 7세기의 그리스 세계에 있어 모든 논란거리 중에서 가장 중요한 것들 가운데 하나가 되었다. "신"이라 불리는 신적인 힘들이 호메로스의 시대에서조차도 반드시 의인화된 것으로서 표현되거나 파악되지는 않았다. 우리는 호메로스가 이야기한 의인화된 이야기들의 주요한 토대가 영웅들에 대한 숭배와 그로부터 결과한 것으로서 결혼에 의해 신들을 인간들과 관련시킬 필요성이라는 것을 본 바 있다. 그러나 7세기의 그리스인들은 그들 자신이 영웅들의 시대로부터 멀리 떨어져 있다고 느꼈으며, 그들 자신을 신적인 힘에 관련시키는 새로운 방법이자 좀 더 "민주주의적인" 방법을 이미 받아들이고 있었다. 지난 3백 년 동안 그들은 경제적, 정치적, 사회적, 종교적, 지적, 예술적 활동의 모든 분야에서 열정적인 노력을 기울여왔다. 그들은 외국 땅에 번영하는 많은 식민지를 세웠다. 무역이 성장했고, 소유 체제는 신중하게 혁명적으로 변화되었다. 도시국가들은 왕들을 몰아냈고 과두정치를 전복시키기 시작했다. 공동의 헬레네 민족이라는 개념이 서사시인들, 올림픽 경기들, 델포이에서의 신탁에 의해 촉진되었다. 그리스 예술의 새로운 민족적 스타일이 형성되었다. 그리고 (이오니아인들이 **히스토리에**ἱστορίη라고 부른) 탐구의 정신과 사실을 확인하고 표현하고자 하는 욕구가 급속하게 과거에 대한 그리스의 지식을 풍부하게 하고 새로운 이론들을 창조하며 오랜 믿음을 변화시키고 있었다. 이러한 상황에서 그리스인들은 모든 인간이 힘을 소유하고 있다는 것을 깨닫기 시작하였으며, 힘이 "신"이고 신적이라는 그들의 확고한 믿음에 따라 신의 일부분이 모든 인간 속에 존재하고 있음을 긍정했다.

그런 식으로 모든 인간 속에 현존하는 신적인 힘, 즉 모든 인간의 생명이자 그의 불사성인 신적인 힘은 전통적으로 실체로서 생각되었으며, 그것이 죽음 이후에 어떤 형태를 지니는 것으로 생각되었든지 간에 어떤 그리스인도 그에 대해 지상의 삶 동안 의인화된 것으로서 생각하지 않았다.4) 신들을 의인화하는 이야기들 배후의 커다란 추동력은 감소되었고, 인간과 인간적인 신들과의 혈연관계에 관한 오랜 생각은 인간이 신적인 실체에 참여한다고 하는 좀 더 새로운 생각으로 대치되기 시작했다. 이 시기의 그리스인들은 생생한 상상력을 가지고 있었던바, 그들은 신들에 관한 원초적인 이야기를 반복한다고 비난받아 왔다. 그러나 그들 가운데 어느 누구도 인간의 프쉬케를 이루는 신적인 실체가 그 형식에서 인간적이라고 상상할 수 없었다. 그들은 프쉬케가 숨(**프네우마**πνεῦμα)이라 믿었다. 그리고 그들은 이 실체가 최소한 통상시에는 볼 수 없으며, 인간 안에 있는 그것의 작은 부분조차도 그의 육체에 대해 삶과 죽음의 신적인 힘을 지닌다고 생각했다. 자연스럽고도 불가피하게 그들은 인간 안의 프쉬케에 관한 그들의 믿음을 다른 모든 살아 있는 것에 적용하기

• • •

4) "영혼"Soul은 **프쉬케**ψυχή에 대한 매우 부적절한 번역이다. **프쉬케**는 생명의 "원리"보다는 생명 그 자체와 생명의 실체를 가리킨다.

시작했다. 왜냐하면 산다는 것과 프쉬케를 가진다는 것은 동의어이기 때문이다.5) 신들은 살아 있고 우주만물도 살아 있다. 신들의 발생에 관한 모든 역사 또는 신발생론은 또한 우주만물의 발생의 역사 또는 우주발생론이기도 하다. 모든 신발생론이나 우주발생론에서 다양한 살아 있는 신적인 힘들은 다양한 실체들과 동일시되었다. 이러한 역사들이 말해지는 동안 모든 이야기에 고유한 모순에 의해 신들은 종종 의인화된 외관에서 표현되곤 했다. 하지만 화학자마저도 수소와 산소가 "결합"하여 물을 낳는다고 말할 때 온건하고 정직한 방식으로 의인화하고 있다. 그럼에도 불구하고 화학자는 그의 짧은 이야기 속에서 우리에게 물에 대한 합리적 설명을 준다. 그리고 정확히 똑같은 방식으로 카오스가 땅을 낳았고, 땅과 하늘이 결합하여 대부분의 다른 신들을 낳았다고 말하는 신발생론자는 우리에게 신들에 대한 합리적 설명을 주었던 것이다. 기원전 7세기의 그리스인은 우리가 산소와 수소에 친숙한 것과 꼭 마찬가지로 땅과 하늘에 친숙했다. 그가 땅과 하늘을 실체라고 간주한 것은 우리가 산소와 수소를 원소라고 여기는 것과 마찬가지이다. 유일한 차이는 그가 땅과 하늘이 살아 있으며 신적인 힘으로 가득 차 있다고 생각했다는 점이다. 전통적인 신발생론들은 많은 역사가들이 그것들을 내쳐버릴 때 보이는 경멸에도 불구하고 일정한 지점까지는 합리적이었다. 그리고 이제 인간 속의 생명의 실체와 우주만물 안의 생명의 실체 사이의 직접적인 연계를 확립하는 교설들이 출현함과 더불어 신발생론은 전통적으로 철학의 시작이자 합리적 과학의 시작으로서 알

• • •

5) "살아 있는"은 그리스어로 **엠프쉬코스**ἔμψυχος이다.

려지고 또 그렇게 받아들여지는 것 바로 직전에 놓여 있었다.

제5장 철학의 탄생

　자기들의 직업의 창시자로 인정되고 있는 사람의 성취에 대한 자연스럽고도 해롭지 않은 자부심에 고무된 많은 철학자들은 철학의 탄생을 일종의 기적으로 표현한다. 그들에 따르면 밀레토스 사람인 탈레스는 갑작스럽게 신화와 전설의 굴레와 기원전 7세기에 통용되고 있던 비합리적인 신발생론과 우주발생론으로부터 벗어나 철학을 창조했다. 철학사들은 탈레스가 최초로 행한 것들의 놀라운 목록을 우리에게 제공한다. 그는 사물들의 자연적 원인들에 대한 일반적 탐구를 시작한 최초의 사람이며, 세계 내용을 시와 신화적 느낌 및 모호한 추측의 영역으로부터 일상적인 사실의 영역으로 전환시킨 최초의 사람이고, 자연의 규칙성을 파악한 최초의 사람이자 한갓된 이야기를 근거들로 대체한 최초의 사람이며, 과학자라고 부르는 것이 정당할 수 있는 최초의 사람이고, 모든 것이 서로 다른 형식들로 나타나는 단일한 실재로서 간주될 수 있는지의 물음을 묻고 대답한 최초의 사람이었다고 말해진다. 그리하여 탈레스 자신이 신화적인 인물이 되었으며, 역사의 점진적인 과정은 탈레스 전설이라고 하는 새로운 전설에 여지를 마련해주기 위해 사라져버린다.

탈레스에 대한 이러한 열광적인 특징부여는 두 가지 점에서 오해의 여지가 있다. 그것은 우리가 철학적이라거나 과학적이라고 부를 수 있는 인간 정신의 활동들 주위에 뚫고 들어갈 수 없는 담을 둘러치며, 또 그것은 신에 관한 그리스 사유의 본질적인 연속성을 무시한다. 인간의 정신은 실제로는 철학적이고 과학적인 사유와 모호한 시적인 느낌의 분리된 묶음들로 나누어질 수 없다. "강력한 사람들이 아가멤논 이전에 살았으며", 그리스의 시인들은 탈레스가 나타나기 전에도 사람들에게 우주만물을 설명하기 위해 많은 것을 행했다. 합리적 사유는 그것이 어떠한 매체로 언표되든지 간에 계속해서 합리적이다. 신화와 이성의 대비는 잘못된 대조법과 같은 종류의 것이다. 모든 것은 신화를 누가 이야기하는가에 달려 있다. 만약 그가 합리적인 의미를 전달하고자 한다면 신화는 역사에 대한 시도로 된다. 물론 만약 어떤 한 학자가 고집스럽게 이 말들을 그저 폭언들로서 사용하고자 한다면, 그것은 그 자신의 권리일 것이다. 그리고 그가 자신의 의미를 분명히 한다면 우리는 그와 다투지 않을 것이다. 그러나 호메로스나 헤시오도스 또는 플라톤과 같은 철학자가 이야기하는 신화는 무지한 야만인들이 이야기하는 신화와 다른 범주에 속한다는 점은 기억할 만한 가치가 있다. 지금도 교양 있는 사람들이 열심히 읽고 연구하고 있지만, 새커리나 플로베르의 소설보다도 훨씬 더 허구적인 수많은 이른바 역사가 활발하게 돌아다니고 있다.

신에 관한 그리스 사유의 연속성은 탈레스와 그의 직접적인 계승자들의 교설들을 철학과 과학이라는 쌍둥이 표지 밑에 숨김으로써 모호해져 왔다. 탈레스가 철학자이자 과학자였다는 것은 전적으로 참이다. 그러나 그가 신학자였다는 것도 마찬가지로 참이다. 근대적 선입견의 영향 아래 있는 우리는 습관적으로 이 세 가지 직업을 서로 구별되고 상당한 정도로 상호 배타적인 것으로서 간주한다. 그러나 그것들은 탈레스뿐만 아니라 그의 계승자들 대부분에게서 결합되어 있으며, 만약 우리가 그 사실을 깨닫지 못한다면 그에 이어지는 그리스 사유의 발전은 이해될 수 없는 것으로 되기 쉽다. 이런 맥락에서 우리는 또한 "자연적"이라는 개념과 "초자연적"이라는 개념을 잘못된 대립의 목록에 덧붙여야만 한다. 탈레스 시대의 그리스인들은 신들을 포함하여 우주 내의 모든 것이 자연적이라고 생각했다. 탈레스는 다음과 같은 물음을 제기했다. 어떤 실체가 그 자신으로부터 우주만물을 발생시키는 살아 있는 신적인 실체로서 간주될 수 있다고 가장 잘 주장할 수 있는가? 그 물음이 전적으로 새로운 것이 아니었던 것은 그에 대한 대답이 전적으로 새로운 것이 아니었던 것과 마찬가지였다. 탈레스가 물이 우주만물의 살아 있는 신적인 실체라고 선언했을 때 실제적인 새로움은 당시, 즉 기원전 6세기에 이 한 가지 문제에 대한 올바른 해결책을 발견하는 과제에 기꺼이 자신의 최고의 열정을 바치고자 하는 여러 그리스인들이 있었다는 사실과, 최고의 신적인 힘이 이제 우주발생론적인 신적인 실체와 명백히 동일시되었다는 사실에 놓여 있었다. 그들은 자신들의 해결책에서 신의 관념을 제거하지는 않았지만, 근본적으로 비-의인화된 신성에 관심을 기울였다. 그들은 감히 다른 신들을 부정하고자 하지 않았지만, 다른 신들의 급속한

퇴조에 기여했다. 그들은 우주만물의 신적인 실체가 한갓 피조물에 불과한 그 어떤 신보다 분명히 더 중요하다고 느꼈던 것이다. 그리하여 그들은 생명, 우주발생론적인 신 그리고 우주만물의 실체와 같은 서로 연관된 문제들에서 전문가가 되었다. 그리고 바로 이러한 문제들에서 그들이 전문가가 되었다는 사실이야말로 그들을 철학자라고 부를 수 있게 하는 바로 그것이다.

탈레스와 그의 제자들의 과학적 성취는 특히 수학과 천문학에서 매우 뛰어났지만, 그것은 자연의 역사와 신의 의미와는 직접적으로 관련되어 있지 않다. 만약 우리가 이오니아 철학자들의 이른바 자연학적인 학설들이 실제로는 상당히 형이상학적이었다는 점을 염두에 둔다면,[1] 우리는 왜 이오니아인들이 우리가 현대의 물리학자에 대해 우주의 구조에 관한 새로운 물리학 이론을 공표하기 전에 기대하고 또 요구해야 할 예비적 탐구의 신중하고도 고통스러운 과정을 애써 거치지 않고서 각각 서로 다른 실체를 차례로 우주만물의 신적인 근원으로 명명했는지 이해할 수 있을 것이다. 이런 측면에서 이오니아인들은 많은 철학자들과 많은 과학자들을 포함하여 사실보다 이론을 더 좋아하게 된 모든 이론가들에게 공통적인 실패를 예시해 보여준다. 그들은 오직 사실이 그들의 특수한 목적에 이용하기 편리할 때만 그것을 존중했던 것이다. 그리고 철학자들은 그들이 오로지 과학자들과만 공유한다는 데 동의할 합리성에 대한 자신들의 요구를 대단히 강조했기 때문에, 만약 우리가 이 기회에 사실보다 이론을 선호한 결과들이 그리스 철학사 전체를 통해 보일 수 있다는 점을 지적한다고

● ● ●

1) 다시 말하면 이 그리스 철학자들은 자신들이 한갓 외적인 현상들이 아니라 궁극적인 신적인 실재의 본성을 탐구하고 있으며 또 그것을 발견했다고 믿었다.

해서 불평하지 말아야 할 것이다.

　그리스 철학자들의 성취는 과장하지 않는다 하더라도 대단히 위대하다. 하지만 인간 진보의 어떠한 형식도 상식이나 합리성이라 불릴 수 있을 것에서의 진보보다 더 불확실하지는 않다. 초기 이오니아 철학들과 더불어 우리가 어슴푸레한 안개의 영역으로부터 "회의적 지성의 명료성"으로 이행한다는 열광적인 주장은 오직 부분적으로만 정당화된다. 이 철학자들의 합리성은 많은 실패들과, 무엇보다도 우선 그들 각자가 궁극적 진리와 궁극적 실재에 대한 배타적인 계시를 소유하고 있다는 그들의 강렬한 확신에 의해서 한정되고 제한되었다. 철학자들은 소크라테스가 말한 것처럼 "그것이 그들을 어디로 데려가든지 간에" **로고스**_logos_(논증 또는 이성)를 따르고자 하는데, 우리는 그것이 그들을 종종 이상한 곳으로 이끈다는 것을 보게 될 것이다. 철학자들은 스스로를 예술가와 대비시키고 이성적이라는 점에서 자기들 편에서 장점을 찾고 싶어 해왔다. 그러나 만약 우리가 공평하고자 한다면, 우리는 인간의 삶을 묘사하는 시인이 우주만물을 설명하고 우주만물에 관해 아는 철학자보다 인간의 삶이라는 바로 그 주제에서 종종 더 많은 것을 알고 있다는 것을 기억하게 될 것이다.

　탈레스는 물이 모든 것의 신적인 근원이며 우주만물의 살아 있는 실체라는 그의 진술에서 의심할 바 없이 호메로스적인 전통의 영향을 받고 있다. 우리는 탈레스가 어떤 기술적 용어를 사용했는지 알지 못한다. 그는 아마도 이러한 비-의인화된 신을 (호메로스가 그랬던 것처럼) 모든 것들의 게네시스(γένεσις), 퓌시스(φύσις) 또는 아르케(ἀρχή)라고 불렀을 수도 있을 것이다. 하지만 그가 "모든 것은 살아 있는 신적인 힘들로 가득 차 있다"거나 "자석도 생명(프쉬케)을 가진

다. 왜냐하면 그것이 철을 움직이기 때문이다"라고 말한 것은 확실하
다. 이러한 진술들을 그가 연구하고 있었다고 알려져 있는 문제들과
연관하여 고찰하게 되면 그것들은 전적으로 이해될 수 있는 것으로
되는데, 여기서 아리스토텔레스의 추론이 대체로 정확하다는 점에
대해서는 의심할 필요가 없다. 아리스토텔레스는 첫 번째 진술을 "생
명(프쉬케)이 우주만물에 두루 퍼져 있다"는 의미로, 두 번째 진술을
"생명(프쉬케)이 운동의 근원이다"라는 의미로 해석했다.2) 탈레스가
물을 신적인 실체로서 선택함에 있어 오케아노스에 관한 오랜 믿음뿐
아니라 좀 더 실제적인 성찰들의 영향을 받았다고 아리스토텔레스가
시사할 때 그가 뭔가 믿을 만한 전통에 의존하고 있었다는 것은 전적
으로 가능한 일이다. 『형이상학』(983b)에서의 그 구절은 다음과 같다.
"이 철학파의 창시자인 탈레스는 제1원인이 물이라고 말하는데(그
까닭에 그는 땅이 물 위에 있다고 주장했다), 아마도 그는 이러한
생각을 모든 것의 영양물이 축축하다는 것과, 열 그 자체가 축축한
것에서 발생되고 계속해서 그에 의해 살아 있다는 것(그리고 모든
것이 그로부터 생성된 바의 것이 그 모든 것의 제1원인이라는 것)을
보는 데서 얻어냈을 것이다. 그는 자신의 생각을 이러한 사실로부터,
그리고 모든 것의 씨앗이 축축한 본성을 지니며, 물이 축축한 것들의
본성의 기원(또는 실체)이라는 것에서 얻어냈다." 탈레스가 살아 있는

• • •

2) 『영혼에 대하여』De Anima, 411 a 7; 405 a 19. 아리스토텔레스의 해석은 오직 대체로
만 정확하다. 왜냐하면 그는 모든 것에 두루 퍼져 있는 프쉬케에 더하여 신성의
속성을 포함시키는 데 실패했기 때문이다. 따라서 그는 초기 그리스 철학에서 신을
제거하고 이 교설 및 이와 유사한 교설들을 "물활론"이나 "범심론"으로 환원시킨
현대의 역사가들에게 길을 열어놓은 셈이다. 퍼져 있는 것은 그저 생명이 아니다.
그것은 신적인 생명, 즉 참된 창조적 힘이다.

신적인 실체가 아니라 "물질적" 원인에 관해 이야기하고 있다고 상상하고, 따라서 생명의 근원에 대한 영양물, 열 그리고 씨앗의 관련성을 보는 데 실패한 현대의 학자들은 물을 선택한 데 대해 증발과 같은 기상학적 이유들과 충적 지대를 만들어내는 강들을 생각해냈다. 이 이유들은 그 자체로 매우 흥미롭다. 그러나 그 이유들은 탈레스와 생명의 근원에 대한 그의 탐구와는 아무런 관련도 없다. 최고의 신, 우주발생론적인 신은 하나의 신적인 힘, 즉 물이다. 그리고 탈레스는 자기가 물을 선택한 것을 엄밀하게 적절한 논증들로 뒷받침했다. 영양물은 축축하다. 따라서 물은 모든 성장의 근원이다. (불과 유사한) 열은 축축한 것에서 산출되고 그에 의해 유지된다. 따라서 물은 모든 불의 근원이다. 모든 것의 씨앗은 축축하다. 따라서 물은 모든 생명의 근원이다.

탈레스의 제자인 아낙시만드로스는 기원전 610/9년에 태어나 546/5년에 죽었다. 자기 스승의 선택에 만족하지 못한 그는 우주발생론적인 신을 무한하고 무규정적인(그리스어로는 한 단어 — **아페이론**ἄπειρον) 제1원인이라고, 즉 "그것에서 모든 하늘들과 그것들 내의 만물들이 생겨나는"[3] 것이라고 특징지었다. 이러한 실체는 "불사적이고 불멸적"이며, 따라서 "모든 것을 포함하고 모든 것을 조종하는" "신적인 힘"(**토 테이온**τὸ θεῖον)[4]이다. 이 무한하고 무규정적인 신은 불과 공기, 땅과 물, 낮과 밤과 같은 유한하고 규정적인 실체들을 낳는다. 아낙시만드로스는 우주만물 안에서 끊임없이 계속되는 변화를 이러

• • •

3) Diels, H., 『소크라테스 이전 철학자들의 단편들』*Fragmente der Vorsokratiker*[3], Berlin, 1912(이하에서는 *FV*로 표시), 2, 9.
4) *FV*, 2, 15.

한 "대립자들"(에난티오테테스ἐναντιότητες)을 죽을 수밖에 없는 운명의 것이자 쇠퇴하지 않을 수 없는 것으로 표현함으로써 설명한다. "존재하는 모든 것은 필연성에 따라 그것들이 그로부터 존재하게 된 것으로 사라져간다. 왜냐하면 그것들은 자기들의 불의에 대한 벌과 배상을 시간의 질서에 따라 서로에게 치르기 때문이다."[5] 다시 말하면 불은 공기에게 "불의를 행하여" 공기가 되고, 물은 땅에게 "불의를 행하여" 땅이 되며, 밤은 낮에게 "불의를 행하여" 낮이 되고, 그 반대도 마찬가지다. 이러한 대립적이고 소멸될 수 있는 실체들은 무한하고 무규정적인 것인 하나의 불멸적인 실체로부터 분리된다. 그리고 그것들은 모이라와 유사한 신적인 필연성에 따라서 오르페우스교와 피타고라스교의 교설인 "탄생의 순환"(퀴클로스 게네세오스 κύκλος γενέσεως)에 정확히 대응하는 탄생과 죽음의 연속적 과정을 겪는다.

탈레스의 신에게 어떤 일이 일어났던 것일까? 아낙시만드로스는 그의 "더 없는 대담성"이라 불려온 것, 즉 동물들의 기원에 관한 그의 이론에서 신적인 물에게 사려 깊은 찬사를 보낸다. "생물들은 태양에 의해 증발되는 축축한 증기에서 생긴다. 인간은 태초에 다른 동물, 즉 물고기와 비슷했다." 물과 불은 생명의 근원이다. 다른 한편 아낙시만드로스는 생명의 특유한 실체가 공기라는 데 대해 그의 계승자인 아낙시메네스에게 동의한다. 이러한 덜 신적인 실체들이 그 이름과 형식을 변화시키는 데서 보이는 그 손쉬움은 우리의 정신에는 대단히 당혹스럽지만, 그것은 신적인 힘에 관한 그리스의 사유 습관과는 완

• • •
5) *FV*, 2, 9.

전히 일치한다. 그리스인들은 동일한 신적인 힘이 지닌 서로 조금 다른 측면들을 가리키기 위해 서로 다른 단어들을 사용했는데, 그 경우 그들은 하늘, 날씨 또는 운명을 가리키기 위해 제우스라는 이름을 사용할 때보다 이성의 규칙을 위반했다는 느낌을 더 많이 갖지는 않았던 것이다. 그러나 아낙시만드로스의 최고의 신적인 것이 지닌 이름과 그 본성에는 참된 새로움이 있다. 신의 관념은 실체의 개념으로부터 벗어나 "순수한" 인과성의 개념을 향한 기나긴 여정을 시작했다. 이 최고의 신은 여전히 실체이지만, 그것은 더 이상 물과 같이 명명될 수 있는 규정된 실체가 아니다.

아낙시만드로스는 각각의 모든 명명될 수 있고 규정된 실체가 "소멸되어" 그 자신의 대립자로 된다는 것을 관찰했다. 소멸될 수 있는 이 실체들은 모두 최고의 신으로부터 분리되었기 때문에 서로 아주 가까운 동질의 것들이다. 그러나 그것들은 종속적이고 열등하다. 그것들은 사실상 디오니소스와 페르세포네와 같은 신비의식의 신들과 유사하며, 또한 여전히 불사적이긴 하지만 소멸했다가는 다시 태어나는 것만이 허락된 제한된 불사성을 지닌 인간적 숭배자들의 프쉬카이 Psychai(영혼들)와 유사하다. 그리하여 아낙시만드로스는 최고의 신의 무규정성을 강조한다. 여기서 무규정적이라는 것은 원인이 그 결과로부터 "자유롭지" 않다는 것을 제외하고는 변화의 과정으로부터 자유롭다는 것이다. 아낙시만드로스의 최고의 신이 지닌 무한성은 그가 변화의 과정을 끝없는 것으로 간주하며, 끝없는 과정의 원인은 다함이 없어야만 한다는 사실에 기인한다.[6] 또한 최고의 신은 그것이

• • •

6) *FV*, 2, 14: **히나 메덴 엘레이페 헤 게네시스**ἵνα μηδὲν ἐλλείπῃ ἡ γένεσις— "생성의 근원이 전혀 결핍되지 않도록."

둘러싸고 있는(**페리에케이**περιέχει) 변화무쌍한 우주만물들 밖에 위치지어지기 시작했다.7) 우주 또는 우주들 내의 모든 생명과 변화의 근원인 싸개로서의 그것의 기능은 여러 그리스 철학들에서 다시 출현하는 관념, 즉 아낙시메네스의 공기에서뿐만 아니라 또한 헤라클레이토스의 무한한 불과 레우키포스가 말하는 "피막"에서도 다시 나타나고, 나아가 아리스토텔레스의 최고의 신이 자리 잡고 있는 위치에서도 여전히 인식될 수 있는 관념의 아낙시만드로스 버전이다.

기원전 546/5년경에 활약한 아낙시메네스는 아낙시만드로스의 제자이자 동료였으며, 스승의 신학을 하나를 제외한 모든 측면에서 받아들였다. 그는 우주발생론적인 신이 무한하고 무규정적인 존재라는 것에는 동의했지만, 아낙시만드로스에 반대하여 그것이 한정되고 명명될 수 있는 실체라고 주장했다.8) 아낙시메네스는 다음과 같이 말했다. "근원은 무한하고 무규정적인 공기이다. 그로부터 현재와 과거 그리고 미래의 모든 사물들과 신들 그리고 신적인 것들이 생겨난다. 그리고 그 밖의 모든 것들은 공기의 산물들로부터 생겨난다."9) 그리고 "공기인 우리의 생명(프쉬케)이 우리에 대해 통치하는 힘을 지니는 것처럼 프네우마와 공기는 우주만물 전체를 둘러싸고 있다[원문 그대로]."10) 우리는 한정적인 동시에 무한하고 무규정적인(**호리스메노스**

• • •

7) *FV*, 2, 11.
8) *FV*, 3 A 5.
9) *FV*, 3 A 7.
10) *FV*, 3 B 2: **호이온 헤 프쉬케 헤 헤메테라 아에르 우사 쉥크라테이 헤마스, 카이 홀론 톤 코스몬 프네우마 카이 아에르 페리에케이**οἶον ἡ ψυχὴ ἡ ἡμετέρα ἀὴρ οὖσα συγκρατεῖ ἡμᾶς, καὶ ὅλον τόν κόσμον πνεῦμα καὶ ἀὴρ περιέχει. **프네우마와 아에르는 페리에케이**(둘러싸다)의 단수 주어로 취급된다.

ὡρισμένος하면서 **아페이로스**(ἄπειρος한) 최고의 신의 역설을 어떻게 이해할 수 있을까?

아낙시메네스가 역설을 의도한 것은 아니었다. 그는 다만 자신의 스승과 함께 시작된 집안싸움을 계속하고 있었을 뿐이다. 아낙시만드로스는 그 자신에 따르면 무한하지도 무규정적이지도 않은 실체를 최고의 신으로 제안했다고 해서 탈레스를 비판했다. 그는 물이 무규정적이지 않기 때문에 변화에 노출되어 있고 끊임없이 그 대립자로 소멸되고 있다고 논증했다. 이제 아낙시메네스가 논쟁을 중재하고 나섰다. 그는 자기가 질적으로 무규정적이지만 또한 모든 질적 규정의 근원이기도 한 실체를 명명할 수 있다고 주장했다. 신적인 공기는 그 밖의 모든 것들로 변화할 수 있지만, 그러나 자기의 동일성을 유지할 수 있었다. 그리고 아낙시메네스는 이러한 분명한 기적을 희박화와 응축화라는 장치를 도입하여 설명했다. 이러한 방식으로 공기는 계속해서 무규정적으로 남았지만, 또한 명명될 수 있고 또 한정적이다. 우주만물 안에서 일어나는 변화들은 더 이상 그것들이 아낙시만드로스의 체계 안에서 그랬던 만큼도 실재적이지 않다. 그리하여 최고의 신은 실체나 "질료"의 지위로부터 순수한 원인의 지위로 이어지는 길로 한 걸음 더 나아갔다. 공기는 아페이론보다 덜 실체적이며, 아페이론은 물보다 덜 실체적이다.

흥미로운 것은 신에 대한 이전의 어떤 정의보다도 완성에 좀 더 가까이 접근해야 하는 신의 정의에 대한 철학적, 신학적 요구에 따라 최고의 신이 실체들의 단계에서 위로 향해가면서 이제 이 신이 그리스 전통에서 언제나 프쉬케의 질료라고 주장되어 온 공기 및 프네우마와 명시적으로 동일시되는 지점에 도달하게 되었다는 것을 보게 된다는 점이다. 두 용어는 실제적으로 동의어이다. 프네우마가 공기와 다른 것은 다만 그것이 희박해진 형식의 공기이기 때문일 뿐이며, 그것은 불이라고 하는 공기의 가장 희박한 형식과 유사하다. 그리하여 아낙시메네스는 그의 철학에서 생명의 실체적 원인에 관한 그리스인들의 대중적 믿음을 신성하게 만들었는바, 이것은 앞으로 불이나 프네우마라는 이름으로 헤라클레이토스와 피타고라스학파 그리고 스토아학파의 사변에서 중심적 역할을 담당하게 될 것이며, 더 나중에는 신적인 영으로서 친숙하게 될 것이었다.

아낙시메네스의 철학은 물론 또한 신발생론이기도 하다. 그는 다른 모든 신들을 간략하게 처리한다. 그들은 최고의 신인 공기의 단순한 변형들일 뿐이다. 그들의 존재는 부정되거나 의심되지 않는다. 성 아우구스티누스는 다음과 같이 말하고 있다. "그는 신들을 부정하거나 그들에 대해서 침묵하지 않았다. 그러나 그는 그들에 의해서 공기가 만들어진 것이 아니라 오히려 그들이 공기로부터 생겨났다고 믿었다.nec deos negavit ant tacuit, non tamen ab ipsis aerem factum, sed ipsos ex aere ortos credidit."[11] 이 신들은 공기를 "창조"하지 않았다. 그들은 공기로부터 생겨난다. 그러나 그들의 지위는 눈에 띄게 격하되는바, 그들은 하나의 영원한 아르케나 퓌시스의 일시적인 변형의 상태로 떨어졌다. 아낙시메네스의 신학에서는 사실상 의인화된·인간형태적anthropomorphic 신들은 더 이상 존재하지 않는다. 모든 신들은 공기형태적aeromorphic이다. 우리는 아낙시메네스의 절차가 덜 중요한 신들도 설명될 가치가 있다고 여전히 생각하는 그 이후의 모든

• • •

11) *FV*, 3 A 10.

그리스 철학자들에 의해 모방된다는 것을 보게 될 것이다.

제6장 피타고라스

　밀레토스학파가 최고의 신적인 힘의 본성에 관해 조용히 논쟁하고 있는 동안, 아낙시만드로스와 아낙시메네스의 동시대인인 피타고라스는 그러한 연구들이 쉽사리 종교와 철학 그리고 과학의 열정적이고 당혹스러운 혼합물로 전환될 수 있음을 보여주었다.1) 피타고라스의

● ● ●

1) 이 장이 토대하고 있는 텍스트들은 거의 모두 첼러에게서 찾아볼 수 있다. 그러나 그 대부분이 다른 역사가들에 의해 받아들여져 온 첼러의 견해들은 그로 하여금 초기 피타고라스학파의 종교적 교설들과 철학적 교설들 사이의 긴밀한 연관을 축소하거나 부정하도록 했으며, 또한 피타고라스와 그의 초기 제자들에 관해 이용 가능한 증거 대부분의 확실성을 부정하도록 했다. 그러나 아우구스또 로스따니Augusto Rostagni와 아르망 들라트Armand Delatte의 뛰어나고 본질적으로 건전한 작업들에 의해 이러한 회의적인 상태가 불가능하게 됨으로써 초기 피타고라스주의에 관한 연구 전체가 혁명적으로 변화되었는바, 따라서 그리스 철학의 역사는 그 두 사람에게 커다란 빚을 지고 있는 셈이다. 물론 이 학자들은 초기 피타고라스주의에 대한 나의 해석에서의 오류들에 대해 아무런 책임도 없다. 나는 이 해석을 현재로서는 무리 없이 피타고라스 자신에게 돌려질 수 있을 학설들에 제한하고자 했다.

중심 목표는 사람의 프쉬케를 정화하고 특수한 계율에 의해 행복한 불사성을 보장하는 것이었으며, 그런 한에서 피타고라스의 종교는 오르페우스교의 신비의식과 비슷했다. 그러나 우주만물에 관한 호기심이 소수의 단순한 교설들에 의해 억눌려진 보통의 오르페우스교 입회자의 정신과, 지식과 지혜(**소피아**ơoφία)를 구원의 원천으로서 숭배했던 피타고라스의 정신 사이에는 대단히 중요한 차이가 있었다. 그리하여 지혜의 추구는 새로운 의미를 획득했다. 피타고라스와 그의 제자들 가운데 가장 위대한 사람들에게 우주만물에 관한 연구와 명상은 인간의 최고의 종교적 의무였던바, 그것은 그에 의해 인간이 신과 같이 될 수 있는 수단이었다. 플라톤과 마찬가지로 피타고라스도 철학을 구원의 희망에 종속시켰으며, 비록 헤라클레이토스가 말하듯이 "므네사르코스의 아들인 피타고라스는 자신의 탐구(**히스토리엔**iơτoρίην)를 어느 누구보다도 더 정교하게 다듬어냈다"[2])고 하더라도, 그가 염두에 두고 있던 목적은 무관심한 것이 아니었거나 최소한 전적으로 무관심한 것은 아니었다.

철학을 신비종교로 전환시키려는 시도의 결과는 그의 삶과 학설들에 대해 알려져 있는 모든 것에서 드러난다. 신의 예언자이자 아폴론의 대변자로서 자기 자신의 부분적인 신성에 대한 그의 믿음은 전염성

● ● ●

2) 디오게네스 라에르티오스Diogenes Laertius, VIII, 6. 헤라클레이토스의 이 단편의 진위여부를 둘러싼 논쟁의 역사에 대해서는 들라트가 편집한 『디오게네스 라에르티오스에서의 피타고라스의 생애』*La Vie de Pythagore de Diogène Laërce*, 159 ff를 보시오. 딜스는 그것을 거부했지만, 게르케Gercke는 『고전학 입문』*Einleitung in die Altertumswissenschaft*, II³, 459에서 그것의 신빙성을 매우 능란하게 확립했다. 그리고 들라트는 게르케의 결론을 받아들인다. 그럼에도 불구하고 **히스토리엔**이 "다른 사람들의 기존의 지식"을 의미한다는 것은 그럴듯하지 않다. 이것을 예외로 하여 나는 게르케의 해석을 받아들인다.

이 있었다. 전 생애 동안 그는 그리스 전역에서 수백 명의 사람들을 귀의시켜 그들에게 금욕적 고행의 특권을 부여했으며, 그들의 불멸적인 영혼들(프쉬카이)이 점진적으로 정화되어 신들이 거주하는 "최상의 영역"으로 올라갈 것을 약속했다. 철학자이자 신학자로서 그는 생명과 우주발생론적인 신 그리고 우주만물의 실체와 같은 문제들에 몰두했으며, 그의 수학적 학설들을 하나의 중요한 예외로 한다면, 이 문제들을 밀레토스학파가 사용한 것과 거의 동일한 용어들로 진술했다.

피타고라스는 아낙시메네스가 그랬듯이 아낙시만드로스의 무한하고 무규정적인 신에 만족하지 않았다. 그는 아낙시메네스와 마찬가지로 아낙시만드로스에 반대하여 하나의 한정되고 명명될 수 있는 신적인 실체에 대한 주장을 제기했다. 아낙시메네스는 우주만물에서 드러나는 너무나도 명백한 다양성의 하나의 원인으로서 신적인 공기를 제안했었다. 피타고라스는 동일한 사유 노선에 따라 작업하면서도 신적인 불을 우주발생론적인 신, 불사적인 생명의 근원, 우주만물의 실체로서 제안했다. 그러고 나서 피타고라스는 신적인 불과 신적인 하나를 동일시했는데, 실체와 수의 이렇듯 어리둥절한 동일시로 인해 피타고라스주의자가 되지 않고서 피타고라스주의를 이해하고자 하는 모든 사람들에게 끝없는 어려움이 야기되었다. 만약 우리가 그의 사유와 열정의 범위 안에 있다면, 요컨대 만약 우리가 크로톤에 있는 그의 교회(쉰에드리온συνέδριον)의 구성원이라면, 아마도 우리는 우주만물이 수들로 이루어져 있으며 신적인 하나가 모든 수의 근원이라는 스승의 말이 무엇을 의미하는지 뭔가 내적인 이해를 가지게 될 것이며, 비록 이해하는 데 실패하더라도 우리는 귀의자로서 그 교설이 받아들이기 쉽다는 것을 알게 될 것이다. 어쩌면 우리는 그 자신의 스승이 피타고라스의 진정한 지적 상속인이었던 아리스토텔레스가 그 교설이 매우 어렵다고 생각했다는 사실에서 위안을 얻을 수도 있을 것이다.

만약 우리가 호메로스에서 작동했던 원리, 즉 힘의 소유가 그리스의 신들을 낳는다고 하는 원리를 염두에 둔다면 그 신비는 비록 해결되지는 않는다 하더라도 감소될 수는 있을 것이다. 피타고라스는 신성을 하나에 귀속시켰는데, 왜냐하면 그가 보기에 하나는 다함이 없는 힘을 지니고 따라서 아낙시만드로스의 무한하고 무규정적인 것과 마찬가지기 때문이며, 또한 하나는 우주적 과정에서뿐만 아니라 우주 만물이 발생되는 대로 정확히 발생되는 수들의 계열에서도 모든 규정과 제한의 근원이기 때문이다. 피타고라스가 어떻게 해서 하나가 수들의 계열에 대해 신적인 힘을 지닌다는 결론에 도달하게 되었는지 우리는 아주 쉽게 이해할 수 있다. 하나는 자기 자신 내에 홀수들과 짝수들을 포함하는 것이다. 그리고 우리는 우주만물에 대한 아낙시만드로스의 아페이론의 힘과 홀수들과 짝수들에 대한 신적인 하나의 힘 사이에서 유사성을 볼 수 있다. 이 수들은 대립자들인 공기와 불, 낮과 밤이 아페이론에서 분리되는 것과 마찬가지로 하나로부터 도출되며 "대립자들"이다. 더 나아가 이 대립적인 수들은 변화에 종속되어 있다. 공기가 불로 변화하는 것처럼 홀수는 짝수로 이행하거나 변형되는 것이다. 그러나 하나의 행태와 아페이론의 행태 사이의 이러한 유사성은 피타고라스가 하나를 최고의 신이라고 믿었다는 의심할 수 없는 사실과 함께 여전히 우리에게 부분적인 모호함을 남기고 있다. 아무리 새롭게 획득된 수학적 지식에 매료되었음에 틀림없다 하더라도 피타고라스는 어떻게 감히 수가 신이라고 생각할 수 있었을까? 힘의 소유가 그리스의 신을 만들었다고 한다면 어떻게 피타고라스는 하나가 수들 이외의 것에 대해서도 힘을 지닌다고 상상할 수 있었을까? 우리는 하나가 어느 정도 수학적인 신으로서 생각될 수 있었음을 인정할 수도 있을 것이다. 그러나 어떻게 수학적인 신이 우주만물을 만들 수 있었을까?

피타고라스주의를 공부하는 대부분의 사람들이 느꼈을 법한 이러한 지적인 어려움들은 우리가 부지불식간에 잘못된 물음들을 던지고 있다는 사실에 기인한다. 우리는 수수께끼가 아니라 설명으로서 의도된 신에 관한 학설을 수수께끼로서 다룰 것을 고집하고 있는 것이다. 물음은 "어떻게 수가 신이 될 수 있는가?"가 아니라 "만약 하나가 최고의 신이라면, 피타고라스는 하나를 무엇과 대비시키고자 하는가?"가 되어야 한다. 여기서 마침내 우리는 이해될 수 있는 대답이 주어질 수 있는 물음을 가지게 된다. 하나에 대한 명백한 대비는 여럿, 즉 그리스어로 **토 플레토스**τὸ πλῆθος 또는 **타 폴라**τὰ πολλά이다. "여럿"은 그리스 철학자들이 우주 내의 다수의 다양한 사물들을 나타내기 위해 사용한 일반적인 표현이다. 피타고라스의 하나는 하나의 단순한 수가 아니다. 그것은 질서 잡힌 우주 내의 변화하는 사물들의 다수성에 대립하여 정립된 신적인 원인의 통일성에 대한 긍정이다. 피타고라스가 최고의 신은 하나라고 주장했을 때, 그는 최소한 최고의 신이 불이며 모든 생명과 우주만물의 근원이라는 것을 부인하고자 하지 않았다. 그는 이러한 모든 믿음을 받아들였고 나아가 최고의 신에 관한 정의를 개선하고자 했는데, 그러한 정의가 획득된 것은 최고의 신이 또한 하나이자 모든 통일성의 근원일 뿐만 아니라 모든 수들의 최초의 원인이자 모든 다양성 내에서 규정하는 원리이기도 하다는 자신의 확신을 강조함으로써 이루어졌다.

이러한 관점에서 보면 하나에 관한 교설은 그리 불가해하지 않다. 만약 우리가 스스로 피타고라스주의자가 되고자 시도한다면 우리는 공감하고자 노력함으로써 이 교설을 발생시킨 확신의 영역에 도달할 수 있을 것이다. 그렇게 되면 우리는 "우주의 가장 중요한 부분인 중심은 가장 엄격히 보호되어야 하기" 때문에 우주인 것을 둘러싸고 있는 불 또는 아이테르의 구체球體로서의 하나를, 그리고 또한 그 구체의 중심에 자리 잡고 있는 하나를 보게 될 것이다. 이 중심의 불에게 우리는 하나라는 이름 이외에 다양한 다른 이름들을 부여하게 될 것이다.[3] 그것은 제우스의 파수꾼이 될 것이고 또 신들의 어머니가 될 것인데, 왜냐하면 그것은 우리가 별들, 다섯 개의 행성, 태양, 달, 지구, 대對지구로서 보는 신들을 낳을 것이기 때문이다. 이 대지구가

● ● ●

3) *FV*, 45 B 37(아리스토텔레스, 『천체에 대하여』*De caelo*, 293 a 18 ff와 심플리키오스의 주석). 버넷과 같은 몇몇 학자들은 이 학설이 초기 피타고라스주의의 부분일 수 없으며 피타고라스는 지구 중심 체계를 믿었음에 틀림없다고 주장했다. 첼러는 중심의 불에 관한 학설이 초기 피타고라스주의에 속한다고 주장한 점에서 의심할 바 없이 옳았다. 아리스토텔레스가 설명했듯이 대對지구counter-Earth에 관한 학설은 데카드Decad(10)의 테트락튀스Tetraktys 이론에 속한다. 데카드가 피타고라스에 의해 고안된 것은 확실하다. 지구 중심의 우주를 믿은 나중의 그리스 철학자들은 반동적이었다.

데카드의 테트락튀스는 신적인 수 10을 4의 삼각형으로서 나타낸다. Burnet, *Early Greek Philosophy*[3], 102를 보시오. 그 형상은 다음과 같을 것이다.

```
        .
       . .
      . . .
     . . . .
```

고안되어야 하는 까닭은 우리가 데카드의 테트락튀스라고도 알려진 신적인 수 10을 완성하기 위해서는 또 다른 신을 가져야만 하기 때문이다. 우리는 또한 중심의 불을 신적인 화덕-불(헤스티아Hestia, 필롤라오스, *FV*, 32 A 16 참조)과 우주의 용골(트로피스τρόπις, *FV*, 32 A 17)이라고 불러야 하는데, 그것은 둘러싸고 있는 불 또는 아이테르 영역을 우주를 자기의 짐으로서 운반하는 선체 또는 배(홀카스όλκάς, *FV*, 32 B 12)라고 부르는 것과 마찬가지다.[4]

하나인 불은 중심에서나 둘러싸고 있는 불의 구체의 모든 지점들에서 한계(페라스Peras, 아리스토텔레스, 『천체에 대하여』, 293 a 참조)일 것이다. 그러나 만약 우리가 그 구체의 어느 지점에 놓여 있다고 하고 또 그 구체의 통일성에서 벗어나 그 구체 너머 바깥을 바라본다고 하면, 우리는 그 구체 밖의 모든 방향으로 무한히 확산되는 희미한 질료를 보게 될 것이다. 이 희미한 질료는 가능성들로 가득 차 있다. 이 가능성들이 하나인 불에 의해 제한되어 실재들로 전환될 때, 하나인 불은 우주만물을 형성한다. 이 희미한 질료에 대해 우리는 이미 아낙시만드로스에 의해 친숙해진 이름을 사용하고자 하는데, 그것은 무한하고 무규정적이기 때문에 아페이론이라고 불린다. 이 피타고라스의 아페이론은 (영어 원문에서 — 옮긴이) 더 이상 대문자로 표기되지 않을 것인데, 왜냐하면 그것은 더 이상 아낙시만드로스의 학설에

* * *

4) 피타고라스가 불을 한계와 동일시했다는 아리스토텔레스, 히파소스, 파르메니데스에게서 유래한 증거에 대해서는 Burnet, *Early Greek Philosophy*[3], 109를 참조. 우주의 중심과 주변에 있는 하나인 불에 적용된 용골과 선체의 비유는 명백히 동일한 체계에 속한다. 빌라모비츠Wilamowitz의 홀코스όλκός라는 추측은 이러한 조화를 파괴할 것이다(*Platon*, Ⅱ, 91, 92). 빌라모비츠는 홀코스를 그 구체의 "포장" 또는 "용적"이라고 해석한다.

서 그랬듯이 최고의 신이 아니기 때문이다. 그러나 그것은 피타고라스의 최고의 신이 이용해야만 하는 없어서는 안 될 수단이다. 그러므로 우리는 살아 있는 신적인 하나를 그것을 둘러싸고 있는 아페이론으로부터 그 구체 내부에서 이루어지는 생명과 성장, 변화를 위해 필요한 모든 것을 끌어내는 것으로서 표현할 것이다. 이러한 필수적인 재료들은 다 열거될 수 없는데, 왜냐하면 그것들은 무한하기 때문이다. 그러나 가장 중요한 세 가지는 거명될 수 있다. 하나는 영원하지만, 우주만물 안에서 그것은 시간을 사용해야만 한다. 하나는 불 또는 아이테르이지만,5) 우주 안에서 그것은 모든 살아 있는 피조물들을 위해 우리가 숨이라고 알고 있는, 즉 아이테르와 관계가 있긴 하지만 덜 희박한 실체를 사용할 필요가 있다. 만약 우리가 하나를 하나의 구체 모양의 불로서 생각한다면 그것은 연속적이지만, 우주만물 안에서 그것은 우리가 허공(**토 케논**τὸ κενόν)이라 부르는 불연속성의 원리를 사용할 필요가 있다. 하나는 그 자체가 살아 있기 때문에 우리는 그것을 이러한 필수적인 재료들 "안에서 숨 쉬고 있는" 것으로서 생각할 것이다. 다음은 아리스토텔레스가 『자연학』(213 b)에서의 유명한 구절에서 제시하는 설명이다. "피타고라스주의자들은 또한 허공의 존재를 확언했으며, 하늘이 또한 허공 안에서 숨 쉬기 때문에 그것이 무한한 프네우마로부터 하늘로 들어간다고 확언했다.6) 허공은 자연

• • •

5) 아이테르는 다만 공기나 불의 가장 희박하고 가장 순수한 부분에 대한 이름일 뿐이다.

6) 모든 사본들에서 **에페이시에나이 아우토 토 우라노 에크 투 아페이루 프네우마토스** ἐπεισιέναι αὐτῷ τῷ οὐρανῷ ἐκ τοῦ ἀπείρου πνεύματος로 되어 있다. 딜스(**프네우마 테**πνεῦμά τε)와 하이델Heidel(**프네우마**πνεῦμα)의 추측들은 불필요하다.

적 과정을 겪는 모든 것에 경계를 정립하는데, 왜냐하면 허공은 연속적 대상들을 분리하고 경계짓는 것이기 때문이다. 이 허공은 또한 무엇보다도 우선 수들에서 존재하는데, 왜냐하면 허공은 수들의 본성에 경계를 정립하기 때문이다."

살아 있는 하나는 이제 무규정적인 것 안에서 숨 쉼으로써 생명과 변화를 유지하고 있다. 따라서 그것은 그 자신 안에서 여럿을 창조한다. 하지만 우리 피타고라스주의자들은 우주적 과정에 대한 상세한 해명을 줄 만큼 충분히 알고 있지 못했다. 이것은 우리의 추종자들인 필롤라오스와 플라톤을 기다려야 할 것이다. 그러나 우리는 수학과 천문학 그리고 인간을 포함한 동물에 관한 약간의 지식을 지니고 있다. 그리고 우리 자신의 구원은 상당한 정도로 우리가 지니고 있는 적은 지식을 사용하는 데에 달려 있기 때문에, 우리 영혼의 정화와 우리의 행복한 불사성을 보장하기 위해 우리는 우리가 아는 것이 우주를 망라할 때까지 그것을 확장하고자 필사적으로 시도해야 한다. 우리의 최고의 신은 하나인 불이다. 별들, 행성들, 태양은 분명히 같은 성질의 불들이며, 주요한 하위의 신들이다. 그들은 변화가 덜 하고 생명이 거의 완벽한 좀 더 순수한 영역에 거주한다.[7] 달은 덕에 있어서 중간이지만 지구보다는 더 낮다. 여기 지구에서 우리 인간들은 육체와 항상적 변화 그리고 불완전성에 둘러싸여 갇혀 있다. 그러나 우리는 우리 안에 생명(프쉬케)을 가지며, 따라서 하나인 불과 동류이다. 우리 안의 생명 또는 영혼의 가장 순수한 부분은 정신 또는 이성이며, 우리는 그것을 모든 질서(**코스모스**κόσμος)의 근원인 하나의 단편

• • •

7) Diogenes Laertius, Ⅷ, 26과 Delatte(p. 206)의 주해를 참조. "그것의 순수함과 생명을 형성하고 보존하는 그것의 능력을 규정하는 것은 공기의 영원한 운동이다."

이라고 말할 수 있을 것이다.[8]

수학과 음악에 대한 연구를 통해 우리는 수와 조화적 음정들에 관한 몇 가지 발견을 하였으며, 즉시 그 의미를 파악하여 그것들을 하나가 무규정적인 것에 작용함에 따라 하나에서 기인하는 질서에 대한 설명으로 끌어올린다. 하나는 여럿의 특수한 것들을 산출해낸다. 사람뿐만 아니라 모든 특수한 것들은 하나가 그것들을 산출하면서 그것들을 특수한 질서 속에 배열해 놓은 까닭에 하나의 솜씨를 보여준다. 또한 사람뿐만 아니라 우주 안의 모든 것은 소우주, 즉 큰 척도의 하나의 우주 안에 포함되어 있는 작은 척도의 우주이다. 피타고라스 주의자들로서의 우리는 이 다수의 소우주들 각각이 수에 의해 표현, 설명, 정의될 수 있다고 믿는다. 하나는 최고의 신이라는 것 이외에 통일성의 최고의 근원인 까닭에, 각각의 소우주 안에서 하나는 일정한 양의 무규정적인 것에 그 작용을 행사했다.[9] 하나는 최고의 수이며, 하나에 의해 한정됨으로써 질서 있는 통일성으로 전환된 "일정한 양의 무규정적인 것" 역시 수이다. 우리의 구원의 수단들인 연구와 **테오리아**Θεωρία(능동적 명상)에 의해 우리는 각각의 경우에서 그러한 일정한 양의 무규정적인 것을 표현하는 현실적인 수를 발견할 수 있다고 믿는다. 그리고 그렇게 확인된 수는 우리에게 바로 사물 그 자체의 내적 비밀이자 사물의 본질인 것으로 보일 것인데, 왜냐하면 수는 각각의 경우에서 최고의 신이 그와 같은 특수한 소우주를 만들 때 의도했던 것이 정확히 무엇인지를 우리에게 드러내 보일

• • •

8) Diogenes Laertius, Ⅷ, 28: "프쉬케는 아이테르의 단편이다."
9) Aristotle, *Metaphysics*, 987 a 9 ff를 참조.

것이기 때문이다. 나중의 수학자들과 비교하여 우리는 모든 수학자들과 논리학에 크게 의지하는 모든 이들을 고무하는 절대적 확실성에 대한 통상적인 확신뿐만 아니라 종교적 신앙에 사로잡혀 있다는 이점을 지니고 있다. 요컨대 우리는 종교적 신앙을 지니는 까닭에 우리가 무엇에 관해 말하고 있는지 아는 데 반해, 나중의 수학자들은 다만 그들의 추론이 옳다는 것을 확신할 뿐, 그들의 추론이 무엇에 관한 것인지 전혀 알지 못하리라는 것이다.

따라서 우리 피타고라스주의자들은 모든 사물이 수라고 말할 수 있을 것인바, 아주 정당하게 (우리의 관점에서 볼 때) 환상적일 만큼 너무나도 멋진 결론에 도달하게 될 것이다. 요컨대 우리는 수들을 나중에는 추상적 개념으로 보일 것이지만 우리에게는 실재적 본질인 것들에 배당하는 데 주저하지 않을 것이다. 그리하여 우리는 정의가 4 또는 9(최초의 제곱수들)이며, 결혼은 5이고, 신적인 데카드의 테트락튀스는 언제나 흐르는 자연의 근원과 뿌리를 자기 안에 지니기 때문에(**파간 아에나우 퓌세오스 리조마 테쿠산**παγὰν ἀενάου φύσεως ῥίζωμά τ᾽ ἔχουσαν, 이암블리코스Iamblichus, *V.P.*, 150, 162) 가장 구속력 있는 맹세라고 말할 것이다.[10]

자기 자신을 일정한 양의 아페이론과 결합시킴으로써 프쉬케로부터 도시국가 그리고 우주만물에 이르기까지 각각의 특수한 사물과 사물들의 집단 안에 질서를 창조하는 것이 하나이기 때문에, 우리는 결합의 행위자로서의 하나의 기능을 지칭하는 용어를 찾아 **하르모니아**ἁρμονία라는 용어를 선택하게 될 것이다. 이 용어는 "묶음"을 의미

• • •

10) 테트락튀스에 관해서는 Delatte의 필수 불가결한 연구, 『피타고라스주의 문헌에 관한 연구』*Etudes sur la littérature pythagoricienne*, 249~68을 보시오.

한다. 호메로스는 그것을 오디세우스가 자기의 뗏목을 만들 때 사용한 꺾쇠 또는 이음촉에 대해 사용했다(*Od.*, V, 248). 하나에 의하여 만들어진 모든 묶음은 질서가 있기 때문에 우리는 **하르모니아**를 능동적 의미에서 "묶어 질서를 낳는 것"으로서나 수동적 의미에서 "질서 속으로 묶여지는 것"으로서 사용하게 될 것이다. 우리는 옥타브, 제5음, 제4음과 같은 음정들과 이 음정들에 상응하는 수학적 비율을 잘 알고 있다. 그러나 하르모니아라는 용어는 그것이 화음이나 비율을 가리키든 아니든 언제나 묶음을 의미할 것이다. 가장 빛나는 하르모니아는 10개의 원 궤도를 빠르게 돌며 그 빠른 운동에 의해 불가사의한 아름다운 소리를 만들어내는 신적인 별들과 행성들의 하르모니아이다. 그러나 죽을 수밖에 없는 인간들은 이 음악을 들을 수 없거나 아니면 그것을 들어도 식별할 수 없는데, 왜냐하면 그들은 언제나 그것을 들어왔기 때문이다.[11]

지금 우리의 육체들을 질서로 묶고 있는 우리의 영혼들은 불사적이다. 그러나 그것들이 포함하는 하나의 부분은 이 묶음을 영원히 지속시키기에는 너무나 미약하다. 그것의 해소는 죽음의 "해방"(**뤼시스**λύσις)이다. 프쉬케는 해방된 후 자기 행동의 순수함에 따라서 그리고 완전한 순수함인 하나의 최고의 신을 따라 자기 자신을 하나처럼 만드는데서의 성공에 따라서 생명의 등급에서 높든 낮든 또 다른 육체로 들어간다(윤회metensomatosis). 프쉬케가 육체로 들어가는 것은 모두 하나의 최고의 신에 의해 가해지는 형벌이며, 무덤 또는 감옥으로

● ● ●

11) Aristotle, *De Caelo*, 290 b 12 ff. **하르모니아**를 천구들의 음악을 가리키기도 하는 "하모니harmony"로 옮기는 것은 올바르지 않으며 오도의 여지를 지닌다. 천구들이 산출하는 음악은 그것들이 일정한 수학적 조합에서 함께 묶여진 결과이다.

들어가는 것과 유사하다. 만약 프쉬케의 순수함이 모자라면 그것은 더 낮은 동물의 육체로 보내질 것이며, 그 모자람이 중대하면 하데스에서 특별한 형벌을 받게 될 것이다. 순수함을 위해 이러한 필사적인 투쟁을 수행하는 동안 신들은 우리의 간수들이자 보호자들이며, 우리는 그들의 죄수들이자 피보호자들이다. 때때로 어떤 모호한 신적인 힘(**토 다이모니온**τὸ δαιμόνιον)이나 다이몬이 우리의 삶에 개입한다. "공기 전체는 다이몬들과 영웅들이라 불리는 프쉬케들로 가득 차 있다. 그들은 인간에게 꿈과 질병 및 건강의 신호를 보내며, 사람들뿐만 아니라 양과 소들에게도 보낸다. 정화의식들, 속죄 제물들, 모든 예언들과 징조들 등등은 그들과 관계된다."(*Diogenes Laertius*, VIII, 32)

우리의 철학에 필수 불가결한 이러한 즐거운 믿음들의 한가운데서 우리는 우리의 스승 피타고라스가 하데스에 내려갔을 때 신들에 관해 이야기한 것에 대한 형벌로 청동 기둥에 묶여 자그마한 날카로운 울음소리를 내고 있는 헤시오도스의 영혼과 나무에 매달려 뱀들에게 둘러싸여 있는 호메로스의 영혼을 보았다는 것을 기억하게 된다. 스테시코로스는 헬레네 여신에 대해 비방한 대가로 눈이 멀어 있었다. 우리는 이미 우리가 불순한 것으로서 간주하는 행동을 신들에게 돌리는 그 시인들에 대한 천벌의 위협을 받아들이고 있다. 신들의 순수함에 대한 이러한 교설을 제외하면, 우리는 지혜에 대한 사랑이라는 이름으로 우리의 동료 그리스인들이 지닌 모든 일상적인 종교적 믿음들과 의식들을 받아들인다. 우리는 열등한 신들을 우리의 철학과 엄밀하게 일치되도록 다양한 입방체들과 다른 기하학적 형태들을 지닌 장소의 신적인 거주자로서 사용할 것이다.12) 그러나 하나인 불과 비교하면 다른 모든 신들은 그리 중요치 않은 것으로 내려앉을 것이다.

만약 이 지점에서 우리가 피타고라스주의자라는 가정을 포기하고 피타고라스의 가장 본질적인 교설에 대한 이러한 간단한 요약을 멈춘다면, 우리는 곧바로 최고의 신의 성격이 실체로부터 벗어나 인과성으로, 즉 아낙시만드로스와 아낙시마네스의 최고의 신들이 따라간 것과 동일한 일반적 방향으로 변화하고 있다는 것을 보게 된다. 하나는 모든 원인들 중에서 가장 강력한 원인이다. 그것은 비록 여전히 불과 아이테르를 고수하고 있긴 하지만, 말하자면 진보적으로 실체로부터 물러서고 있다. 그것은 성장하지 않지만 성장의 원인이다. 그것은 변화하지 않지만 변화의 원인이다. 수들의 영역에는 이 마지막 진술에 대한 뚜렷한 예외가 존재한다. 하나는 모든 수의 원인일 뿐만 아니라 근원인 것으로도 보인다. 그러나 분명히 성장이라는 친숙한 개념은 수학적 과정들에는 거의 적용될 수 없다. 하지만 하나는 어떤 의미에서는 둘이라는 수뿐만 아니라 다른 모든 짝수들의 근원이다. 그리고 짝수들은 아페이론의 본성에 참여한다. 하나 그 자체가 이중적인 본성을 지닐 수 있을까? 형이상학의 오랜 역사 속에서 최고 원인의 하나임과 그것이 원인을 이루는 것의 다수성을 화해시키고자 하는 사람들이 직면하지 않을 수 없는 논리적 난점은 헤아릴 수 없이 많은 해결 시도를 낳았다. 피타고라스 자신은 아마도 하나와 여럿 사이의 대조에 너무 몰두해서 그 난점을 심각하게 느낄 수 없었던 듯하다. 그는 하르모니아라는 방책에 만족했다. 그러나 필롤라오스, 플라톤 그리고 나중의 모든 피타고라스주의자들은 점점 더 여럿의 변화 가능성과 비실재성을 강조하지 않을 수 없었다. 그리고 완전한

• • •
12) Zeller, I, I[7], 499를 참조.

원인은 불완전한 결과에는 부적합하기 때문에, 그들은 피타고라스의 부분적이고 비체계적인 이원론을 역설했다.

물론 피타고라스의 이원론은 단지 부분적일 뿐인데, 왜냐하면 그는 능동적인 하나를 비교적 수동적인 여럿 위에 놓지 그것들과 동일한 수준에 놓지 않기 때문이다. 그러나 인간의 프쉬케, 그것의 육체 내 감금, 그리고 육체와 생성의 순환(**퀴클로스 게네세오스**κύκλος γενέσεως) 으로부터의 그것의 해방 가능성을 다룰 때, 그는 다름 아닌 바로 육체에 대한 그의 혐오로 인해 육체에 프쉬케의 그것과 실제적으로 동등한 지위를 부여하지 않을 수 없었다. 수도자들이 자신들이 혐오하는 것의 중요성을 과장하는 것은 그들의 운명인 것으로 보인다. 증오와 분별력 은 철학자의 마음에서조차 함께 살기를 거부하는 것이다. 육체에 대한 적의로 인해 그는 체육을 장려하지 않았다. 그러나 그로 인해 그는 의인화된 신들에 대한 오랜 믿음과 공공연한 갈등에 직면하지 않을 수 없었다. 신에게 적합한 유일한 실체는 불 또는 공기였으며, 신에게 적합한 유일한 활동은 순수한 인과적 활동이었다. 그러므로 피타고라 스는 사람들의 마음이 의인화된 신들의 이야기들을 단적으로 참된 설 명들로서 받아들이는 한 프쉬케의 순수함과 신들에 관한 자신의 교설 을 효력 있게 만들 수 없었다. 순수함, 신학 그리고 철학의 이름으로 그는 시인들에 대한 전쟁을 선포했다. 인간의 지성은 아직 평화를 만드 는 과제에 적합함을 입증하지 못했던 것이다. 시인들에 대한 전쟁을 수행함에 있어 피타고라스는 신중하게 자기 자신을 호메로스와 헤시오 도스의 영혼을 비난하는 것에 제한했고, 의심할 여지없이 그가 모든 이단적이고 불경한 구절들을 생략해버린 그들 시가의 선집을 구성하는 데 그쳤다. 시인들이 그리스인들의 애정을 너무도 확고하게 사로잡고 있었기 때문에 그 시가들의 폐지는 허용될 수 없었으며, 피타고라스는 실제로 프쉬케를 정화하는 수단으로서 정통 선집에 대한 연구에 호의적이었던 것으로 보인다. 그는 호메로스가 트로이 전쟁의 시대에 피타고라스의 프쉬케가 그의 몸에 깃들어 있던 프리지아 사람인 에우포르보스의 죽음을 묘사하는 시구를 그 자신의 반주에 맞춰 노래하길 즐겼다고 한다.13)

피타고라스의 힘과 그 이후의 신학적, 철학적 사상에 미친 그의 영향력은 아무리 높이 평가해도 거의 지나칠 수 없다. 사물들의 형상과 한계 그리고 수적인 본질에 대한 그의 강조는 단지 파르메니데스의 교설과 레우키포스의 교설 그리고 형상들에 관한 플라톤의 교설들에 대한 전조이기만 한 것이 아니다. 최고의 하나에 대한 그의 숭배는 크세노파네스와 전체 엘레아학파 학설의 직접적인 선조이다. 무엇보다도 수학적 확실성과 논리를 프쉬케의 정화를 위한 열정적 탐구와 결합시키는 그의 특유한 시도는 불관용과 박해, 정통과 이단의 정신과 이론 둘 다를 발생시키지 않을 수 없었다. 정치권력을 획득한 크로톤의 그의 제자들이 마침내 반대를 불러일으켜서 그들 대부분이 집회장소인 교회에서 불타죽었던 것, 그리고 조직화된 정치권력으로서의 피타고라스주의자들이 모든 곳에서 분쇄된 것은 놀라운 일이 아니다. 피타고라스에게서 많은 것을 배운 플라톤이 박해받는 자를 옹호하는 『변명』과 박해에 대한 옹호를 포함하는 『법률』 둘 다를 써야 했던 것은 놀라운 일이 아니다.

● ● ●

13) 피타고라스의 호메로스 해석에 관해서는 *Etudes sur la littérature pythagoricienne*, 110 ff에서의 Delatte의 탁월한 논문을 보시오.

제7장 크세노파네스

콜로폰의 크세노파네스는 기원전 580년경에 태어난 것으로 생각된다. 그리고 그가 92살의 나이에도 여전히 살아 있었다는 것에 대해 그 스스로 말한 것이 있다. 그는 시인이자 철학자 그리고 신학자였다. 그는 많이 떠돌아다녔고, 노년에는 이탈리아 남부의 엘레아 그리고 시칠리아의 잔클레(지금의 메시나)와 카타나(지금의 카타니아)에서 살았다.

크세노파네스는 시인이지 수도자가 아니었으나 호메로스보다는 피타고라스에 대해 더 많은 믿음을 지니고 있었다. 그의 시가의 몇 가지 단편들은 그의 교설을 드러내 보여준다.

"사람들은 흥겹게 먼저 경건한 이야기들과 정결한 말들로 신을 찬양해야 마땅하나니. 헌주하고, 올바른 것을 행할 수 있도록 해달라는 기도를 하고 난 사람들이 ─ 이것이야말로 모든 기도 중에 가장 단순한 일이기에 ― 몹시 나이든 이가 아니라면 시종 없이 집까지 갈 수 있을 만큼 마시는 것은 오만이 아니라네. 사람들 중에서 술을 마시고도 고상한 행위들을 드러내는 이를 칭송해야 하느니, 그에게는 탁월함에 대한 기억과 열망이 있기에. 옛 사람들의 허구인 티탄족의 전쟁도, 기간테스족의 전쟁도, 켄타우로스족의 전쟁도, 또는 격렬한 내란도 그로 하여금 노래하게 말지니, 그 가운데는 명예로운 것이 아무것도 없기 때문이라. 하지만 언제나 신들에게 마음 쓰게 할지니, 그것은 훌륭하다네."(*FV*, 11 B 1)

"사람의 힘이나 말의 힘보다 나의 지혜가 더 낫다네."(이것은 운동경기자를 비난하는 시 속의 한 구절이다. *FV*, 11 B 2)

"그들은 그[피타고라스]가 언젠가 개가 심하게 맞고 있을 때 그 곁을 지나가다가 불쌍히 여겨 이런 말을 했다고 말한다. '멈추어라. 매질하지 마라. 나의 친구인 사람의 프쉬케니까. 그 개가 짖는 소리를 들었을 때 나는 그 프쉬케를 알아보았네.'"(*FV*, 11 B 7)

"처음부터 모든 사람이 호메로스를 따라 배워왔으니……."(*FV*, 11 B 10)

"호메로스와 헤시오도스는 인간들 사이에서 비난받을 만하고 흠잡을 만한 것들 모두를, 즉 도둑질, 간통 그리고 서로 속이기를 신들에게 부여했다. …… 그러나 죽을 수밖에 없는 자들은 신들이 태어나고, 자신들처럼 옷을 입으며, 자신들의 것과 같은 목소리(또는 언어)와 형체를 갖는다고 생각한다. …… 그러나 소들, 말들, 그리고 사자들이 손을 갖는다면, 또한 손으로 그림을 그리고 사람이 만드는 것과 같은 작품을 만들어낼 수 있다면, 말들은 말들과, 소들은 소들과 유사한 신의 모습을 그릴 것이고, 각기 자신들이 가지고 있는 것과 같은 형체를 만들 것이다. …… 아이티오피아 사람들은 자신들의 신들이 코가 낮고 피부가 검다고 말하고, 트라키아인들은 자신들의 신들이 눈이 파랗고 머리카락이 붉다고 말한다. …… 신들과 인간들 가운데서 가장 위대한 하나인 신은 형체도 생각도 죽을 수밖에 없는 자들과 조금도 비슷하지 않다. …… 그 하나인 신은 모든 것을 보며, 모든 것을 생각하고, 모든 것을 듣는다. …… 오히려 그는 애쓰지 않고도 그 마음의 생각으로(노우 프레니νόου φρενί) 모든 것을 휘두른다. …… 그런데 하나인 신은 언제나 같은 곳에 전혀 움직이지 않은 채 머물러 있다. 또한 이때는 여기, 저때는 저기로 옮겨 다니는 것은 그에게 어울리지 않는다."(*FV*, 11 B 11, 14, 15, 16, 23-6)

"신들은 죽을 수밖에 없는 자들에게 처음부터 모든 것을 밝혀 주지는 않았고, 죽을 수밖에 없는 자들은 시간을 두고 탐구하다가 시간이 지나면서 더 나은 것을 발견한다."(*FV*, 11 B 18)

"어떤 인간도 신들에 관한 그리고 내가 우주만물에 관해 말하는 것에 관한 정확한 진실을 아는 사람인 적이 없었거나 그렇지 않을 것이다. 비록 그가 완전한 진실을 우연히 말한다 하더라도 그 자신은 그것을 알지 못하기 때문이다. 그러나 의견은 모든 것에 대한 것이다."(*FV*, 11 B 18)

"이 의견이 진실인 것으로 받아들여지게끔 하라."(*FV*, 11 B 35)

"모든 것은 땅에서 생기고 땅에서 끝난다. …… 생성되고 자라는 것은 모두 흙과 물이다. …… 바다는 물의 원천이자 바람의 원천이다. …… 그들이 이리스라 일컫는 것, 그 또한 본디 구름이라, 자줏빛과 심홍빛 그리고 녹황빛으로도 보이나니. …… 우리 모두는 흙과 물에서 태어났다."(*FV*, 11 B 27, 29, 30, 32, 33)

크세노파네스는 아마도 그리스 사상의 역사 전체에서 발전 도상에 있던 경향과 관념을 한 사람의 그리스인이 파악하여 그것을 완전히 성숙한 결론으로 이끌 때 보여준 그 극단적인 신속함과 대담함의 가장 좋은 예일 것이다. 우리는 여전히 기원전 6세기에 있지만, 이미 크세노파네스는 아낙시메네스의 공기와 피타고라스의 하나인 불로 이어진 똑같은 도정을 따라 최고의 신을 받아들였다. 크세노파네스의 하나인 신은 실체가 사라질 뿐만 아니라 그것이 야기하는 모든 것과 "일치한다는" 점을 제외하면 물리적 속성들 가운데 가장 미세한 것에 의해서조차 제약되지 않는 순수한 인과성과 순수한 통일로서 드러나는 지점에 도달했다. 이러한 속성들이 거의 사라짐으로써 최고의 신의 관념은 그 역사 속에서 갈림길에 도달했다. 크세노파네스가 일반적으로 그의 위대한 동시대인들과 동일한 사유 방향을 따르고 있다는 것은 사실이다. 그럼에도 불구하고 산을 오르는 것과 정상에 도달한 순간 사이에는 차이가 있는바, 크세노파네스가 정상에 도달한 사실은 그로 하여금 최고의 신에 대한 그의 비전을 대부분 부정과 모순의 용어들로 표현하지 않을 수 없도록 했다. 정상에서의 전망은 정상 조금 밑에서의 전망과 매우 달랐다.

적극적이고 긍정적인 측면에서 크세노파네스는 하나인 신이 최고라고 선언한다. 하나인 신은 "신들과 인간들 가운데서 가장 위대"하며, 최고의 원인에 걸맞게 "그 마음의 생각으로 모든 것을 휘두른다." 또한 하나인 신은 "모든 것을 보며, 모든 것을 생각하고, 모든 것을 듣는다." 그는 최고로 활동적인 정신이다. 하지만 그는 "언제나 같은 곳에 머물러 있다." 적극적인 성질들의 이러한 간단한 목록에 전거들로부터 어느 정도의 그럴듯함을 지니고서 덧붙여질 수 있는 것은 단지 소수의 언명들뿐이다. 크세노파네스는 하나인 신이 "모든 점에서 똑같다" 또는 "동일하다"(**판타코텐 호모이온**πανταχόθεν ὅμοιον, *FV*, 11 A 31), 하나인 신은 "언제나 똑같다"(**아에이 호모이온**ἀεὶ ὅμοιον, *FV*, 11 A 32), 그리고 하나인 신은 모든 것과 "결합되어 있다" 또는 "매어져 있다"(**쉼퓌에 토이스 파신**συμφυῆ τοῖς πᾶσιν, *FV*, 11 A 35)고 말한 것으로 보인다.

이러한 적극적인 진술들 중에서도 몇 가지는 다만 우리가 그것들을 최고의 신에 관한 기원전 6세기 관념들의 맥락에 놓을 때만 이해될 수 있다. 그렇게 되면 그것들은 부정들임이 드러난다. 아낙시메네스는 자기의 신적인 공기가 희박해지고 응축될 수 있도록 했다. 피타고라스의 신적인 하나도 그것이 또한 불이기도 했기 때문에 변화하고 나누어질 수 있는 실체인 것으로 보였으며, 사람의 프쉬케는 모든 생명과 유사할 뿐만 아니라 신적인 아이테르의 "단편"인 것으로도 믿어졌다. 신비종교들은 그들의 숭배자처럼 죽었다가 다시 태어나는 신들에 의존했으며, 모든 그리스인들의 종교적 전통은 신들을 그들이 계기적으로 존재하게 되는 과정인 우주적 역사의 부분으로서 묘사했다. 크세노파네스는 이 모든 믿음들의 소멸 지점을 표시한다. 그는 자기의 하나인 신이 지닌 완전성의 이름으로 하나인 신이 장소에 따라 더 짙고 더 엷은 것이 아니라 모든 점에서 똑같다고 선언했다. 하나인 신은 이리저리 움직이거나 지금은 우주의 중앙에 있다가 다른 때는 둘러싸고 있는 구체에 있을 수 없으며, 또는 단편적인 영혼들 속에 흩어질 수 없고 모든 점에서 똑같다. 하나인 신은 죽거나 태어날 수 없으며, 하나인 신이 존재하지 않았거나 존재하지 않을 어떠한 시간도 상상할 수 없다. 그러므로 하나인 신은 언제나 똑같고 시간으로부터 벗어나 영원성으로 들어갔던바, "불사적인"(**아타나토스**ἀθάνατος)이 아니라 "영원한"(**아이디오스**ἀίδιος), "불생적인"(**아겐네토스**ἀγέννητος), "생성으로부터 자유로운"(**아게네토스**ἀγένητος)이라고 불리지 않을 수 없다.

동일한 방식으로 우리는 심플리키오스가 보고하는 두 가지의 언뜻 보기에 놀라운 역설을 설명할 수 있다(*FV*, 11 A 31). "크세노파네스는 하나인 신이 무한하거나 무규정적이지도 않을 뿐더러 유한하거나 규정적이지도 않다고 말하는데, 왜냐하면 존재하지 않는 것은 시작이나 중간 또는 끝을 갖지 않는 까닭에 무한하고 무규정적이기 때문이며, 그리고 서로를 한정하고 규정하는 것은 여럿이기 때문이다. 이와 유사하게 그는 하나인 신에게서 운동과 정지 둘 다를 박탈하는데, 왜냐하면 존재하지 않는 것은 그 밖의 어떤 것도 그것 안으로 들어오거나 그것이 그 밖의 어떤 것 안으로 들어가지 않는 까닭에 움직여지지 않는 것이기 때문이다. 그리고 움직여지는 것들은 하나보다 더 많은 것들인데, 왜냐하면 하나의 것이 다른 것으로 변화하기 때문이다. 그리하여 크세노파네스가 하나인 신은 같은 것에 머문다고 말할 때, …… 그가 의미하는 것은 그것이 '운동'의 대립자인 '정지'라는 의미에서 머문다는 것이 아니라 운동도 정지도 가리키지 않는 의미에서 머문다는 것이다." 아리스토텔레스는 상당히 분격하여 크세노파네스가 "결코 어떤 것도 명확히 하지 못했다"(**우덴 디아사페니센**οὐδὲν διασαφήνισεν, *Met.*, 986b)고 언급하였다. 크세노파네스가 아리스토텔레스와 심플리키오스에게 익숙한 변증법적 장치들을 사용할 수 없었다고 하는 것은 단적으로 사실이다. 그러나 이러한 부정들은 기원전 6세기 논쟁의 용어들로 진술되면 상당히 투명해진다. 크세노파네스는 페라스(한계)와 아페이론이 자신의 하나인 신에게 적합한 성질임을 부인했는데, 왜냐하면 페라스와 아페이론은 일반적으로 물리적 변화 과정을 설명하기 위해 사용되었고, 사실상 이 과정들의 실체적 부분들이자 불이나 공기 또는 프네우마나 "대립자들" 또는 변화하는 여럿과 동일시되어 왔기 때문이다. 페라스와 아페이론은 이러한 접촉에 의해서 더럽혀졌던바, 자기의 하나인 신을 물리적 변화 과정 위로 끌어올린 크세노파네스는 하나인 신에게 그러한 용어들을 적용할 수 없었다. 그러나 그는 그것들을 변화 현상들에 적용할 수 있었다. 자연적 과정들은 가치들과 존재의 등급에서 아래로 내려앉았으며, 필연적으로 그에 관해서는 어느 누구도 실제로는 아무것도 알 수 없는 한갓된 **파이노메나**φαινόμενα(현상들)로 되지 않을 수 없었다. 그와 반대로 하나인 신에 관해서는 크세노파네스는 아주 명확했다. 하나인 신은 순수한 인과성이었다.

똑같은 이유로 크세노파네스는 운동과 정지의 속성들을 거부했다. 그 속성들은 부적합한데, 왜냐하면 그것들은 움직이거나 움직임을 멈추고 정지하는 물리적 실체의 관념을 시사하기 때문이다. 하나인 신은 물리적 운동과 정지 위로 끌어올려진다. 하나인 신은 "머물지만", 그러나 그것은 "같은 것"에 머문다. 그것은 자기 자신과의 동일성에 머문다. 그것은 여전히 모든 것과 "결합되어" 있거나 "매어져" 있다. 그러나 그것은 오직 원인이 원인지어지는 것과 결합되어 있듯이 그렇게 결합되어 있을 뿐이다. 하나인 신은 여전히 살아 있지만, 그러나 그것은 숨 쉬지 않는다(**메 멘토이 아나프네인**μὴ μέντοι ἀναπνεῖν, *FV*, 11 A 1). 그것은 한갓된 불사성의 분주하고 흥분된 삶이 아니라 영원성의 고요하고 움직임 없는 삶을 산다. 그것은 보고 듣고 생각하지만, 감각 기관들이나 뇌를 필요로 하지 않는다. 하나인 신에 대한 크세노파네스의 태도는 자기의 숭배 대상에 상상할 수 있는 모든 완전성을 쌓아올리는 숭배자의 태도이다.

피타고라스와 크세노파네스를 대조시켜 보면, 우리는 전자의 부분적 이원론과 후자의 부분적 일원론 사이의 밀접한 관계를 볼 수 있다. 피타고라스는 하나를 숭배했지만, 여전히 하나 옆에서 하나에 의해 둘러싸인 변화하는 여럿을 알아볼 수 있었다. 크세노파네스는 하나인 신을 확고하게 응시함으로써 변화하는 여럿은 단순한 현상들의 세계로, 즉 불생의 영원한 원인의 눈부신 광경 옆에 놓여 있는 탄생과 생성의 무상한 현상으로 희미해져갔다. "의견은 모든 것에 대한 것이다." 그리고 크세노파네스가 모든 변화하는 것들을 바라볼 때 보이는 그 경멸은 하나인 신에 대한 그의 숭배에 정확히 대응한다. 그리스 사상의 역사에서 처음으로 자연에 대한 합리적 탐구가 지식과 지혜에 대한 추구로부터 명시적으로 분리된다. 피타고라스는 지식과 지혜에 대한 추구를 구원 및 하나인 불과의 재결합에 대한 그의 욕구에 종속시킴으로써 그 길을 준비했다. 그러나 이제 크세노파네스는 철학과 신학의 열망, 즉 진리에 대한 그들의 탐구를 구분선의 한편에 놓고 하나인 신을 그들의 탐구 대상으로 배당했다. 구분선의 다른 편에 그는 변화하는 여럿을 남겨놓았다. 그리고 누군가가 변화하는 여럿에 관해 생각하는 것은 철학이나 과학이 아니라 한갓된 의견일 뿐이다.

크세노파네스의 견해들에 대한 상세한 연구는 우리의 주제와 관련이 없겠지만, 그것들을 한 번 살펴보면 그의 시대에 유포되어 있던 "과학적" 관념들에 대한 그의 경멸이 드러난다. 인간들과 심지어 인간들의 프쉬케들도 더 고귀한 실체들인 공기와 불이 아니라 흙과 물로 이루어지며, 태양과 달, 별들은 신들이 아니라 "습기 찬 호기呼氣로부터 모아진"(*FV*, 11 A 40) 빛나는 구름들이나 불꽃들이다. 낡은 태양들이 멀리 사라지는 반면, 새로운 태양들이 매일 아침 떠오른다. 일식은 태양이 구멍으로 떨어질 때 일어난다. 땅은 바다로 해소되며, 바다는 (화석에 의해 증명되듯이) 다시 말라 땅이 된다. 땅의 뿌리들은 밑으로 무한히 뻗어간다. 크세노파네스가 일반인들과 철학자들 둘 다의 믿음들에 관해, 그리고 그들의 믿음들뿐만 아니라 변화하는 여럿을 구성하는 사물들 자체에 관해 조롱하기로 마음먹은 것이 분명하다. 덧붙이자면, 우리는 이제 단편들 가운데 하나를 설명할 수 있다(*FV*, 11 B 28). "땅의 상부 한계(페이라스πεῖρας)는 여기 우리 발치에서 볼 수 있으며, 이 한계는 그것이 나아가는 대로 흐른다(카이 레이καὶ ῥεῖ)." 한계가 "흐른다"는 주장은 이해할 수 없는 것으로 보였으며, 그 구절은 딜스와 카르스텐Karsten에 의해 "이 한계는 공기에 맞닿아 있는 것으로 보인다"거나 "아이테르에 맞닿아 있는 것으로 보인다"로 다시 씌어졌다.1) 그러나 크세노파네스가 다만 그가 항상적인 변화에 종속된 것으로 믿었고 따라서 실제로는 제한하거나 규정하지 않는 "한계들"에 대해 자신의 경멸을 표현하고 있을 뿐이었다는 것은 명백하다. 그는 흙이 언제나 물로 변화하고 있으며, 따라서 땅의 상부 한계는 참된 한계가 그래야 하듯이 고정된 것으로 머무는 것이 아니라 **흐르고**2) 있다고 말했다.

이러한 관점에서 우리는 이제 막 하나인 신을 선언한 사람의 정신

● ● ●

1) Diels는 에에리ἠέρι를 Karsten은 아이테리αἰθέρι를 제안했다. 모든 사본은 **카이 레이**로 되어 있다. 텍스트는 변경 없이도 완전히 이해될 수 있다.
2) 한계는 거의 "동요한다"고도 말해질 수 있을 것이다.

에서 여러 신들이 어떻게 되는지 볼 수 있다. 여러 신들은 현상들로 되었다. 그들은 실재의 등급에서 아래로 떨어졌다. 그러나 그들은 현상 일반이 존재하길 그치지 않은 것과 마찬가지로 존재하길 그치지 않았다. 그러므로 크세노파네스는 그들의 존재를 거부하고자 하지 않았으며, 아마도 그들 모두를 자연의 현상들로서 설명했을 것이다. 우리가 가지고 있는 유일한 명확하게 긍정적인 진술은 이리스가 구름이라는 것이다(*FV*, 11 B 32). 그러나 크세노파네스가 신들을 자연의 현상들로서 설명했을 때 그는 여전히 의인화된 신들에 관한 대중적 이야기들에 부딪치지 않을 수 없었는바, 그 이야기들은 피타고라스에게도 충격을 주었듯이 그에게도 충격을 주었다. 그는 다수의 현상적 신들을 부정할 수도 없었고 그들에게 어떤 악이나 불완전성이 돌려지는 것을 허락할 수도 없었다. 그는 일련의 부정들로 피난함으로써 이러한 거북한 입장으로부터 탈출하고자 했다. 신들은 불사적이지 않다. 신들은 태어나지 않았다. 신들은 죽지 않는다. 신들은 인간과 닮아 있지 않다. 시인들의 이야기들은 잘못이다. 그리고 이 모든 부정들을 아무리 조명한다 하더라도 신들에 관한 진리는 결코 정확히 알려질 수 없다. 신들이 현상들이기 때문에, 크세노파네스는 그들을 실재에 의해서 정의하지 않을 수 있다. 그러나 몇몇 현상들은 신들이기 때문에, 그는 이러한 특별한 현상들이 어떤 잘못된 의견에 의해서 더럽혀지게 하지는 않고자 한다.

그러나 크세노파네스는 아직 난점으로부터 벗어나지 못했다. 그는 자신의 하나인 신의 성격에 대한 논의에 휘말리지 않은 채 신들이 거짓말하거나 도둑질하지 않는다고 주장할 수 있었다. 죄로부터의 자유는 하나인 신과 여러 신들에게 똑같이 적용되었다. 그러나 제우스는 시인들에 의해 그의 분노 앞에서 다른 신들이 혐오스러운 비겁함을 보이는 오만하고 전제적인 지배자로서 표현되었다. 크세노파네스는 아주 자연스럽게 신성에 대한 그러한 묘사에 반감을 지녔고, 다시 한 번 부정에 빠져들었다. "신들 사이에는 지배가 존재하지 않는다. 왜냐하면 어떤 신이 그에 대한 지배권을 갖는 것은 신적인 법칙(**호시온**ὅσιον)에 의해 인가되지 않기 때문이다. 신들 가운데 어느 누구도 뭔가를 전혀 결여하지 않는다. 신들은 그들의 부분에서가 아니라 전체로서 보고 듣는다."(*FV*, 11 A 32) 크세노파네스가 의미했던 것은 충분히 명확하다. 그는 어떤 신이 자의적인 지배자에 종속될 수 있다는 것을 부인했는데, 왜냐하면 어떤 신에게 그렇게 낮은 지위를 돌리는 것은 불경스럽기 때문이었다. 이러한 부정은 하나인 신이 신들과 인간들 중에서 가장 위대하다는 그의 다른 교설과 완전히 일치할 것을 의도했다. 하나인 신은 최고로 실재적인 원인이며, 자의적으로나 노예들을 다스리는 인간 지배자처럼 행동하는 자로서 상상될 수 없다. 하나인 신과 여러 신들 사이의 관계는 이러한 의인화된 요소들이 제거된 전적으로 다른 지평 위에 서 있다. 하나인 신은 원인이 최고이듯이 최고인바, 크세노파네스는 하나인 신에 대한 그의 긍정이 그 맥락으로부터 벗어나 하나의 신이 의인화된 지배자를 가질 수 있다는 것에 대한 그의 부정 옆에 놓이리라는 것을 예견하지 못했다. 그 맥락으로부터 벗어나면 두 교설은 비일관성의 가상을 창조하는바, 크세노파네스가 유일신론자, 즉 단일신론자인지 아니면 다신론자인지에 관한 오랜 논쟁이 있었다. 크세노파네스가 만약 이 명칭들을 이해할 수 있었다면, 그는 아마도 그것들에 대해 혐오를 느꼈을 것이다. 그러나 그의 두 교설이 각각의 맥락에로 되돌려질 때, 그것들이

상이한 수준에 속한다는 것은 명확하다. 하나인 신은 진리와 실재의 더 높은 수준에 속하며, 주인을 지니지 않는 여러 신들은 의견과 현상들의 더 낮은 수준에 속한다.

크세노파네스는 실재적이고 불변적인 하나인 신을 변화하는 비실재적인 것에 대립시켰다. 이오니아인들의 최고의 신은 그것의 외적 측면과 그 밀도를 변화시키는 현상들을 용인했었다. 그러나 이제 이러한 참신하고 과감한 현상 부정의 힘과 매력은 끝없이 이어지는 철학적, 신학적 귀결들을 낳았다. 크세노파네스는 최고의 신으로부터 무가치한 모든 속성들을 제거함으로써 그 최고의 신을 찬양하고자 했다. 그리고 변화 가능성은 무가치한 속성으로 보였기 때문에, 그는 변화의 세계로부터 실재를 빼냈다. 만약 우리가 그를 진지하게 받아들인다면, 과학은 이제부터는 수학의 영역 내부에서를 제외하면 불가능했다. 자연과학들은 일련의 다소간에 행복한 추측들이 될 것이다. 우리가 만약 그를 진지하게 받아들인다면, 이제부터 진리는 지금까지 신학 및 형이상학과 아주 유사했고 이제는 동일하게 된 철학의 학생들을 위해 유보되었다. 우리는 하나인 신을 그가 형이상학적 실재의 영역으로 고양시킨 것이 그의 영향력에 대한 어떤 장애물이었다고 생각해서는 안 된다. 변화하는 사물들 속에 비실재적인 어떤 것이 존재한다는 확신은 사상과 철학의 역사에서 커다란 역할을 담당했다. 상식은 언제나 하나의 매우 중요한 측면에서 크세노파네스에게 동의하는 경향이 있었다. 그것은 항상적으로 변화하는 것을 뭔가 못마땅해 하며 바라보는 경향이 있었던 것이다. 변화는 상식을 불편하게 만든다. 만약 사물들이 계속해서 변화한다면, 그것들은 다루고 지배하고 이해하기가 어렵다. 상식의 이러한 선입견은 크세노파네스와 한통속이 되었다. 그리고 대부분의 이후의 철학자들이 현상에 대해 하지 않을 수 없다고 느낀 주요한 양보는 변화하지 않는 실재와 변화하는 현상 세계의 결합에 대한 일정한 설명을 제공하는 것이었다.

또 다른 분야에서 크세노파네스의 교설들은 그의 의도를 훨씬 넘어서는 결과들을 낳았다. 의인화된 신들을 공격함으로써 그는 비유적인 해석을 대중화하는 데서 피타고라스와 결합했다. 그리고 레기온의 테아게네스(기원전 6세기 후반) 이후 계속해서 철학적 성향을 지닌 그리스인들은 이러한 장치가 어리석긴 하지만 창의적임을 받아들였다. 테아게네스는 『일리아드』 XX에서의 명백히 충격적인 신들의 전투를 자연현상들 사이의 단순한 충돌로서 변호했다. "아닌 게 아니라 그들은 마른 것이 젖은 것과, 뜨거운 것이 차가운 것과, 가벼운 것이 무거운 것과, 그리고 물이 불과 싸운다고 말한다."(*FV*, 72) 아낙사고라스, 람프사코스의 메트로도로스, 아폴로니아의 디오게네스 그리고 데모크리토스는 모두 그에 대한 열광에 공헌했다. 스토아학파는 그들 정력의 큰 부분을 그에 쏟았으며, 필론과 기독교 교부들의 과도하게 비유적인 담론들을 위한 길을 닦았다.

크세노파네스가 의인화된 신들에 대해 행한 공격과 관련하여 우리는 그가 예언의 가능성을 부정했음을 기억해야 한다. 후기의 철학자들은 거의 대부분 그에게 동의하지 않았다. 이제부터는 모종의 예언 이론이 거의 모든 철학적 체계들의 부분이 되었다.

제8장 헤라클레이토스

이오니아 철학자들 가운데 가장 위대한 자인 에페소스의 헤라클레이토스는 기원전 6세기 끝 무렵에 활약했다고 말해진다. 그는 크세노파네스의 공격으로부터 이오니아의 최고의 신을 구하기 위해 필사적으로 투쟁했다. 그러나 이오니아의 변화될 수 있는 무한하고 무규정적인 공기와 크세노파네스의 하나인 신인 바로 그 불변적이고 영원한 순수한 사상 및 인과성을 결합하는 것은 결코 쉽지 않았던바, 신에 대한 이러한 이종적인 개념들을 통일하고자 하는 노력으로 인해 최고의 신과 우주만물에 관한 그의 사상은 너무도 역설적인 전환을 겪지 않을 수 없었다. 그는 자기가 행한 노력을 아주 잘 의식하고 있었고, 유명한 경구에서 자기가 완전히 성공적이었다고 하는 믿음을 표현했다. "박식이 지성을 갖도록 가르치지 않는다. 만일 가르쳤다면 그것은 헤시오도스와 피타고라스도, 또한 크세노파네스와 헤카타이오스도 가르쳤을 것이므로."(*FV*, 12 B 40) 그는 철학에 대한 정의를 다음과 같이 제시한다. "이 한 가지 것이 지혜인데, 그것은 모든 것들을 통해서 모든 것들을 조종하는 예지(**그노메**γνώμη)를 이해하는 것이다."(디오게네스 라에르티오스, IX, 1)

디오게네스 라에르티오스는 우리에게 헤라클레이토스의 교설에 대한 가장 훌륭한 요약을 제공해준다(IX, 7-11).

"모든 것은 불로 구성되며 불로 해소된다. 모든 것은 운명에 따라 있게 되며, 존재하는 모든 것은 대립되는 방향으로 나아감으로써 함께 결합된다. 모든 것은 프쉬케들과 다이몬들로 가득 차 있다. …… 태양은 정확히 그것이 그렇게 보이는 대로의 크기의 것이다. …… 그대는 가면서 모든 길을 다 밟아보아도 프쉬케(생명)의 한계를 찾을 수 없을 것이다. 그 원인[또는 '이성', 그리스어는 **로고스**λόγος]은 그렇게도 깊다. 그는 의견을 간질병이라 부르곤 했으며, 시각은 …… 속인다고 말했다.

불은 원소이며, 모든 것은 불에 대한 대가로 주어진 선물이고, 희박화와 응축화에 의해 존재하게 된다. 그러나 그는 명확한 설명을 주지 않는다. 모든 것은 대립적인 방식들에 따라서 존재하게 되며, 사물들의 총계는 강처럼 흐른다. 모든 것은 제한되어 있고 우주만물은 하나다. 우주만물은 불에서 생겨나며, 영원히 교호적인 주기에서 다시 불로 전환된다. 이것은 운명에 따라서 일어난다. 대립자들 가운데 탄생으로 이끄는 것은 전쟁과 투쟁이라고 불리며, 모든 것이 불로 해소되는 데로 이끄는 것은 일치와 평화라고 불린다. 변화는 오름길과 내림길이며, 우주만물은 이 길을 따라서 존재하게 된다. 왜냐하면 응축될 때 불은 습기가 되고, 이것은 함께 자리 잡아 물이 되며, 물은 응고되어 흙으로 변하기 때문이다. 이 과정을 그는 내림길이라 부른다. 그리고 이번에는 다시 흙이 용해되며 그로부터 물이 존재하게 되고, 이로부터 그 밖의 모든 것이 존재한다. 헤라클레이토스는 거의 모든 상향적 변화를 바다로부터 나오는 증발기에 돌리기 때문이다. 이 과정을 그는 오름길이라 부른다. 증발기들(**아나튀미아세이스**ἀναθυμιάσεις)은 땅과 바다 모두로부터 존재하게 된다. 바다로부터 온 것들은 밝고 순수하며, 땅으로부터 온 것들은 어둡다. 그는 우주만물을 둘러싸고 있는 것의 본성을 밝히지 않는다. 하지만 그는 우주 속에 우리를 향해 움푹 파인 쪽을 보이고 있는 사발들이 있으며, 그 사발들 속에 밝은 증발기들이 모여 불꽃을 만들어내는데, 그것들이 별들이다 …… 고 말한다. 땅에 더 가까이 있는 달은 순수한 영역을 통해 움직이지 않는다. 하지만 태양은 빛나고 섞인 것이 없는 영역을 통해 움직이며, 우리로부터 비례를 이룬 거리를 유지한다. …… 낮과 밤, 달들, 계절들과 해들, 비들과 바람들은 다양한 증발기들에 기인한다."

몇 가지 좀 더 중요한 단편들은 다음과 같다.[1]

(1) 나에게 귀를 기울이지 말고 명령에 귀를 기울여, 하나가 모든 것을 안다는 데 동의하는 것이 지혜롭다.[2]

• • •

[1] 단편들은 여기서 바이워터Bywater의 탁월한 판본에서 그 번호와 함께 인용된다. 바이워터에 의한 배열은 딜스의 그것보다 훨씬 우수하다.

[2] 여기서 '명령'과 관련하여 대부분의 편집자들은 베르나이스Bernays의 추측인 **로구**λόγου(이성)를 채택해왔다. 모든 사본들은 **도그마토스**δόγματος로 읽고 있는데, 그것은 단적으로 명령 또는 포고 내지 신의 법의 의미로 이해될 수 있다. 사본들을 따르는 것이 더 좋아 보인다. 마찬가지로 모든 사본들은 **에이데나이**εἰδέναι, 즉 "안다"로 읽고 있다. 따라서 나는 **에이나이**εἶναι, 즉 "이다"라는 추측 대신에 그에 따라

(2) 사람들은 묶어주는3) 로고스를 그것을 듣기 전에도, 일단 듣고 나서도 이해하지 못함을 보인다. 왜냐하면 모든 것이 이 로고스에 따라서 생기건만, 내가 각각의 것을 본성에 따라 구분하고 그것이 참으로 어떠한지를 보이면서 상술하는 그러한 말들과 일들을 그들이 경험하면서도, 그들은 경험 없는 사람들로 나타나기 때문이다. 그러나 다른 이들은 깨어서 하는 모든 것들을 알아채지 못하는데, 이는 마치 그들이 자면서 하는 모든 것을 잊어버리는 것과 같다.

(4) 눈과 귀는 그들의 프쉬케가 알아듣지 못할 다른 말을 하는 사람들에게 나쁜 증인이다.

(10) 자연은 숨기길 좋아한다.

(11) 델포이에 있는 신탁의 주재자는 자기의 뜻을 말하지도 감추지도 않고, 다만 징표를 보일 뿐이다.

(17) 므네사르코스의 아들인 피타고라스는 자신의 탐구를 어느 누구보다도 더 정교하게 다듬어냈고, 그 글들을 발췌해서 자신의 지혜, 즉 박식, 술책을 만들어냈다.

(20) 모든 것에 대해 동일한 이 세계는 어떤 신이나 인간이 만든 것이 아니라 언제나 있어 왔고 있을 것이며, 영원히 살아 있는 불로서 적절한 만큼 타고 적절한 만큼 꺼진다.

(21) 불의 전환은 우선 바다이다. 그리고 바다의 절반은 땅, 나머지 절반은 뇌우(**프레스테르**πρηστήρ)이다.

(22) 모든 것은 불의 교환물이고 불은 모든 것의 교환물이다. 마치

● ● ●

옮겼다.

3) 모든 사본은 **투 데온토스**τοῦ δέοντος로 읽고 있다. 그리고 이것은 하르모니아의 원인으로서의 로고스의 기능을 지시하기 때문에 수정을 위한 여지는 없다.

물건들이 금의 교환물이고 금은 물건들의 교환물이듯이.

(24) 불은 궁핍(크레스모쉬네χρησμοσύνη)이며 포만(코로스κόρος)이다.

(25) 불은 흙의 죽음을 살고, 공기는 불의 죽음을 살며, 물은 공기의 죽음을 살고, 흙은 물의 죽음을 산다.

(26) 불이 닥쳐와서 모든 것을 판결하고 단죄할 것이다.

(28) 번개가 모든 것을 조종한다.

(29) 태양은 적도適度를 뛰어넘지 않을 것이다. 만일 뛰어넘는다면 정의(디케)를 보좌하는 에리뉘에스가 그를 찾아낼 것이다.

(32) 태양은 날마다 새롭다.

(36) 신은 낮이며 밤이고, 겨울이며 여름이고, 전쟁이며 평화이고, 포만이며 굶주림이다. 그가 다른 종류의 향료들과 함께 섞일 때4) 각 사람의 상상에 따라 그에게 이름이 주어지듯이, 신은 그렇게 달리 나타난다.

(41) 너는 같은 강물에 두 번 들어갈 수 없을 것이다. 다른 물이 언제나 흘러오기 때문이다.

(43) 호메로스가 "투쟁이 신들과 인간들 사이에서 사라지기를!"이라고 말한 것은 잘못이었다. 모든 것이 소멸할 것이기 때문이다.5)

● ● ●

4) 신적인 불은 다른 종류의 향료들과 "섞이며", 향료를 태움으로써 다른 향을 만들어 낸다. 베르나이스에서처럼 **튀오마**Θύωμα(향)를 덧붙이거나 첼러에서처럼 **아에르**ἀήρ (공기)를 덧붙임으로써 교정할 필요는 없다.

5) *Iliad*, XVIII, 107. 버넷이 심플리키오스Simplicius, *in Cat.*, 412, 26으로부터 **오이케세스 타이 가르 판타**οἰχήσεσθαι γὰρ πάντα를 덧붙인 것은 의심할 여지없이 옳았다. 심플리키오스는 또한 다음과 같이 설명한다. "왜냐하면 만약 두 대립자 중 하나가 실패하면, 모든 것이 파괴되고 사라질 것이기 때문이다."

(44) 전쟁은 모든 것의 아버지이고, 모든 것의 왕이다. 그것이 어떤 이들은 신으로 또 어떤 이들은 인간으로 드러내며, 어떤 이들은 노예로 또 어떤 이들은 자유인으로 만든다.

(45) 그것이 어떻게 자신과 불화하면서도 그 자신과 일치하는지를 사람들은 이해하지 못한다. 그것은 마치 활과 뤼라의 경우처럼, 반대로 당기는 하르모니아[묶음][6]이다.

(46) 대립하는 것은 통합하는 것이며, 가장 아름다운 하르모니아는 대립자들의 그것이다.

(47) 보이지 않는 하르모니아가 보이는 것보다 더 강하다.

(57) 선과 악은 같은 것이다.

(59) 함께 쥠은 전체이며 전체가 아닌 것, 한 곳에 모이며 또한 따로 떨어지는 것, 조화되는[7] 것과 조화되지 않는 것이다. 하나는 모든 것으로부터 만들어지며, 모든 것은 하나로부터 만들어진다.

(61) 신에게는 모든 것이 아름답고 좋고 정의롭지만, 인간들은 어떤 것들은 정의롭지 않다고 생각하고, 또 어떤 것들은 정의롭다고 생각한다.

(65) 현명한 것은 오직 하나이다. 그것은 제우스의 이름으로 불리고자 하지 않으며 또한 그렇게 불리고자 한다.

● ● ●

6) "조율Attunement"(버넷)은 거의 가능하지 않다. 두 독해, 즉 **팔린토노스**παλίντονος (플루타르코스)와 **팔린트로포스**παλίντροπος(히폴리토스)는 똑같이 좋다. "자기 자신에게로 되돌아오는" 묶음은 실제적으로 "반대로 당기는" 묶음과 같은 뜻인 것이다. 어느 경우이든 묶는 것은 활의 줄과 뤼라의 줄들이다. 이 생각은 46과 59에서 명확히 표현된다.

7) 여기서는 "조화되는harmonious"이 올바른데, 왜냐하면 그 그리스어는 **쉰아돈**συνᾷδον, "함께 노래 부르기"이기 때문이다.

(68) 프쉬케들(생명들)에게 물이 되는 것은 죽음이고, 물에게는 흙이 되는 것이 죽음이다. 흙에서 물이 생겨나고, 물에서 프쉬케(생명)가 생겨난다.

(69) 오름길과 내림길은 하나이며 동일하다.

(72) 축축해지는 것은 프쉬케들에게 즐거움이다.

(76) 태양의 건조한 빛은 가장 현명하고 가장 뛰어난 프쉬케이다.[8]

(85) 송장들은 똥보다 더 내다버릴 만하다.

(91) 생각하는 것은 모두에게 공통이다. 지성을 가지고 말하려는 사람들은 자기들의 힘을 모든 것에 공통된 것에서 끌어내야만 한다. 마치 도시가 훨씬 더 큰 정도로 자기의 힘을 법에서 끌어내는 것처럼. 왜냐하면 모든 인간의 법들은 신적인 하나의 법에 의해서 양육되기 때문이다. 왜냐하면 신적인 법은 자기가 하고자 하는 만큼 자기의 힘을 확대하고, 모든 것들을 충족시키며, 또 그리하고도 남음이 있기 때문이다.

(92) 이성(로고스)은 공통의 것임에도 불구하고, 많은 사람들은 마치 자신만의 지혜를 지니고 있는 듯이 살아간다.

(95) 깨어 있는 자들에게는 하나의 공통의 세계가 있다. 반면에 잠들어 있는 자들 각각은 자기만의 세계로 돌아간다.

(125) 사람들 사이에서 관습적으로 행해지는 비교의식들은 불경한 비교의식들이다.

(126) 또한 그들은 신들도 영웅들도 누구인지 전혀 알지 못하면서, 마치 어떤 이가 집과 함께 떠들어대는 것처럼, 그러한 조각상들에게

● ● ●

8) 딜스는 바이워터와 버넷에 의해 채택된 스테파누스의 추측들을 거부하고(*FV*, 12 B 118) 위처럼 **아우젝세레**αὐγήξηρή로 읽는다.

기원한다.

(130) 그들은 자신들을 피로 정화하고자 하는데, 이는 마치 어떤 이가 진흙탕에 들어가서 진흙으로 씻으려는 것과 마찬가지로 미친 짓이다.

이 단편들에 더하여 프네우마에 대한 인간의 프쉬케의 관계에 관한 가장 중요한 기록을 섹스투스 엠피리쿠스가 제공해주고 있다(Ⅶ, 127).

"우리를 둘러싸고 있는 것은 이성(로고스)과 지성을 갖추고 있다. 헤라클레이토스에 따르면, 우리는 이 신적인 로고스를 호흡을 통해 빨아들임으로써 정신을 갖추게 된다. 그리고 잠잘 때는 잊어버리지만, 깨어 있는 동안에는 다시 분별력을 갖게 된다. 왜냐하면 잠잘 때는 감각의 통로가 닫혀서 우리의 정신이 주위를 둘러싸고 있는 것과의 교류로부터 떨어지게 되는데, 마치 일종의 뿌리처럼 오로지 호흡에 의해서 자연적인 연결이 유지되지만, 그런 연결에서 떨어지게 되면 우리의 정신은 앞서 가지고 있던 기억력을 잃어버리기 때문이다. 그러나 깨어 있을 때에는 마치 창문을 통해서 내다보는 것처럼 다시 감각의 통로를 통해 내다보고, 둘러싸고 있는 것과 만남으로써 이성의 능력을 얻는다. 그러므로 불에 가까워진 숯들이 변화하여 불타오르게 되지만 그로부터 떨어지면 꺼지듯이, 우리를 에워싸고 있는 것에서 유래하고 손님으로서 우리 몸의 환대를 받은 부분은 이렇게 떨어져 있는 동안에는 거의 이성을 결여하게 되지만, 가능한 가장 큰 숫자의 통로를 통해 접촉하는 동안에는 그것은 전체에 대한 닮음에로 회복된다. 헤라클레이토스는 우리가 그에 참여함으로써 이성을 갖추게 되는 이러한 공통의 신적인 로고스가 진리의 기준이라고 주장한다."

아마도 헤라클레이토스 사상의 가장 눈에 띄는 면모는 그가 최고의 신에게 부여하는 상이한 칭호의 다수성이다. 각각의 칭호는 모든 것을 하나로 만드는 신성의 상이한 측면에 상응한다. 최고의 신은 불, 하나, 프쉬케(생명과 영혼), "둘러싸고 있는 것"(**토 페리에콘**τò περιέχον), 아나튀미아시스(상향 증발기), 쉬납시스(함께 쥠), (하르모니아(대립자들의 묶음), 오름길과 내림길, 공동의 로고스(이성), 하나의 노모스(법), 운명, 빛, 신이다. 우리는 이러한 광대한 제설 혼합주의가 무엇에서 기인한다고 생각해야 할 것인가?

헤라클레이토스는 호메로스와 헤시오도스, 피타고라스와 크세노파네스의 지성의 결여에 관해 신랄하게 말하길 즐겼다. 그러나 그는 확실히 자기의 적대자들로부터 배우지 못할 만큼 오만하지 않았다. 피타고라스는 최고의 신이 하나, 불, 프쉬케, 하르모니아, 로고스라고 말하는 점에서 그에게 동의했을 것이다. 크세노파네스는 최고의 신이 하나다, 모든 것을 안다, 로고스와 운명이다, 라고 말하는 점에서 그에게 동의했을 것이다. 아낙시메네스는 최고의 신이 불(신적인 불은 단적으로 좀 더 희박한 공기 또는 프네우마이기 때문이다), 프쉬케, "우리를 둘러싸고 있는 것", 그리고 희박화와 응축화의 과정을 통해 모든 것의 하나의 원천이라고 말하는 점에서 그에게 동의했을 것이다. 만약 하나의 철학이 그저 그것을 다수의 구성부분들로 분석함으로써 설명될 수 있고 또 그 부분들이 다시 합쳐짐으로써 전체의 살아 있는 독창성이 다시 산출되게 된다면, 우리는 헤라클레이토스 사상의 독창성이 빌린 깃털을 가진 갈가마귀의 그것과 비슷하다고 고백하지 않을 수 없을 것이다. 그리고 헤라클레이토스가 최고의 신에 관한 그리스 사상의 전통에 대해 깊은 존경과 공감을 지니고 있으며, 선행자들에 대한 경멸에도 불구하고 그들로부터 그들이 최고의 신에 대한 전망을 표현한 대부분의 속성들을 받아들여 자기 자신의 최고의 신에게 적용하길 주저하지 않았다는 것은 전적으로 참이다. 실제로 그로 하여금 개인적으로 새로운 종합을 시도하게 만든 것은 사실상 그리스의 사유 전통에 대한 그의 존경이었다.

피타고라스는 하나인 불을 여럿으로부터 분리하는 도정에서 멀리 나아갔으며, 크세노파네스는 우주만물의 살아 있는 질료로부터 하나인 신의 분리를 성취했다. 이제 인과관계의 유대를 제외하면 최고의 신을 우주만물에 묶어둘 것은 아무것도 남지 않았다. 이렇듯 최고의 신을 변화하는 여럿과 우주만물의 살아 있는 질료로부터 분리하는 것에 대항하여 헤라클레이토스는 변화하는 여럿 및 살아 있는 질료와 최고의 신의 동일성을 다시 긍정했다. 피타고라스에 대항하여 그는 하나인 불 그 자체가 단적으로 변화하는 대립자들이며, 모종의 신비적 방식으로 모든 것에 현재할 뿐만 아니라 그 자체가 모든 것이라고 주장했다. 크세노파네스에 대항하여 그는 하나인 신이 불변적인 것이 아니라 변화의 본질 자체이며, 생명의 질료 외부에 있는 것이 아니라 흙과 물, 공기와 불이라고 주장했다. 그러나 헤라클레이토스가 이렇게 전통적 믿음들을 옹호했을 때 그의 난점들은 결코 끝나지 않았다. 그는 피타고라스와 크세노파네스가 최고의 신에 관한 전통을 그 신의 좀 더 커다란 완전성의 이름으로 비판했음을 철저히 인식하고 있었다. 만약 헤라클레이토스가 최고의 신의 완전성에 덧보태지는 그 신의 어떤 속성을 빠뜨렸다면, 그것이 불의 전통적 성질들과 아무리 일관되지 않는 것으로 보일지라도, 헤라클레이토스의 신은 실패일 것이다.

그리하여 헤라클레이토스는 피타고라스와 크세노파네스에 의해 최고의 신에게 주어진 탁월한 모든 속성들을 모아 그것들을 자기 자신의 신에 적용했다. 나아가 헤라클레이토스는 자기 자신의 신이 변화하는 동시에 변화하지 않으며, 모든 것이지만 물체의 불완전성으로부터 자유로운 순수한 인과성임을 논증하기 위해 노력했다. 그가 이렇듯 불가능한 것을 스스로 만족할 만큼 성취한 지적 장치들은, 그것들이 바로 크세노파네스 교설들의 대응물인 까닭에, 우리의 특별한 검사를 받을 만한 가치가 있다. 그것들은 헤라클레이토스의 불을 시간과 변화, 물체의 영역으로부터 영원성과 불변성에로 높이 들어올린다.

헤라클레이토스는 크세노파네스가 과학을 형성하는 물리적 변화의 세부사항들과 과학자들이 의존하는 우리의 눈과 귀, 즉 근저에 놓여 있는 지각의 도구들에 대해 느낀 경멸을 공유했다. 그리하여 헤라클레이토스는 로고스를 신뢰하였으며, 우주만물을 형성하는 변화 과정에 대해서는 간단히 설명했을 뿐이다. 그의 최고의 신은 자신의 이력을 순수한 불로서 착수하지만, 이 불은 이미 그 자신 내부에 두 대립자, 즉 (전쟁과 투쟁으로서 알려진) 탄생으로 향하는 것과 (일치와 평화로서 알려진) 모든 것이 불로 해소되는 것에로 향하는 것을 포함한다. 그렇듯 이중적이기 때문에 불은 하르모니아 또는 대립자들의 함께 쥠이다. 하르모니아는 새로운 의미를 획득한다. 그것은 더 이상 무엇보다도 우선 여럿 속에서 질서를 산출하는 하나의 묶는 행위가 아니라 명백한 대립자들을 실재적인 하나로 묶는 것이다. 전쟁은 계속해서 작용한다. 불은 바다가 된다. 바다의 반은 땅이 되며, 반은 번개의 폭풍이 된다. 내림길은 땅이 형성될 때 완성된다. 땅은 가치들의 등급에서 가장 낮다. 그러나 땅은 항상적으로 물로 해소되고 있으며, 동시에 우주의 나머지는 물로부터 형성되고 있다. 땅이 해소되기 시작하는 순간 오름길이 시작되며, 궁극적으로 모든 것을 불로 해소시킬 행위자가 작용하고 있다. 이 행위자는 상향 증발기(아나튀미아시스)이며, 그 자체가 이중적이다(땅으로부터의 것과 바다로부터의 것). 이러한 증발기들은 물론 프네우마에 상응하는 헤라클레이토스의 표현이다. 그것들은 불같이 타오르고 활동적이며 희박하게 되고, 시간의 과정에서 모든 것을 불로 전환시킨다. 프네우마라는 것 이외에 그것들은 프쉬케 즉 생명의 숨이다. "헤라클레이토스는 또한 제1원인이 프쉬케 또는 그가 그로부터 다른 모든 것을 산출하는 상향 증발기라고, 그리고 프쉬케가 사물들의 가장 작은 물체이며 언제나 흐르고 있다고 말한다." 이것은 아리스토텔레스의 증언인데(『영혼에 대하여』 405 a), 이는 필로포누스와 테미스티우스의 주석들에 의해 확증된다. 어떠한 한계도 지니지 않는 이 프쉬케는 물론 우주의 정신과 영혼이다. 그리고 오직 그것과의 접촉에 의해서만 우리의 정신은 이성에로 불붙여진다.

이러한 설정에서 어떻게 불은 변화하면서 불변적일 수 있으며, 순수한 인과성이면서 순수하지 않은 물체가 아닐 수 있을까? 헤라클레이토스의 가장 중요한 교설들 가운데 하나는 첫 번째 난점을 해결하고, 두 번째 난점의 해결에 기여하고자 구상되었다. 그것은 반복에 의한 동일성의 교설이라고 불릴 수 있을 것이다. "우주만물은 불로부터 생겨나며 영원을 통해 교체되는 순환에서 다시 불로 돌아간다. 이것은 운명에 따라 발생한다." 아낙시만드로스는 이미 무한한 우주들이 태어났다가는 다시 사멸하기를 무한히 계속한다고 가르친 바 있었다. 아낙시메네스는 스승에게 동의했던 것으로 보인다. 헤라클레이토스는 선행자들에 의해 제시된 암시를 받아들였으며, 신적인 불이 자기의 완전한 통일성을 되찾아야 할 간격들(카타 티니스 페리호두스 κατά τινας περιόδους)을 고정함으로써 그 교설의 전체 의미를 변화시켰다. 그는 하나의 간격의 길이를 10,800년으로 계산하고 그 간격을 큰 한 해the Great Year라고 불렀는데, 왜냐하면 헤라클레이토스는 한 세대를 30년으로, 그리고 360 × 30 = 10,800으로 계산했기 때문이다. 큰 한 해 동안 변화가 지속되며, 불은 자기의 모든 창조적 힘들을 행사한다. 하지만 변화들은 모두 영원한 불의 진전에 의해 "판결되고 단죄된다." 불은 그 모든 것들을 없애버리며, 각각의 모든 시기의 끝에서는 그러한 모든 변화가 본질적으로 가상이고 그것들 가운데 불 이외에는 아무것도 남지 않는다는 것이 드러난다. 반복에 의해 획득된 동일성이 변화를 가상으로 전환시키고 헤라클레이토스와 그의 제자들에게 있어 최고의 신의 불변성을 보존해주는 것과 마찬가지로, 그것은 동일한 작용을 시간에 맞춰 수행한다. 시간의 끝없는 격류는 저지되며 영원의 시간 속으로 사라진다. 하지만 "흐름"의 철학자로서 매도되는 동시에 찬양받는 것이야말로 실재적 시간과 실재적 변화를 폐지하기 위해 이러한 거의 마술적인 책략을 창안한 헤라클레이토스의 운명이었다. 헤라클레이토스는 우리가 이미 보았듯이 상이하지만 전적으로 일관된 목적을 위하여 흐름, 즉 판타 레이πάντα ῥεῖ의 교설을 창안했다. 그 의도는 크세노파네스가 그로부터 자신의 하나인 신을 분리시킨 변화하는 세계와 최고의 신을 다시 통일하는 것이었다.

순환하는 불의 교설은 또한 인과성과 순수하지 않은 물체의 문제를 해결하는 데 기여했다. 만약 규칙적인 주기들에서 모든 실체들 가운데 가장 섬세하고 원인을 이루는 것인 순수한 불을 제외하고는 아무것도 남지 않는다면, 헤라클레이토스에게는 최고의 신이 물체의 비순수성과 수동성으로부터 해방되는 것으로 보였다. 그러므로 헤라클레이토스는 땅과 물이 비교적 기초적이라는 점을 강조하는 데 주저하지 않았다. 그는 그것들이 형성되는 도정에 대해 내림길이자 결여 내지 궁핍(크레스모쉬네χρησμοσύνη)이라고 언급했다. 프쉬케들은 그들이 물이 될 때 죽으며, 진흙은 물보다 훨씬 더 나쁘다. 알렉산드리아의 클레멘토스에게서 보이는 한 구절(*Protrept.*, 10, 75)은 불의 더 낮은 형식들에 대한 가치평가가 이렇듯 저하되는 것을 보여준다. "벌레들과 같은 방식에 따라 쾌락의 흐름들이라고 하는 습지와 진흙 속을 뒹굴고, 무익하고 어리석은 기쁨들로 살아가는 사람들이 존재한다. 이들은 돼지 같은 사람들인데, 왜냐하면 돼지는 순수한 물보다 '진흙에서 쾌락을 취하기' 때문이라고 그[헤라클레이토스]는 말한다." 유사한 방식으로 헤라클레이토스는 송장, 즉 죽은 몸 덩어리들에 대한 경멸을 천명했다(단편 85). 순환하는 불에 관한 그의 교설의 도움이 없었다면 그는 명백하고 심각한 난점들에 휘말렸을 것이다. 그는 모든 것이 불이라고 말했다. 그런데 불이 완전하다면, 왜 모든 것은 완전하지 않은 것일까? 헤라클레이토스가 이 물음에 부딪쳤으며, 그에 대해 신의 눈에는 모든 것이 완전하다고 과감히 긍정함으로써 대답한 것으로 보이는 것이 사실이다(단편 61). 왜냐하면 신의 눈은 영원성의 눈이었기 때문이다. 신은 순환하는 주기들에서 전진하고 판결하며 단죄하는 동시에 모든 시간적인 불완전성들을 하나의 불로 흡수함으로써 그것들을 취소할 수 있었다.

헤라클레이토스의 이러한 교설들에서 나타나는 일관성의 결여는 그의 천재성이 뭔가 부족하다는 데서가 아니라 우리가 이를테면 그 교설들 외부에 존재한다는 사실에서 기인한다. 우리는 오로지 노력에 의해서만 그 교설들이 헤라클레이토스 자신에게 나타났던 대로, 즉 그의 신앙에 비춰 조명됨으로써 유기적이고 살아 있는 통일성을 형성할 만한 것으로서 나타났던 대로 그것들을 순간적으로 흘끗 볼 수 있다. 헤라클레이토스의 지속적인 영향력에 대해서는 친구들과 적들을 가릴 것 없이 수많은 증인들이 존재한다. 파르메니데스는 아마도 그의 가장 위대한 적이었고, 스토아학파의 창시자 제논은 그의 제자들 가운데 가장 위대한 자였을 것이다.9)

크세노파네스의 철학은 헤라클레이토스로 하여금 궁극적으로 아리스토텔레스의 신(비물질적 실재성)과 질료("물질적" 비실재성)의 완전한 구별로 이어진 도정으로 나아가도록 했다. 헤라클레이토스의 최고의 신은 여전히 변화하는 것으로서 이야기되었지만, 불은 원인과 원인의 동인으로서의 위엄을 떠맡았으며, 그 능동성은 필연적으로 그것이 원인을 이루는 것의 수동성과 대비되었다. 그러나 불에 의해 원인지어지는 것은 불의 저차적인 형식들이다. 이 저차적인 형식들은 시간적 우주에서 그들의 저급한 단계들에 상응하는 정도의 상대적인 수동성과 비실재성을 받아들인다. 그들은 불이라는 하나의 능동적인 신적인 실재 속의 한갓된 일시적인 단계들이다. 신은 영원한 원인이며, 모든 변화는 일시적이다. 초기 그리스 전통의 우주발생론적인

• • •

9) 첼러와 버넷은 스토아학파의 영향이 전거들에서 보고되고 있듯이 헤라클레이토스의 교설들을 심각하게 왜곡했을 거라고 주장했다. 버넷은 (앞의 책, 143) "**로고스**λόγος와 **에크퓌로시스**ἐκπύρωσις(대화재)에 대한 스토아학파의 이론들은 끊임없이 [헤라클레이토스에게] 돌려진다"고 말한다. 이것은 헤라클레이토스가 실제로 이 이론들을 창안했기 때문에 사실 부자연스러운 것이 아니다. 스토아학파는 그것들을 확대했을 뿐, 그 본질을 변화시키지는 않았다.

신들은 일반적으로 그 힘이 그들의 후손 신들의 힘에 의해 능가되는 나태한 존재들이었다. 그러나 헤라클레이토스의 비-의인화된 불은 더 이상 단지 우주만물을 구성하는 일련의 변화들의 처음에만 있는 것이 아니라 그 자체가 그 계열의 끝이기도 하다. 크로노스와 마찬가지로 불도 그 자손들을 먹어치운다. 그러나 자손들 가운데 어느 누구도, 아니 우주마저도 불을 벗어나지 못한다. 아낙시만드로스의 체계에서 변화는 부정의였었다. 이제 변화는 일종의 불가피하고 주기적인 현상이 되었으며, 최고의 신은 그 현상의 원인이 되었다.

제9장 파르메니데스

엘레아의 파르메니데스는 크세노파네스와 피타고라스주의자였던 아메이니아스의 영향을 받았다고 말해진다. 그는 헤라클레이토스보다 조금 더 젊은 동시대인이었던 것으로 보인다. 변화하는 최고의 신과 불변성을 결합하고자 하는 부적절한 시도라는 비판에 노출되어 있는 헤라클레이토스의 불에 가차 없이 대립하여 이제 파르메니데스는 크세노파네스의 하나인 신을 다시 구축했다.

심플리키오스와 프로클로스 그리고 섹스투스 엠피리쿠스 덕분에 우리는 파르메니데스 시문의 상당히 방대한 단편들을 가지고 있다. 파르메니데스는 자기 자신에 대해 암말들이 끄는 마차에 실려 태양(헬리오스)의 딸들의 안내를 받으며 밤(뉙스)과 낮(에마르)의 길들 사이에 있는 문을 통해 빛으로 나아갔다고 표현했는데, 거기서 그는 친절한 여신으로부터 "설득력 있는 진리의 흔들리지 않는 핵심"과

"참된 확신이 없는 죽을 수밖에 없는 자들의 의견들"을 포함하는 계시를 받았다고 한다.

먼저 그는 "있는 것은 있는 것으로부터 떼어내질 수 없다. 그것은 질서에 따라 모든 방향과 길로 퍼져 있지도 함께 모여 있지도 않다"(*FV*, 18 B 2)는 것을 배운다. "있는 것은 있고, 있지 않을 수 없다."(*FV*, 18 B 4) "왜냐하면 사유함과 있음은 같기 때문이다."(*FV*, 18 B 5)[1] "있는 것은 있다고 말해지고 사유되어야만 한다. 왜냐하면 있음은 있고, 있지 않음은 있지 않기 때문이다. 나는 그대에게 [있지 않음에 관한] 탐구의 이 첫 번째 길로부터, 또한 아무것도 알지 못하는 죽을 수밖에 없는 자들이 머리가 둘인 채로 상상하는 그 길로부터 돌아올 것을 명하고자 한다. 왜냐하면 무기력함이 그들의 가슴 속에서 헤매는 정신(누스)을 이끌고 있기 때문인데, 그들은 귀먹고 동시에 눈먼 채로, 혼미에 사로잡힌 채로, 판가름 못하는 무리로서, 있음과 있지 않음이 '같은 것이자 같지 않은 것이라고', 또 모든 것들이 따르는 길이 '자기에게로 되돌아온다'고 상상한다."(*FV*, 18 B 6) "있는 것은 생성되지 않고 소멸되지 않으며, 온전하고 한 종류의 것이며, 움직이지 않고 [시간에서] 끝이 없다. 그것은 언젠가 있었던 것도 아니고, 있게 될 것도 아닌데, 왜냐하면 그것은 지금 하나의 연속적인 전체이

● ● ●

1) 첼러와 버넷은 "왜냐하면 같은 것이 사유될 수 있고 있을 수 있기 때문이지"라고 번역한다. 버넷은 **노이엔**voïεv이 문장의 주어일 수 없는데 "왜냐하면 부정사만으로는 결코 그렇게 사용되지 않기 때문"이라고 주장한다. 길더슬리브Gildersleeve는 그의 『고전 그리스 구문론』*Syntax of Classical Greek*, Ⅰ, 132 ff에서 호메로스로부터 계속해서 관사 없는 부정사가 주어로서 사용되는 33개의 예를 제시한다. 덧붙이자면, 파르메니데스는 있지 않음이 사유될 수 없다고 주장하지 않았는데, 그것은 그의 관점에서 보아 불합리한 논증일 것이다. 그가 주장한 것은 있지 않음이 마땅히 실재로서 다루어져서는 **안 된다**는 것이다.

기에. …… 확신의 힘도 어떤 것이 있지 않은 것으로부터 있는 것 곁에 생겨나도록 허용하지 않을 것이다. 이 때문에 정의(디케)는 그녀의 족쇄를 풀어서 어떤 것이 생겨나거나 소멸하도록 허용하지 않으며 오히려 꽉 붙들고 있다. …… 그것은 나누어질 수도 없는데, 왜냐하면 전체가 균일하기에. 또 어떤 것이 어떤 곳에서 더 강하지도 않은데, 이는 그것이 연속적일 수 없게 할 것이고, 또 어떤 곳에서 더 약하지도 않으며 오히려 전체가 있음으로 가득 차 있다. 그러므로 전체가 연속적이다. …… 더 나아가 그것은 강력한 속박들의 한계들 안에서 움직이지 않으며 시간에서 시작이나 끝이 없다. …… 그리고 절대적 동일성 속에 머물러 있음으로써 그 자체만으로 놓여 있다. …… 왜냐하면 강한 필연(아낭케)이 그것을 빙 둘러 에워싸고 있는 한계의 속박들 안에 그것을 꽉 붙들고 있기 때문이다. 그러므로 있는 것이 미완결이라는 것은 신적인 법칙[테미스Themis]에 따르지 않는다. 왜냐하면 그것은 어떤 것을 필요로 하지 않지만, 만약 어떤 것을 필요로 한다면 그것은 모든 것을 필요로 할 것이기 때문이다.[2] 같은 것은 또한 사유함[노에인voεῖv]이며 사유의 원인이다. 왜냐하면 사유함이 그것에서 자기의 표현을 발견하는 있는 것 없이는 그대는 사유함을 찾을 수 없기 때문이다. 왜냐하면 있는 것 이외에 다른 아무것도 있거나 있게 될 것이 아니기 때문에. 왜냐하면 숙명(모이라)이 바로 이것을 온전하고 부동의 것이게끔 속박하기 때문이다. 그러므로 그것은 죽을 수밖

● ● ●

2) 사본에서의 **에온 단 판토스 에데이토**ἐὸν δ' ἂν παντὸς ἐδεῖτο를 이렇게 읽은 것이다. **에피데우에스**ἐπιδευές(필요로 하는, 결핍된)가 선행절로부터 보충되어야만 한다. 버넷은 **아텔레우테톤**ἀτελεύτητον(완결되지 않은)을 보충하여 "그것이 무한하다면, 그것은 모든 것을 필요로 할 것이다"라고 번역한다. 그러나 **아텔레우테톤**은 여기서 "무한한"을 의미하지 않으며, 구문과 사상은 "필요로 하는"을 요구한다.

에 없는 자들이 참되다고 확신하고서 놓은 모든 것들이라고 불려왔다 [모든 이름이 주어져왔다].— 즉 '생겨남'과 '소멸함', '있음'과 '있지 않음', '장소의 변화'와 '밝은 색깔의 맞바꿈'이라고 그런데 맨 바깥의 한계가 있기에, 있는 것은 중심으로부터 모든 곳으로 똑같이 뻗어 나와 있는 둥근 구체의 형상처럼 모든 방면에서 완결되어 있다. …… 왜냐하면 그것이 똑같이 뻗어나가는 것을 막을 만한 것은 아무것도 없고, 또한 있는 것 가운데 더 많은 것이 여기에, 그리고 더 적은 것이 저기에 있을 수 없기 때문인데, 왜냐하면 그것은 전체가 불가침이기 때문이다. …… 여기서 나는 진리에 관한 나의 확신할 만한 논변과 사유를 멈춘다. 이제부터는 죽을 수밖에 없는 자들의 의견들을 배우고 내 이야기들의 기만적인 질서에 유의하라. 죽을 수밖에 없는 자들은 이름 붙이기 위해 두 가지 형태를 그들의 마음에 두었는데, 두 형태 가운데 하나는 이름 붙여져서는 안 된다. 바로 그 점에서 그들은 헤맸던 것이다. 그들은 그것들을 형체에 있어 대립자들이라고 판단했고, 그것들을 서로로부터 분리시키는 구별된 표지를 그것들에게 부여했다. 즉 한편에는 아이테르에 속하는 타오르는 불을 놓았는데, 그것은 부드럽고 아주 가벼우며(무게가 없으며) 모든 방면에서 그 자신과 동일하다. 다른 한편에는 그러한 성질들을 놓지 않았지만, 그것은 그 자체에서 대립자, 즉 무지한 밤이자 견고하고 무거운 형체이다. 우주만물의 이러한 질서를 나는 그대에게 모든 측면에서 그럴 듯한 것으로서 설파하는데, 왜냐하면 죽을 수밖에 없는 자들의 어떠한 생각도 그렇듯 너를 능가할 수 없기에. …… 모든 것들이 빛과 밤으로 이름 붙여져 있고, 이름들이 빛과 밤의 힘들에 따라서 이것에 그리고 저것에 갖다 붙여져 있기 때문에, 전체가 동시에 빛과 보이지 않는 밤으로 가득 차 있다. 왜냐하면 둘 중 어떤 것도 다른 것과 공통된 어떤 것을 지니지 않기에. …… 그리고 그대는 아이테르의 본성과 아이테르에 있는 모든 표지들을 알게 될 것이다. …… 그리고 그대는 우리를 둘러싸고 있는 하늘이 어떻게 있게 되었는지, 그리고 어떻게 필연(아낭케)이 그것을 이끌어서 별들의 한계들이도록 묶었는지를 알게 될 것이다. …… 이것들[불과 밤의 무리들]의 한가운데에 모든 것을 조종하는 신적인 힘이 있다."(피타고라스의 중심의 불, Simplicius in *Phys*., 34, 12 ff.)

파르메니데스의 최고의 신은 대체로 크세노파네스의 하나인 신과 유사하다. 그것은 하나의 최고의 실재이며, 그 밖의 모든 것은 비실재적이고 변화하는 현상들로 이루어진다. 하나인 신과 마찬가지로 파르메니데스의 하나인 존재도 대개는 부정적인 술어들로 정의되어야만 하는데, 왜냐하면 파르메니데스는 그에게 헤라클레이토스의 불과 피타고라스의 하나인 불의 결함들로 보였던 것에 대립하여 최고의 신에 대한 좀 더 완전한 정의를 확립하고자 하고 있었기 때문이다. 이러한 부정들 가운데 상당수는 헤라클레이토스의 교설과 피타고라스의 그것에 똑같이 적용된다. 그러나 특수하게나 제한적으로 적용되는 몇 가지를 구별할 수 있다. 예를 들면 파르메니데스는 "있지 않음이 있다"고 가르치는 "탐구의 이 첫 번째 길"을 금지하며, 그것을 "있음과 있지 않음이 같은 것이자 같지 않은 것이며" "모든 것들이 따르는 길이 자기에게로 되돌아온다"고 가르치는 탐구의 두 번째 길에 대한 금지와 결합하고 있다. 두 번째 길의 "귀먹고 동시에 눈먼 채로 혼미에 사로잡힌" 저자로서의 헤라클레이토스에 대한 언급은 충분히 명확하다. 그러나 첫 번째 길은 누구에게 돌려야 할 것인가? 이오니아학파는 배제된다. 그들은 물이나 아페이론 또는 공기가 실재의 전체를 형성한다고 믿었다. 헤라클레이토스가 배제되는 까닭은 탐구의 두 번째 길이 그에게 속하기 때문이다. 크세노파네스도 배제되는데, 왜냐하면 그와 파르메니데스는 의견이 일치하기 때문이다. 피타고라스를 제외하면 아무도 남지 않는다. 요컨대 "있지 않음이 있다"는 교설은 피타고라스의 부분적 이원론을 가리키는 파르메니데스의 표현인바, 피타고라스는 하나인 불이 하르모니아이며, 그것은 "다른 것"이라 불리는 일정한 비율의 무한하고 무규정적인 질료와 결합하여 그것에 자기 자신의 실재성을 부여한다고 가르쳤던 것이다. 파르메니데스가 피타고라스의 이원론을 다룰 때 보이는 극단적인 공손함은 그 자신이 죽을 수밖에 없는 자들의 의견의 영역에서 피타고라스의 하나인 불과 여러 측면에서 유사한 불이라는 최고의 신을 받아들인다는 사실에 기인한다.

파르메니데스의 하나인 존재는 연속적이다. 그것은 하나인 불이 나누어지는 것처럼 흩어지거나 나누어지지 않는다. 그것은 크세노파네스의 하나인 신과 똑같이 영원하고 온전하며 움직이지 않는다. 그것은 하나인 신과 똑같이 "동일한 것"에 머물러 있다. 그러나 그것은 "한계의 속박" 안에 붙들려 있으며, 이런 측면에서 그것은 하나인 신과 다른 것으로 보인다. 크세노파네스는 페라스(한계)와 아페이론(무한성과 무규정성)이라는 속성을 거부했는데, 왜냐하면 그것들은 변화하는 것들에 적용되었기 때문이다. 그런데 파르메니데스는 그의 하나인 존재의 완전성을 구성하는 한 항목으로서 페라스를 복구하며, 그 용어의 의미를 명확히 하고자 대단히 애쓰고 있다. 먼저 그는 정의의 여신이 "족쇄를 풀어서" 어떤 것이 생겨나거나 소멸되도록 허락하지 않는다고 주장한다. 다시 말하면 신적인 힘은 있음이 변화를 겪지 못하도록 "족쇄"(**페다이**πέδαι)를 사용하는 것이다. 다음으로 우리는 있음이 "커다란 속박들의 한계들 안에서" 움직이지 않는다는 말을 듣는데(B 8, 시행 26), 왜냐하면 생겨남과 파괴는 있음으로부터 "멀리 벗어나버렸기" 때문이다. 있음은 절대적 동일성 속에 머물러 그 자체만으로 놓여 있고 "그리하여 영원히 확고하게 머물러 있는데", 왜냐하면 강한 필연의 신적인 힘이 "그것을 빙 둘러 에워싸고 있는 한계의 속박들 안에 그것을 꽉 붙들고 있기" 때문이다. 두 구절에서 한계는 정의의 족쇄와 같은 뜻을 나타내는 것으로서 생각된다. 한계는 여기서 그리스어에서 종종 "변화"를 의미하는 운동을 막으며 있음 주위에 경계를 둘러치는데, 그 경계를 넘어서면 변화가 존재하지만 그 내부에서 한계는 있음의 불변성을 보존한다.

다음 문장에서 파르메니데스는 있음의 새로운 부정적 제한을 도입한다. "그러므로 있는 것이 미완결(**아텔레우테톤**ἀτελεύτητον)이라는 것은 신적인 법칙에 따르지 않는다. 왜냐하면 그것은 어떤 것을 필요로 하지 않지만, 만약 어떤 것을 필요로 한다면 그것은 모든 것을 필요로 하기 때문이다." 다시 말하면 최고의 신은 한계를 지니며 변화할 수 없고, 그러므로 그것은 완비되고 완결되어 있으며 완전하다는 의미에서 끝(**텔레우테**τελευτή)을 획득했다. 그것이 미완이고 완결되어 있지 않으며 불완전하다면, 그것은 "어떤 것을 필요로" 할 것이어서 최고의 신의 역할에 전적으로 부적합할 것이며, 또는 파르메니데스의 표현을 빌리자면 "모든 것을 필요로 할 것이다." 하나인 있음이 획득한 끝은 완전함의 성취이다. 그리고 그 완전함의 원천은 그것의 불변성이다. 파르메니데스는 B 8, 시행 42 이하에서 페라스에 관한 논증을 계속해나간다. "맨 바깥의[퓌마톤πύματον, 맨 끝의 또는 마지막의] 한계가 있기에, 있는 것은 중심으로부터 모든 곳으로 똑같이 뻗어 나와 있는 둥근 구체의 형상처럼 모든 방면에서 완결되어 있다. 왜냐하면 그것은 어느 곳에서든 전혀 더 강하거나 더 약해서는 안 되기 때문이다. …… 그것은 전체가 불가침인데, 왜냐하면 있음을 관통하여 똑같음이 있는 까닭에 있음은 한계들 안에서 한결같게 놓여 있기 때문이다." 겉보기에 순진무구해 보이는 이 구절은 그 내부에 수많은 논란의 씨앗을 담고 있으며, 그러므로 주의 깊은 분석을 필요로 한다. 파르메니데스가 형용사 "불가침적인"을 사용할 때, 그는 최고의 신의 신성함을 강조하고 있다. 그러나 그가 하나인 있음은 전체가 불가침이라고 말하며 이 점을 있음의 다름 아닌 한결같음을 긍정함으로써 증명하고자 할 때, 그는 의심할 바 없이 그가 보기에 잘못된 의견인 것에 반대하여 논증하고 있다. 그의 반대자의 잘못은 최고의 신이 한결같게 평탄하게 퍼져 있지 않다고 주장하는 데 놓여 있었음에 틀림없으며, 만약 우리가 적대적인 비판자의 입장에 선다면, 우리는 그러한 주장이 크세노파네스를 하나의 예외로 하여 파르메니데스의 모든 선행자에게 돌려질 수 있다는 것을 파악할 수 있다. 아낙시메네스의 희박해지고 응축되는 공기와, 우주의 중심과 주변에 집중되어 있고 모든 소우주에 흩어져 있는 피타고라스의 하나인 불에 반대하여 파르메니데스는 일련의 부정들을 정립한다. 하나인 있음은 여기서 희박해지고 저기서 응축되어 있는 것이 아니라 한결같고 평탄하며, 따라서 그것의 신성함, 그것의 거룩한 불변성은 그 부분들에 한정되는 것이 아니라 그 전체를 뒤덮는다. 똑같은 설명이 있음은 중심으로부터 모든 곳으로 똑같이 뻗어 나온다는 주장에도 적용된다. 파르메니데스는 최고의 신을 한 곳에서는 강하게 만들고 다른 곳에서는 약하게 만드는 잘못을 비난하고 있다. 그러나 이러한 주장에는 새로운 요소가 존재한다. 우리가 그 구절을 뒤로 읽어나가면 갑자기 최고의 신이 중심을 갖는다는 것이 나타난다. 단적으로 사유이자 있음인 최고의 신이 도대체 어떻게 중심을 가질 수 있을까? 좀 더 특수하게 하자면, 그러한 신이 어떻게 단순히 상상적인 지점이자 그 무엇이든 어떤 질적인 차이에 의해서가 아니라 순수하게 그 위치에 의해서 사유와 있음의 나머지로부터 구별되는 중심을 가질 수 있을까? 더 나아가 우리는 하나인 있음이 중심을 가질 뿐만 아니라 둥근 구체의 **형상**과 닮아 있으며, 그것의 경계를 이루고 그 구체 형상의 주위 모든 지점에서 그것을 "완결하는" 맨 바깥의 한계를 지닌다는 것을 발견한다.

지금까지 파르메니데스는 변화하는 현상들과 신성한 불변성, 있지 않음과 있음 사이의 비유적인 경계를 가리키기 위하여 한계와 끝을 사용했다. 그러므로 한계는 우리에게 두 가지 개념들을 지적으로 구분하는 순수하게 형이상학적 용어로서 나타났던바, 우리의 정신은 그것을 그렇게 받아들였다. 그런데 파르메니데스는 우리에게 어떠한 경고도 없이 이러한 지적인 구분이 어떤 다른 구체와 마찬가지로 중심을 지니는 구체의 경계선이나 바깥 둘레가 되었다고 말한다. 우리는 아주 자연스럽게 파르메니데스가 뭔가 지적인 범죄를 저질렀다고 느끼게 된다. 어떤 독자든 이해하기 어려운 어떤 것에 부딪쳤을 때 먼저 느끼게 되는 것은 저자에게 전적인 책임을 돌리는 것이다. 하지만 이 특수한 경우에 파르메니데스를 이해하는 데서의 난점은 실제로는 우리의 잘못이다. "구체"라는 단어를 들을 때 우리의 정신은 자기가 따라간다고 생각한 냄새보다 더 자극적이거나 더 친숙한 어떤 냄새를 맡은 다루기가 어려운 개들처럼 갑자기 옆길로 새게 된다. 구체는 우리로 하여금 대리석이나 지구처럼 둥글고 견고한 어떤 것을 떠올리게 한다. 몇몇 역사가들은 그러한 생각에 굴복하여 파르메니데스가 "물체적인" 일원론자이며, 그가 말하는 구체는 물질 또는 물체로 가득 차 있다고 결정했다. 조심스럽게 접근해야 하는 한에서 우리는 그 길의 추적에 집중할 수 있어야만 한다. 파르메니데스가 말하는 구체는 사유와 있음으로 가득 차 있는 구체이며, 이러한 구체의 바깥 둘레 내지 페라스는 순수하게 지적인 경계인바, 거기에 물질적이거나 물체적인 것은 아무것도 없다. 우리는 순수하게 지적인 경계 내지 한계를 지니는 일종의 구체가 있다는 것을 잘 알고 있다. 그것은 수학자들이 사용하는 구체인바, 그것은 순수하게 지적이거나 논리적인 형상이다. 파르메니데스가 행한 것은 그의 관점에서 보면 페라스의 의미에서의 어떠한 변화도 포함하지 않는다. 그가 말한 것은 다만 그의 최고의 신이 형상이며 구체의 형상을 하고 있다는 것뿐이다. 사실 우리가 이 구절에서 보고 있는 것은 최고의 신이 최고의 실재와 최고의 인과적 힘일 뿐만 아니라 최고의 형상이기도 하다는 관념의 탄생인바, 말하자면 우리는 그리스 철학의 핵심 신비들 가운데 하나에 참석하고 있는 셈이다.3) 형상은 어떻게 신적인 힘을 지닐 수 있을

• • •

3) 물론 피타고라스가 기하학에 관해 뭔가를 알았다는 것은 참이다. 그러므로 인과적 형상들의 관념이 최소한 그의 체계 속에 함축되어 있었음은 확실하다. 그러나 우리는 과연 그가 명시적으로 그의 인과적 수들을 인과적 형상들과 결합시켰는지의 여부에 대해서는 알지 못한다. 하지만 그가 인과적 힘을 일정한 형상들에, 그 중에서도 특히 사악한 정령들을 피하고 건강을 보존하는 기능을 지닌 별표pentagram나 펜탈파pentalpha에 돌린 것은 틀림없는 듯하다(Lucian, *pro lapsu*, 5 참조). 피타고라스

까? 파르메니데스가 탄생시킨 신적인 형상은 어째서 어떤 특수한 형상이어야 할까? 있음과 사유는 왜 구체의 모양을 지녀야 하고, 예를 들어 입방체의 모양을 가져서는 안 되는가?

이 물음들에 대한 대답을 멀리서 찾아서는 안 된다. 하나인 있음인 바의 하나인 사유는 바로 파르메니데스가 하나인 사유와 있음을 변화하는 현상의 세계로부터 단절시키고자 하거나 그렇게 할 수 있었던 한에서 그에 의해 그 변화하는 현상의 세계로부터 단절되었다. 우리가 실제로 경험하는 우주만물은 항상적으로 변화하고 있다. 그리고 파르메니데스는 우리가 경험하는 우주만물을 최고의 불변적인 신적인 힘에 묶어주는 모든 속박을 하나를 제외하고는 다 잘라내 버렸다. 남아 있는 하나의 속박은 인과성의 속박이며, 파르메니데스는 자기의 최고의 신과 변화하는 우주만물 간의 인과적 속박을 유지시키지 않을 수 없다고 느꼈다. 만약 그 속박을 유지시키는 데 실패했다면, 그는 자기의 최고의 신의 완전함을 파괴했을 것이다. 그리스 사유의 가장 초기부터 신은 힘이었으며, 모든 신의 힘은 우리가 그에 관해 무언가를 아는 유일한 우주에서 현현되는 동시에 검증되었다. 시인들과 철학자들의 최고의 신은 언제나 최고의 원인이었으며, 우리는 최고의 신이 그것이 원인을 이루는 것으로부터 단계적으로 그리고 그것의 좀 더 커다란 완전성의 이름으로 분리되어온 과정, 즉 그것이 원인을 이루는 것이 변화하는 비실재로 되는 경향이 있었던 것과 마찬가지로 점점 더 불변적인 실재로 되는 경향이 있었던 과정을 추적해왔다. 그러나 명백히 "빛의 영역"을 향해 올라가는 이 "진보"에는 정지라고

● ● ●

가 우주의 형상이 구체라고 가르친 것은 확실하다.

외쳐야만 하는 한 지점이 있었다. 만약 최고의 신의 "힘"이 절대적으로 그 어느 것에도 행사될 수 없다면, 그 최고의 신은 무엇이 될 것인가? 절대적으로 어떠한 결과도 지니지 않은 최고의 원인이 무슨 소용이 있을 것인가? 파르메니데스가 현상들에 대해 "있지 않음"이라고 말하는 것은 전적으로 적절했다. 그러나 만약 그것들이 실제로 절대적인 있지 않음이라고 한다면 그것들은 전적으로 사라질 것이며, 최고의 하나인 있음은 현상들이 사라짐과 더불어 어떠한 결과도 지니지 못하는 원인들을 위해 유보된 망각의 영역으로 사라질 것이다. 그러므로 파르메니데스는 있음이 결국 어떤 것의 원인이라고 논증하지 않을 수 없었으며, 변화하는 세계의 일정한 측면, 요컨대 있음이 원인을 이루는 결과로서 표현될 수 있는 동시에 ─ 모든 결과는 분리될 수 없게 그 원인과 관계되고 어떤 의미에서는 그 원인과 닮아야만 하는 까닭에 ─ 또한 있음의 완전성을 훼손하는 것으로 보임이 없이 있음의 속성으로서도 표현될 수 있는 현상들의 일정한 속성을 찾아 발견해내지 않으면 안 되었다. 그리고 파르메니데스는 변화하는 우주 만물의 모습이 정확히 그가 찾고 있는 속성이며, 있지 않음의 세계에서 불변적인 있음의 유물이자 결과이고, 있음이 격하됨이 없이 있지 않음과 공유할 수 있는 유일한 속성이라고 믿었다. 그러므로 파르메니데스는 있음이 형상이며, 있음의 형상이 "둥근 구체와 같다"고 말했다. 따라서 순수한 있음의 이러한 구체의 경계를 규정하는 한계는 있지 않음의 구체의 경계를 이루는 한계의 신적인 원인과 일치함과 동시에 바로 그 신적인 원인인바, 파르메니데스의 최고의 신은 여전히 현상들의 세계와 인과적으로 연결되어 있는 동시에 총체적이고 인과적인 형상으로서 여전히 그 세계 속에 현존하고 있다.

이후 신적인 인과적 형상의 개념은 그리스 철학과 신학을 지배하며, 현상들의 세계에 호기심을 지닌 모든 그리스 사상가들은 그 속에서 사유와 있음이기도 한 신적인 형상의 결과들을, 즉 현상들의 세계 내에 존재하는 형상들의 산물에서 현현하는 결과들을 추적하고자 하게 될 것이다. 그리고 이러한 현상들의 세계에서, 나아가 그 속에서 발견될 수 있는 형상들 사이에서 지금 막 확립된 가치들의 동일한 척도가 지속되게 될 것이다. 요컨대 가장 적게 변화하는 형상들은 최고의 신과 가장 가까울 것이며, 가장 많이 변화하는 것들은 가장 불완전할 것이라는 것이다. 현상들을 다루는 어떠한 학문도 실재적인 학문일 수 없는데, 왜냐하면 실재적인 학문은 파르메니데스와 그의 제자들이 믿고 있듯이 오로지 사유와 있음 및 형상의 불변적인 완전성만을 다루며, 그것이 바로 진리의 길이기 때문이다. 그럼에도 불구하고 현상들과 "있지 않음"은 파르메니데스에게 있어서도 존재하기를 단적으로 그치는 것은 아니며, 따라서 파르메니데스는 그에 대해 이야기를 건넨 여신을 통해 "죽을 수밖에 없는 자들의 의견들"을 그의 "진리에 관한 확신할 만한 논변과 사유"에 덧붙이지 않을 수 없었다. 물론 죽을 수밖에 없는 자들의 의견들은 현상들을 다루는 사이비 학문이다. 그리고 파르메니데스 시문의 이 부분에 정확히 대응하는 것이 플라톤의 "신화들"에서, 또는 플라톤 스스로 말하듯이 『티마이오스』(29 C)에서 발견된다. "생성에 대한 존재의 관계는 바로 믿음에 대한 진리의 관계이니까요." 아리스토텔레스도 똑같이 구별하고 있다. "형상적인 제1원인에 관해서는 그것이 하나인지 여럿인지를 규정하는 것이 제1철학의 과제이다. …… 그러나 자연에서 발생하고 소멸될 수 있는 형상들에 관해서 우리는 자연학에 관한 논고에서 논의할 것이다."(*Phys.*, 192) 그리고 파르메니데스는 그가 죽을 수밖에 없는 자들의 의견들이라는 범주 아래서 개진하는 견해들을 플라톤과 아리스토텔레스가 그들 자신의 자연학 체계에서 믿고 있는 것과 똑같은 정도로 믿고 있다. 그의 개인적인 긍지는 죽을 수밖에 없는 자들의 믿음들에 대한 그의 개인적인 버전에 포함되어 있었다. 그리고 우리 모두는 자신들이 거의 알지 못하는 주제들에 대해 스스로 진리라고 믿고 있는 것을 옹호하는 데서 보이는 것과 똑같은 열의를 가지고서 자신들의 의견들을 옹호하는 현인들을 알고 있다.

진리의 길과 믿음의 길의 최초의 가장 눈에 띄는 차이는 믿음의 길이 두 가지 형태를 포함한다는 사실에 기인하는데, "두 형태 가운데 하나는 이름 붙여져서는 안 된다." 이 구절은 파르메니데스가 비록 단절의 경계에 이르기까지 약화되어 정리되었다 하더라도 그 자신의 논증의 힘이 그로 하여금 형상(**모르페**μορφή)의 인과적 속박을 유지하지 않을 수 없도록 할 때 느낀 저항감을 경탄할 만하게 표현하고 있다. 여기 현상들의 세계에는 결과가 그 원인에 상응하듯이 하나인 신적인 형상에 상응할 또 하나의 형상이 존재해야만 한다. 이 두 번째 형상의 경계들 내지 한계들에서 그것과 신적인 인과적 형상의 일치는 완전할 것이며, 따라서 있지 않음의 형상은 구체일 것이다. 그에 따라 파르메니데스는 전체가 "동시에 빛과 보이지 않는 밤으로 가득 차 있다"[4]고 말한다. 그러나 두 형상이 그들의 한계들에서 일치한다 하더라도 다른 모든 측면에서 그들은 대립자들인데, 왜냐하면 있지 않

• • •

4) 그리하여 파르메니데스는 **크라시스 디홀루**κρᾶσις δι' ὅλου(전체적인 상호침투)라는 스토아학파의 교설을 선취했는데, 이는 제논에 의해 물질에서 신의 편재를 표현하기 위해 사용되었다.

음은 있음의 대립자이기 때문이다. 파르메니데스는 있음과 있지 않음의 대립적 속성들을 그것들이 현상들의 세계에서 나타나는 대로, 그것도 상당히 상세하게 밝혀내는데, 그것은 우리의 주제와는 관계가 없다. 하지만 지적해 두어야 할 것은 파르메니데스가 있음의 형상에 대해 그것이 진리의 길에만 머물러 있을 때는 가지지 않는 많은 성질들을 지니는 것으로 생각하지 않을 수 없는 입장에 섰다는 점이다. 말하자면 그것은 어둠이나 지성의 결여 그리고 견고함과 무거움과 같은 부정적 속성들로 가득 차 있는 나쁜 어울림을 유지하고 있으며, 그리하여 홀로일 때는 순수한 있음과 사유, 형상이었던 최고의 신이 갑자기 아이테르와 불꽃, 불과 빛과 같은 부가적인 속성들을 획득하고 "부드럽고" "무게를 지니지 않는다"고 이야기되는 것이다. 이러한 부가적 속성들은 최고의 신이 생성의 세계에 들어가기 위해 지불하는 입장료이다. 입장료를 지불하지 않을 수 없게 된 것이 정당한 것은 다만 그것이 이미 그 세계로부터 자기 자신의 완전한 형상을 빌려왔기 때문일 뿐이다.

현상들의 세계에 입장하기 위해 최고의 신이 뭔가 대가를 치러야 한다 할지라도, 그가 순수한 있음과 사유, 형상의 형이상학적 세계에 계속해서 갇혀져 있는 것은 훨씬 더 값비싸다. 그리스인들의 최고의 신의 전개과정이 시작될 때 생명(프쉬케)의 속성들을 동반했으며, 그 다음으로 최고의 신이 변화하고 성장하며 살아 있는 모든 것과 너무나도 친밀하게 결합되었고 또 그 자신의 생명을 세계에 전달했다는 점을 기억할 때, 우리는 파르메니데스의 형이상학적 하나인 있음이 그 지적인 광채에도 불구하고 초기의 신이 지닌 가장 값진 속성들 가운데 몇 가지를 상실했다는 것을 알아볼 수 있다. 여전히 형상을 변화하는 우주에 관계시키고 그 형이상학적 순수성에 긴 그림자를 드리우는 의심스럽고 모호한 형상 개념을 하나의 예외로 한다면, 형상은 살아 있는 것으로부터 분리되어 놓여 있다. 완전성에 대한 추구에서 그것은 살아 있는 불사성을 불변적인 영원성과 맞바꿨다. 이러한 교환을 가져온 그리스 철학자들은 그 교환이 단적으로 많은 이익을 가져다줄 거라고 생각했다. 그러면 어째서 그럴 수 없었을까? 그들은 인간 이성의 논증을 "그것이 어디로 데려가든지" 따르지 않았던가? 하지만 충분히 명확한 것은 인간 이성이 그들을 노골적으로 막다른 골목으로 이끌었으며, 인간 이성은 살아 있고 변화하는 것을 다룰 수 있기에 충분할 만큼 확대될 수 없다면 오만하고 부적절한 안내자라는 점이다. 이러한 관점에서 보면 그 이후 우리의 시대에 이르기까지의 철학의 역사는 불변적인 것에 대한 무의식적인 숭배와 생명의 사실들에 대한 더 커다란 정도의 주의를 결합하고자 하는 인간 이성의 시도들에 대한 기록이다. 인간 이성이나 지성 또는 우리가 무어라고 부르든 그것은 아마도 이러한 방향에서 부분적이고 제한된 개선을 이룩할 수 있을 것이다. 그러나 이를 위해 요구되는 노력은 엄청난바, 보통의 철학자나 과학자는 다른 분야에서의 보통 사람과 마찬가지로 자신의 사유를 너무도 손쉬운 방식으로 수행하는 경향이 있다.

파르메니데스의 두 제자인 엘레아의 제논과 사모스의 멜리소스는 일반적으로 스승에게 동의하고 있었으며, 엘레아 체계에 대한 그들의 관계는 스토아주의에 대한 크리시포스의 관계와 비교될 수 있을 것이다. 우리의 주제에 대해 그들이 지니는 유일한 중요성은 제논이 그의 유명한 역설들에 의해 바로 여럿의 관념들(다원주의), 공간과 허공 그리고 운동의 단적인 불가능성을 "증명"하고, 멜리소스가 이러한 변증법적 과정을 훨씬 더 멀리까지 수행했다는 사실에 놓여 있다. 멜리소스는 있음을 무한으로까지 확장하지 않는다면 허공의 개념을 제거할 수 없다는 것을 발견했으며, 따라서 그는 이 특수한 점에서 정설로부터 벗어났다. 무한한 있음이라는 이 개념은 아리스토텔레스에 의해 허공의 부정이 아니라 규정의 부정을 가리키는 것으로 받아들여졌다. 그리하여 아리스토텔레스는 "멜리소스는 질료에 있어 하나인 것에 매달리는 것으로 보인다"(*Met.*, 986 b)고 말하며 멜리소스를 "조금은 지나치게 촌스럽다"고 비난했다. 아리스토텔레스가 범한 이러한 잘못을 언급할 만한 가치가 있는 까닭은 다만 그것이 몇몇 학자들에 의해 진지하게 받아들여졌기 때문이다. 사실 멜리소스는(*FV*, 20 B 9) 있음이 물체(**소마** σῶμα)나 두께(**파코스**πάχος)를 지니지 않는다는 정통 교의를 열정적으로 주장했다.5) 제논과 멜리소스의 변증법적 정설은 언제나 그렇듯이 보답을 받았다. 그것은 레우키포스와 데모크리토스라는 엘레아학파의 위대한 이단이 탄생하는 것을 도왔던 것이다.

• • •

5) 멜리소스가 신적인 있음에 돌린 **메게토스**μέχεθος는 공간에서의 물질적인 연장이 아니라, 그가 단편 4(*FV*, 20 B)에서 "시작과 끝을 갖는 어떤 것도 영원하지도 무한하지도 않다"고 논증했듯이 그것이 시간에서 한계들을 지니지 못하게 하는 무한한 "큼"이었다.

제10장 엠페도클레스와 아낙사고라스

아크라가스(아그리젠토)의 엠페도클레스(B.C. 483-423년경)는 최고의 신을 부분들로 나눈 최초의 그리스 신학자 내지 철학자였다. 그의 목적은 본질적으로 헤라클레이토스의 그것과 같았다. 그는 헤라클레이토스가 크세노파네스에게 대답한 것처럼 파르메니데스에게 대답했다. 그들의 감각과 정신이 모두 진리를 파악하기에는 너무도 연약했음에도 불구하고 "이리저리 떠돌면서도" 헛되이 "전체를 발견했다"고 상상하는 선행자들의 잘못에 분개하여 엠페도클레스는 자기가 신이며 "신적인 법칙이 하루살이 같은 목숨을 지닌 것들에 들도록 허락한 것들을" 드러낼 것이라고 선언했다(*FV*, 21 B 2, 4).

"우선 만물의 네 뿌리들(**리조마타**ῥιζώματα)[1]에 대해 들어보게. 빛

● ● ●

1) 그는 이 용어를 피타고라스에게서 빌려왔다.

나는 제우스와 생명을 가져다주는 헤라와 아이도네우스, 그리고 그녀의 눈물로 죽을 수밖에 없는 자들의 샘들을 적시는 네스티스 말일세."(6) "누군가가 끊임없이 어디에 놓더라도 있는 것은 늘 거기에 있을 터이니."(12) "전체에는 빈 것도 없고, 넘치는 것도 없다네."(13) "있는 것은 어느 때는 자라나 여럿에서 하나로 되고, 다른 때는 다시 분리되어 하나에서 여럿으로 된다네. 소멸될 수 있는 것들의 이중적 생겨남과 있는 것들로부터의 이중적 떠나감이 존재하네. 한쪽의 생겨남은 모든 것의 결합에 의해 산출되고 파괴되며, 다른 쪽의 생겨남은 모든 것이 분리되면서 길러지고서는 사라진다네. 자리바꿈의 이 과정은 결코 멈추지 않거늘. 어느 때에는 모든 것이 사랑에 의해 하나로 합쳐지나, 다른 때에는 다시 불화의 미움에 의해 제각각 따로 떨어지네. 하나가 여럿으로부터 생겨나는 법을 배운 한, 그리고 하나가 다시 나누어져 여럿이 나오는 한, 그런 한에서 사물들은 생겨나게 되고 그것들에게는 고정된 생명이 없노라. 그러나 이러한 자리바꿈이 결코 멈추지 않는 한, 그런 한에서는 그것들은 순환 속에서 부동의 것들로 늘 있노라."(17) 여기서 이야기되는 여럿은 그 수가 여섯이다. "불과 물과 흙과 한없이 높은 공기, 파괴적인 불화는 이들과 떨어져 있고 어느 면에서나 이들과 맞먹으며, 사랑은 이들 한가운데에 있고 길이와 폭에서 이들과 동등하다네."(17) 이들 여섯의 신들은 모두 "동등하며 종족에서 서로 같지만, 각기 서로 다른 권한의 주인이고, 각각에게는 자기만의 성향이 있거늘, 시간이 순환함에 따라 번갈아 힘을 떨치네."(17) 이들 여섯 신들은 모든 존재를 만들어내지만, "서로를 헤집고 달려가서 서로 다른 것들로 된다네."(17) "죽을 수밖에 없는 모든 것들 가운데 어느 것에도 실재적인 탄생(또는 성장)은 없으며, 파멸적인 죽음의 실재적인 성취도 없고, 오로지 혼합과 분리만이 있다네."(8) 여섯 신들이 사랑의 지배 아래 있을 때, 불화는 "원의 가장자리"로 나가며, "흠잡을 데 없는 온화한 사랑의 불사적인 세찬 흐름이 회전의 중심으로 나아가", 스파이로스Sphairos(구체)라 불리는 하나의 최고의 신을 형성하는데, 그것은 "하르모니아의 두터운 비호 아래 움직이지 않게 되고 순환적인 휴식을 즐기네."(35, 27)

스파이로스의 형성 이전에 사랑이 증대하는 시기에는 "목이 없는 머리들이 나타나며, 어깨 없는 맨 팔들이 헤맨다네."(57) 그리고 "하나의 신적인 힘[다이몬]이 다른 신적인 힘과 더 많이 섞이게 되었을 때, 이들 각각은 서로 우연히 만나는 대로 함께 엉겨 붙곤 한다네."(59) 불화의 증대하는 힘 아래에서 스파이로스가 해소되기 시작할 때, 우리 자신의 세계가 형성된다. 처음에 사랑이 여전히 강한 동안에는 황금시대가 있었으며, 그 시대의 사람들에게는 "신으로서 아레스도 퀴도이모스도, 왕 제우스도 크로노스도 포세이돈도 없었지만, 퀴프리스[사랑][2]가 그들의 여왕이었고", 그들은 어떤 살아 있는 것도 희생 제물로 바치지 않았다. 그러나 이제 사람들은 결코 살육을 멈추지 않으며, 그들이 동물들을 먹기 때문에 "아버지는" 동물의 모습으로 "그 모습을 바꾼 자신의 아들을 도살하네."(136, 137) 한 신이 피로 자신의 손을 더럽히거나 불화를 따름으로써 죄를 범할 때, "그는 복된 자들로부터 쫓겨나 3만 계절(1만 년) 동안 헤매야 하네. 죽을 수밖에 없는 것들의 온갖 종류의 모습들로 태어나 생의 힘거운 길들을 다른 것들로 바꾸어가면서. 왜냐하면 기운 센 아이테르가 그를 바다에까지

• • •

2) 아프로디테.

내몰고, 바다는 그를 대지 표면으로 뱉어내며, 또 대지는 빛나는 태양 빛 속으로 그를 던지고, 태양은 아이테르의 소용돌이 속으로 그를 내던지기 때문이네." 엠페도클레스 그 자신이 그렇듯 신들로부터 추방된 자이다(115).

모든 살아 있는 것들은 기공을 통해 숨을 들이쉬고 내뱉는다. "심장 주위의 피는 사람들의 생각이네."(105) 그리고 "우리는 흙으로써 흙을 보며, 물로써 물을, 아이테르로써 신적인 아이테르를, 불로써 파괴적인 불을, 또한 사랑으로써 사랑(**스토르게**στοργή)을, 참담한 불화로써 불화를 보네."(109) 왜냐하면 "모든 것은 이들로부터 짜 맞추어져 결합되며, 이들에 의해서 생각하고 즐거워하며 괴로워하기 때문이네."(107) 예를 들어 눈은 아프로디테에 의해 "얇은 피막과 미세한 천 내부에 싸인 그때의 불"(84)로부터 만들어지며, 흙의 작은 부분만을 지닌다. 피와 "다른 살의 형태들"은 "흙이 퀴프리스의 잘 갖춰진 항구들에 닻을 내려"[3] 헤파이스토스(불), 물 그리고 아이테르와 거의 같은 비율로 섞인 후에 흙으로부터 만들어진다(98). 끊임없는 변화의 과정은 유출물들(**아포르로아이**ἀπορροαί)에 의해 수행된다. 모든 것의 자그마한 부분들이 영원히 그것들을 떠나고 있다(89).

최고의 신은 의인적이지 않으며, "전 우주를 재빠른 마음으로 돌진하는 신성하고 이름 붙일 수 없는 정신(**프렌**φρήν)으로서만 있어 왔네."(134) 그리고 "만물의 법칙은 널리 통치하는 아이테르와 무한한 빛을 통해 두루 펼쳐 있노라."(135) 스파이로스 또는 최고의 신은 사랑의 영향 아래 완전히 통합되어 있을 때 가장 온전하며, 사랑의 힘이

● ● ●

3) 이 은유는 피타고라스적이다. 우주의 선체와 용골을 참조.

증대하고 있는 우주적 시기 동안 자연에는 상당한 양의 자유로운 유희(**튀케**τύχη)가 존재한다. "많은 것들이 양편에 얼굴들과 양편에 가슴들을 갖고 태어났으며" "황소 머리를 가진" 사람들과 자웅동체들이 태어났다(61). 그러한 조합들은 그 부분들이 서로 도움을 줄 수 있는 한에서 존속했다(Simplicius, *Phys.*, 371, 4). 사랑은 한결같게 완전성을 향해 나아가는 신적인 힘으로서 표현된다. 그와 반대로 불화는 불완전성을 향해 나아가며, 결국 완전한 하나를 다섯의 신들인 불, 공기, 물, 흙, 사랑이 서로 완전히 분리되어 있는 여럿으로 해체한다. 불화의 힘이 증대하고 있는 우주적 시기 동안 자연에는 상당히 많은 필연이 존재한다. 각각의 모든 프쉬케 또는 영혼은 종속적인 신적인 힘이다. 그리고 그들이 불화에 신뢰를 보내게 되면 그들은 필연의 신적인 명령에 의해 축복 받은 영속적인 신들과의 사귐으로부터 분리되며, 해체와 가사성의 이 세계에서 탄생의 순환에 내몰리게 됨으로써 벌 받는다. 지혜롭고 악을 멀리하는 프쉬케들은 보상을 받는다. "마침내 그들은 예언자들이 되고 찬가를 만드는 자들이 되고 의사들이 되며, 지상의 인간들 중에서 우두머리가 되며, 거기서부터 최고의 명예를 지닌 신들로 태어나노라. 그들은 다른 불사적인 신들과 화덕을 같이 쓰고, 밥상을 같이 하며 인간이 겪는 고통의 몫을 받지 않는다네."(146, 147) 이 세계에서도 지혜로운 영혼은 엄청난 특권을 지닌다. "만약 자네가 이것들을 자네의 견고한 가슴 가운데에 새겨 넣고 선의를 갖고서 순수하게 마음을 다하여 살핀다면, 정녕 이 모든 것은 한평생 그대 곁에 있게 될 터이고, 이것들에서 다른 많은 것들도 얻게 될 터이네. …… 허나 만일 그대가 다른 것들, 이를테면 사람들 가운데 있는, 생각을 무디게 하는 숱한 하찮은 것들을 열망한다면, 정녕 이

[좋은] 것들은 그들 자신의 친한 종족에게 가기를 바라게 되면서, 시간이 흐름에 따라 곧장 그대를 떠나버릴 것이네. 실로 모든 것은 사려를 지니고 사유의 몫을 가진다는 것을 알아두게. 그리고 자네는 질병과 노령을 막을 수 있는 모든 치유책을 알게 될 것이네. 자네만을 위해서 나는 이 모든 일을 이루어낼 터이니, 자네는 대지에 휘몰아치며 돌풍으로 들판을 휩쓸어버리는 모진 바람의 기운을 잠재울 것이네. 게다가 이번에는, 자네가 원한다면 그 보상으로 미풍을 불러올 수도 있을 것이네. 어둑한 장대비를 변화시켜 인간을 위해 적절한 때에 가뭄이 들게 하고, 게다가 가뭄을 변화시켜, 하늘에서 떨어져 내리는, 수목을 기르는 물줄기를 만들 수도 있을 것이네. 그리고 자네는 하데스로부터 죽은 자의 기운을 불러낼 수 있을 것이네."(110, 111)

엠페도클레스의 신학은 그의 철학과 뗄 수 없이 결합되어 있으며, 사실상 그것과 구별 불가능하다. 그의 신학은 철저히 헤라클레이토스를 고무시켰던 것과 동일한 목적에 의해 고무되고 있다. 그는 하나인 신을 변화의 세계 속으로 다시 던져 넣기로 결심했는데, 왜냐하면 그는 그림자 같은 파르메니데스의 형상의 속박에 만족하지 못했고, 신적인 힘이 이 세계 속에 참으로 현존한다고 믿기 때문이다. 다시 말하면 그는 생명(프쉬케)과 변화, 선과 악이 한갓된 현상들이 아니라 어떤 의미에서는 실재들이라고 믿으며, 수학적인 솜씨에서는 아니라 하더라도 내심으로는 피타고라스주의자인 것이다. 하지만 그는 최고의 신이 완전하기 위해서는 불변적이어야만 한다고 주장하는 엘레아적인 교설에 부딪쳐 부분적으로는 그것을 믿고 있다. 난점은 명백한바, 그는 그 난점을 순환하는 불, 오름길과 내림길, 불의 저차적인 형식들에 관한 헤라클레이토스의 교설들과 지적으로 등가적인 일련의 교설들에 의해 스스로 만족할 만큼 극복했다.

하나인 최고의 신인 스파이로스는 사랑이라는 신적인 힘의 작용 아래 고정된 주기들에서 자기 자신과의 동일성으로 되돌아온다. 하나인 신의 실체 속에서 발생하는 모든 조합들과 분리들은 비록 그것들이 어느 정도 실재적이라 하더라도 절대적으로 실재적이지는 않으며, 사랑의 승리에 의해 완전성 속으로 무효화된다. 이것은 엠페도클레스가 파르메니데스의 완전한 있음에 바치는 공물이다. 그러나 변화의 과정은 또한 실재이기도 하다. 그러므로 스파이로스는 점진적으로 여럿의 신들로 변화되며, 이러한 변화 과정 동안 사랑과 불화, 제우스, 헤라, 아이도네우스와 네스티스는 모든 변화에 대해 책임을 지는 신적인 힘을 지니는 여섯의 서로 다른 신적인 실재들로서 현현된다. 이것은 엠페도클레스가 사실들에 바치는 공물이다. 불화의 인과적 힘은 헤라클레이토스의 내림길과 등가적인바, 우리는 내림길이 또한 전쟁(폴레모스)이라는 이름을 지닌다는 것을 기억한다. 사랑의 인과적 힘은 오름길과 등가적인데, 그것은 또한 평화라는 이름을 지닌다. 헤라클레이토스는 분명히 불에 대해 내림길을 자발적으로 떠맡은 여행자로서 생각했다. 엠페도클레스는 그 은유를 변화시켜 자신의 최고의 신을 "시간이 다 되어" 현현되고 성스러운 맹세에 의해 인가되는 불화의 주장들에 굴복하는 것으로서 표현한다(30). 불은 그 여정에서 그 자신의 저차적인 형식들을 거쳐 간다. 그러나 엠페도클레스는 흙과 물 그리고 공기에 대해 불에 대해서와 마찬가지로 분리된 실재적 존재를 부여했다. 불은 재배열이 변화하는 경우를 제외하면 "여행"하거나 변화하기를 그친다. 그러므로 엠페도클레스의 체계에서는 불의 저차적인 형식들은 존재하지 않는다. 흙과 물 그리고 공기는 불과 동격의 신적인 힘들로 된다. 이러한 네 가지 "원소적인" 신들은 철두철미 살아 있는바(110), 그들은 스파이로스 내의 신적인 힘의 총계와 완전히 등가적인, 우주만물에서 발생하는 모든 변화들에 대해 책임이 있다 ― 하나의 매우 중요한 것은 예외이다 ―. 그들은 그들이 항상적으로 재배열되지 않는다면 변화에 대해 책임을 짊어질 수 없다. 스파이로스의 신적인 힘의 나머지는 두 신, 즉 재배열을 불러일으키는 사랑과 불화로서 표현된다. 이 두 신의 힘은 점진적으로 교체되는 가운데 행사되어야만 한다. 하나의 힘은 다른 하나의 힘이 감소되는 것과 정확히 비례하여 증대하며, 하나의 일시적인 승리는 다른 하나의 일시적인 패배를 의미한다. 그러나 사랑은 선하고 스파이로스 내의 신적인 통일성을 가져오는 반면, 불화는 악하고 여럿 안의 신적인 다양성을 가져온다. 그러므로 선과 악은 실재들이며, 생명은 불사적인 신들의 결국 덧없는 산물인 죽을 수밖에 없는 자들에 대해서도 의미를 지닌다(36). 프쉬케의 정화 및 프쉬케와 사랑의 조화를 보증하는 지혜는 명백한 기적들을 성취할 수 있다. 그것은 프쉬케, 즉 사람의 생명과 영혼을 축복받은 신들과 재통합시킬 수도 있는 것이다. 비록 축복받은 신들이 여섯의 최상의 신들을 예외로 하면 엄밀하게 불사적이지는 않다 하더라도 그들은 "영속적"이며, 그들이 분리된 생명을 포기하는 것은 다만 스파이로스의 완전한 불사성과 융합되기 위해서일 뿐이다.

그리스 철학이 일차적으로 과학적이라고 생각하는 사람들은 엠페도클레스가 과학에 대해 기여한 공헌들에 관해 많은 것을 이야기해왔다. 엠페도클레스가 필리스티온의 의학학파에게 커다란 영향을 미쳤고, 유기체적 적응과 진화에 관한 모호하지만 흥미로운 개념들을 가지고 있었으며, 지각 이론을 창안했고, 클렙쉬드라(물시계)를 가지고 행한 실험으로 아이테르(공기)의 실재를 증명한 것은 전적으로 참이다. 과학사가의 관점에서 보면 이러한 관념들은 의심할 바 없이 과학에 대한 공헌들이다. 그러나 만약 엠페도클레스를 올바르게 판단해야 한다면 우리는 그 자신의 관점을 염두에 두지 않을 수 없는데, 그 관점에서 보면 자연의 사건들에 관한 "과학적" 이론들은 일차적으로 신학, 즉 스파이로스 및 그것과 등가물인 여섯의 위대한 신들에 관한 지식에 대해 기여한 공헌들인 것이다. 엠페도클레스는 물시계 실험으로 "공기가 사물이다"라는 것을 증명하고자 의도하지 않았다. 그가 의도한 것은 신적인 아이테르가 실재이며, 피타고라스의 허공 개념이 거짓임을 입증하는 것이었다. 비슷한 방식으로 그의 지각 이론은 어떻게 내부의 신(불, 공기, 흙, 물)이 지각자 외부의 동일한 신과 만나 알 수 있는지를 보이기 위해 고안되었다. 유출물들에 관한 그의 이론은 사랑과 불화가 서로 다른 네 신들의 작은 부분들을 항상적으로 조합하고 분리시키고 있다는 신학적 교설과 완전히 일치했다.

엠페도클레스 신학의 주된 면모들로 눈길을 돌려 그의 체계를 선행자들의 체계들과 비교할 때 우리는 최소한 두 가지의 놀라운 혁신적인 생각을 식별할 수 있다. 그리스 사유의 역사에서 처음으로 궁극적인 신적인 실재의 두 가지 서로 구별되는 종류가 확립되었다.[4] 사랑과 불화는 다른 네 가지 위대한 신들과 마찬가지로 실재적이지만, 그들은 특수화된 인과적 기능을 부여받으며, 특히 다른 네 신의 주기적인 조합과 분리에 대해 책임을 짊어진다. 사랑과 불화는 물질적이라고

• • •

4) 피타고라스와 파르메니데스의 부분적으로 일원론적인 체계들은 궁극적인 신적인 실재의 단 하나의 종류, 즉 하나인 불과 하나인 있음만을 포함한다.

말해져 왔으며, 그들이 번갈아 확장되고 수축된다는 것은 전적으로 참이다. 그러나 그들의 확장은 물체의 확장이 아니라, 그 활동의 장과 동연적인 것으로서 표현되는 원인의 그것이다. 나아가 두 원인들과 그들의 활동의 장인 네 신들과의 대비는 우리가 기대하는 그러한 대비가 아니다. 우리는 습관적으로 운동의 원인을 능동적인 것으로서, 운동하게 되는 것을 수동적인 것으로서 생각한다. 그러나 엠페도클레스는 이 두 종류의 신적인 실재들 사이의 새롭고 낯선 관계인 것으로 보이는 것을 창안했다. 사랑과 불화는 능동적이지만 그렇다고 해서 그들이 작용하는 다른 네 신이 수동적인 것은 아니다. 그들은 어떤 일상적인 의미에서 타성적이거나 물질적인 원소들이 아니라 살아 있고 인과적인 신적인 "실체들"이다. 사랑의 인과적인 힘은 종종 말해지듯이 "기계적"인 것이 아니라 하나의 살아 있는 존재가 다른 살아 있는 존재에 행사하는 "영향"과 닮아 있다. 사랑은 상호적이고 능동적인 욕구의 원인이며, 제우스, 헤라, 네스티스 그리고 아이도네우스 안에 그들이 스파이로스에서 획득하는 완전한 통일에 대한 갈망을 창조한다. 그렇다면 엠페도클레스가 "죽을 수밖에 없는 모든 것들 가운데 어느 것에도 탄생이나 죽음이 아니라 혼합과 분리만이 있다"고 말할 때, 혼합과 같은 용어를 사용함으로써 의미하는 것은 무엇인가? 만약 우리가 엠페도클레스가 "죽을 수밖에 없는 것들"에 대해 말하고 있다는 것을 기억한다면, 그가 의미하는 것은 아주 명확해진다. 우리가 죽을 수밖에 없는 존재들의 탄생과 죽음이라 부르는 것은 실제로는 불사적인 존재들의 혼합과 분리인바, 그것들은 정확성이 전혀 상실되지 않은 채 결혼과 이혼이라는 비기계적인 용어들로 지칭될 수 있다.

불화의 인과적 힘은 우리에게 새로운 문제를, 그리고 엠페도클레스가 그에 대해 책임 있는 두 번째의 놀라운 혁신적 생각을 제공한다. 처음으로 완전히 성숙하고 뚜렷한 악마가 그리스 사유의 무대에 등장한다. 자기 자신이 타락한 신이라고 믿은 엠페도클레스가 그 자신의 타락을 불러일으킨 신적인 실재를 도입할 특권을 지녔어야 했던 것은 아주 어울리는 일이다. 그에 대한 탐구가 매혹적이긴 하지만, 물론 지금은 악마의 역사에 들어갈 때가 아니다. 호메로스의 시대부터 최고의 신과 악을 결합하는 데 대한 시인들과 철학자들의 저항의 목소리는 크고 지속적이었다. 디오니소스와 오르페우스 전설에서 티탄들은 악의 신적인 힘들이었지만, 그들의 힘은 그들의 재로부터 태어난 인류의 약화된 형식을 제외하면 제우스에 의한 파괴에서 거의 살아남지 못했다. 그리스 철학자들은 지금까지 악의 원리를 명확히 다루는 데서 실패했다. 그들은 자신들의 과제를 최고의 신을 악의 그림자로부터 자유롭도록 정의하는 데에 한정했다. 그러나 최고의 신은 최고의 실재였으며, 변화는 적극적인 악은 아니라 하더라도 최소한 불완전성으로서 간주되었다. 따라서 "다름", 즉 변화하는 것의 다양성은 일종의 소극적이고 비실재적인 악과 등가적인 것이 되었다. 다양성이 악의 참된 원리가 아닌 것은 다만 다양성이 어떠한 실재적인 존재도 지니지 않았기 때문이다. 이것이 바로 엠페도클레스가 다양성이 더 이상 기만적인 현상이 아니라 사실로서 존재하는 세계 속에 최고의 신을 복권시키는 과제에 착수했을 때의 상황이었다. 그리고 불화가 사랑과 다른 네 가지 위대한 신들의 완전한 분리를 초래하고 스파이로스의 완전성으로부터 가장 멀리 떨어져 있는 존재 양식의 원천인 까닭에, 불화는 정당하게 악마와 동일시될 수 있는 인과적 힘이다.

모든 변화가 악한 것은 아니다. 불화에 의해 초래되거나 고무되는 변화들만이 악한 것이다. 네 신들은 각각 그 자신의 존재의 흩어진 부분들을 재결합시키고자 하는 본성적 경향을 지니며, 그러한 본성적 경향은 불화에 의해 강화된다. 불화는 내림길에서 우주만물을 이끌며, 고난과 죽음의 만 년에 걸친 탄생의 순환에 따라 모든 살아 있는 존재들의 프쉬케들을 이끈다. 신인 엠페도클레스에게 계시되었던 대로 오로지 철학만이 인간의 고난을 완화하고 영혼을 축복받은 신들과 다시 결합시킬 수 있는바, 영혼은 그 축복받은 신들과 더불어 궁극적으로 스파이로스의 완전한 생명에로 흡수될 것이다.

이와 같은 것이 엠페도클레스의 철학이었다. "그것은 실제로 체계적이기에는 지나치게 열정적이었다"고 말해져왔다. 하지만 그와 반대로 엠페도클레스로 하여금 자기의 본래적인 직관을 체계로 확장하도록 한 것은 그의 열정, 즉 인간의 구원을 허락할 최고의 신에 관한 종교적이고 철학적인 교설에 대한 열망이었다고 말하는 것이 좀 더 정당할 것이다. 만약 우리가 기꺼이 그의 사유 방향을 따르고자 한다면, 개별적인 교설들은 유기적 전체의 부분들로서 보일 것이다. 그러나 만약 우리가 엠페도클레스의 종교적 정열이 아니라 근대 과학에 이끌린다면, 그의 교설들을 서로 연결시키는 생명의 수액은 흐르기를 그칠 것이며, 살아 있는 신성의 대기로 높이 올라 있는 그의 관념들은 지상으로 떨어질 것이다. 제우스와 네스티스, 헤라와 아이도네우스는 단순한 원소들로 시들어버릴 것이며, 사랑과 불화는 단순한 기계적 운동력들로 변형될 것이다.

소아시아 클라조메나이의 아낙사고라스(B.C. 500~428년경)는 40

살이 되었을 무렵 아테네로 여행을 떠나 거기서 죽기 몇 년 전까지 살았다. 아테네에 머무는 동안 그는 페리클레스의 친구이자 선생이 되었고, 페리클레스의 적들에 의해 제기된 소송에서 불경함의 선고를 받은 결과 결국 클라조메나이로 되돌아왔다. 그는 태양이 빨갛고 뜨거운 돌이며 달은 흙으로 만들어졌다는 가르침으로 고발당했다. 경건하고 대중적인 견해는 모든 천체가 신들이라는 것이었으며, 이러한 대중적 견해를 거의 모든 철학자들이 지지했다.

주요 단편들은 다음과 같다.[5]

(1) 모든 사물은 함께 있었고, 수[또는 양]에서도 작음에서도 무한했다. [이는] 작다는 것 역시 한정이 없었기 때문이다. 또한 모든 것이 함께 있으므로 그것들 중 어떤 것도 작음으로 인해 분명하게 식별되지 않았다. 왜냐하면 공기와 아이테르 둘 다 무한하게 있어서 그것들이 모든 것을 장악하고 있었기 때문이다. 공기와 아이테르가 모든 것을 장악하고 있었던 까닭은 모든 것들 속에 양에서나 크기로나 최대한으로 들어 있기 때문이다.

(2) 왜냐하면 공기와 아이테르는 우주를 둘러싸고 있는 것의 가장 커다란 부분으로부터 스스로를 분리하기[또는 분리되어 있기] 때문이다. 둘러싸고 있는 것은 양에서 무한하다.

(3) 왜냐하면 작은 것의 가장 작은 것도 없으며, 오히려 언제나 더 작은 것이 있기 때문이다. 왜냐하면 있음이 있지 않음일 수 없으니까. 그리고 큰 것의 더 큰 것도 언제나 있다. 그리고 큰 것의 양은 작은 것의 양과 같다. 각각의 것은 그 자체로 크기도 하고 작기도

• • •

5) 번호와 배열은 딜스에 의한 것이다.

하다.6)

(4) 사정이 이러하므로 우리는 다음과 같이 생각해야 한다. 결합되어 있는 모든 것 속에는 온갖 종류의 많은 것이 들어 있는데, 그것들은 만물의 씨앗들로서 온갖 종류의 형태뿐 아니라, 색깔도 맛도 가지고 있다. 사람들도 프쉬케(생명, 영혼)를 가진 다른 모든 동물도 합성되었다. 그리고 그 사람들에게는 우리와 마찬가지로 주거 도시들도 있고 경작 농장들도 있으며, 우리와 마찬가지로 해도 달도 그 밖의 것들도 그들에게 있으며, 땅은 그들에게 온갖 종류의 많은 것을 길러내며, 그 중 가장 이로운 것들을 저들은 집에 모아 놓고 사용한다. 내가 분리와 관련하여 말한 모든 것은 우리에게서만 아니라 다른 곳에서도 [모든 것의] 분리가 있었다는 것을 보이기 위해서이다. 그러나 이것들이 분리되기 전 모든 것이 함께 있는 동안 어떤 색깔도 전혀 분명히 식별되지 않았다. 왜냐하면 모든 사물의 함께 섞임이, 즉 축축한 것과 건조한 것의, 뜨거운 것과 차가운 것의, 밝은 것과 어두운 것의 섞임이 방해했기 때문인데, 이는 흙이 많이 들어 있기도 하거니와 양적으로 무한정한 씨앗들이 전혀 서로 닮지 않은 탓이다. 사정이 이렇기 때문에 전체 속에는 모든 사물들이 들어 있다고 생각해야 한다.

(5) 이것들이 그렇게 분리된 후, 모든 것들은 더 적지도 더 많지도 않다는 것을 알아야 한다. 왜냐하면 모든 것들보다 더 많다는 것은 불가능하니까. 오히려 모든 것은 늘 똑같다.

(6) 큰 것과 작은 것에 속하는 몫(부분)들의 수효가 같기 때문에,

● ● ●

6) 이러한 표현은 엘레아적인 논의들로부터 유래한다. 여기서 아낙사고라스는 있음의 연속성을 주장하고 있는데, 거기서 각각의 것(현상)은 절대적이 아니라 상대적인 크기를 지닌다.

그래서 각각의 모든 것 속에 모든 것이 있을 수가 있다. 모든 것들은 따로 떨어져 있을 수 없고, 오히려 모든 것들은 각각의 모든 것의 부분을 공유한다. [절대적으로] 가장 작은 것이 있을 수 없으므로 그것은 분리될 수 없으며, 또한 스스로 생겨날 수도 없을 것이고, 오히려 처음과 마찬가지로 지금도 모든 것은 함께 있다. 또 모든 것 속에는 많은 것이 들어 있으며, 분리되어 나오는 것들의 더 큰 것들과 더 작은 것들 속에는 같은 수효의 것들이 들어 있다.

(7) 그래서 떨어져 나오는 것들의 수효는 추론에 의해서나 어떤 것을 행함에 의해서 알 수 없다.

(8) 하나의 세계 속에 있는 것들은 서로 떨어져 있지 않고, 도끼로 쪼개져 있지도 않다. 뜨거운 것이 찬 것으로부터도 그렇고, 찬 것이 뜨거운 것으로부터도 그렇다.

(9) …… 그런 식으로 이것들은 회전하며 힘과 빠름에 의해 떨어져 나온다. 그리고 빠름은 힘을 만들어낸다. 또 빠름으로 말하자면 그것들의 빠름은 사람들 사이에 현재 있는 어떤 사물의 빠름과도 닮지 않았고, 단연코 여러 곱절 빠르다.

(10) 도대체 어떻게 해서 머리털이 아닌 것에서 머리털이 생기고 살이 아닌 것에서 살이 생길 수 있는가?

(11) 모든 것에는 모든 것의 몫이 들어 있으나 누스(정신)는 예외이다(**플렌 누**πλὴν νοῦ). 그런데 정신이 들어 있는 것들도 있다.

(12) 다른 것들은 모든 것의 몫을 공유한다. 그러나 누스는 한정되어 있지 않고 스스로 다스리며 어떤 사물과도 섞여 있지 않고, 저만 홀로 있다. 왜냐하면 만약 그것이 홀로 있지 않고 다른 어떤 것과 섞여 있다면, 그것은, 만약 그것이 어떤 것과 섞여 있다면, 모든 사물을

공유하고 있을 것이기 때문이다. 왜냐하면 내가 앞에서 말했듯이 모든 것 속에는 모든 것의 몫이 들어 있으니까. 그리고 누스와 섞인 것들이 누스를 방해해서 누스로 하여금 저만 홀로 있을 때와 같은 방식으로는 어떤 사물도 다스리지 못하도록 할 텐데 사실은 그러지 않다. 왜냐하면 누스는 모든 사물들 가운데서 가장 미세하고 가장 순수하며, 모든 것에 대해서 모든 앎을 가지고 있으며 가장 힘이 세기 때문이다. 그래서 프쉬케(영혼)를 지닌 크고 작은 것들 모두를 누스가 다스린다. 또한 누스는 회전 전체를 다스렸다. 그래서 회전이 처음 시작될 수 있었다. 처음에는 작은 범위에서 회전이 시작되었으나 지금은 보다 큰 범위에 걸쳐 회전하고 있으며 장차 더욱 크게 회전하게 될 것이다. 또한 누스는 함께 섞이는 것들과 떨어져 나오는 것들, 그리고 분리되는 것들을 모두 알고 있었다. 있게끔 되어 있었던 것들도, 있었던 것들도, 지금 있지 않은 것들, 그리고 지금 있는 것들과 있게 될 것들도 모두 다 누스가 질서지었다. 별들과 해와 달과 공기와 아이테르가 떨어져 나오면서 지금 하고 있는 이 회전도 누스가 질서지었다. 바로 이 회전이 그것들을 떨어져 나오게 했다. 그래서 성긴 것에서 촘촘한 것이, 차가운 것에서 뜨거운 것이, 어두운 것에서 밝은 것이, 젖은 것에서 마른 것이 떨어져 나온다. 그러나 많은 부분들이 많은 것들에 배당되어 있다. 누스 외에는 어떤 하나도 다른 하나로부터 결코 완전히 떨어져 나오지도 않고 분리되지도 않는다. 누스는 더 크든 더 작든 모두 똑같다. 그러나 다른 어떤 것도 어떤 것과 같지 않고, 오히려 각각의 하나의 것이 어떤 것 속에 가장 많이 들어 있는 바의 그것으로서 가장 분명하게 드러나며 또 그렇게 드러났다.

(13) 누스가 움직이게 하기 시작한 이후로 움직여지는 모든 것으로

부터 누스가 떨어져 나왔으며, 누스가 움직이게 한 이 모든 것이 분리되었다. 또 그것들이 움직여지고 분리되는 동안 그것들의 회전은 그것들을 훨씬 더 나누어지게 했다.

(14) 누스[와 있는 모든 것들]는 다른 모든 것들이 있는 바로 그곳에,[7] 즉 둘러싸고 있는 커다란 것 속에 그리고 합쳐진 것들 속에 그리고 떨어져 나온 것들 속에 정말로 지금도 있다.

(15) 촘촘한 것과 축축한 것과 차가운 것과 어두운 것은 현재 있는 이곳에 모였고, 성긴 것과 뜨거운 것과 건조한 것은 아이테르 안의 먼 곳까지 물러났다.

(16) 떨어져 나오는 이것들로부터 땅이 굳어진다. 왜냐하면 구름에서는 물이, 물에서는 땅이 분리되고, 땅에서는 돌들이 차가움에 의해 굳어지는데, 돌은 물보다 더 멀리 물러나기 때문이다.

(17) 헬라스 사람들은 생겨나고 소멸하는 것에 대해 옳게 생각하지 못한다. 왜냐하면 어떤 사물도 생겨나지도 않고 소멸하지도 않으며, 오히려 있는 사물들로부터 함께 섞이고 분리되기 때문이다. 그렇다면 생겨나는 것을 함께 섞이는 것이라고, 소멸하는 것을 분리되는 것이라고 불러야 옳을 것이다.

(21) 우리 감각들의 약함 때문에 우리는 참된 것을 분별할 수 없다.

(21a) 현상하는 것들은 보이지 않는 것의 드러남이다.

(21b) 우리는 경험과 기억과 지혜와 기술에 의해 다른 동물들을

• • •

7) 심플리키오스의 사본은 **호 데 누스 호사 에스티 테 카르타 카이 뒨 에스틴 히나 카타 알라 판타**ὁ δὲ νοῦς ὅσα ἐστί τε κάρτα καὶ νῦν ἐστιν, ἵνα κατὰ ἄλλα πάντα... 로 되어 있다. 가장 쉬운 해결책은 아마도 τε가 ὅσα 뒤에 놓여야 한다고 가정하는 것일 터이다. 아낙사고라스는 누스를 가장 섬세하고 가장 멀리 있는 아이테르로 이루어진 둘러싸고 있는 커다란 것 속에 놓는다(다음 단편을 참조).

이용할 수 있다.

심플리키오스는 아낙사고라스가 "아낙시메네스의 철학적 믿음들을 공유"(*Phys.*, 27, 2)한다고 말하고 있는데, 이용 가능한 모든 증거는 이 진술을 확증해준다. 아낙사고라스의 제자인 아르켈라오스는 "무한한 공기가 제1원인인바, 곧 그 수축과 팽창이 그것이다. 팽창하고 수축하는 이것들 가운데 하나가 불이며, 다른 하나가 물이다"(*FV*, 47 A 7)라고 가르쳤다. 아낙사고라스와 아르켈라오스는 모두 "프쉬케(영혼, 생명)가 공기로 이루어진다"(*FV*, 46 A 93)고 가르쳤다. 그리고 아리스토텔레스는 우리에게 아낙사고라스가 "프쉬케가 운동하게 하는 원리이다"(*De Anima*, 404 a 25)라고 말한다고 전해준다. 또한 아리스토텔레스는 다음과 같이 말한다(404 b). "여러 곳에서 아낙사고라스는 누스가 좋은 것과 참된 것의 원인이라고 말하지만, 다른 곳에서는 누스와 프쉬케가 같은 것이라고 말하는데, 왜냐하면 그는 누스가 크고 작은, 귀중하고 덜 가치 있는 모든 살아 있는 존재들 안에 존재한다고 말하기 때문이다." 여기까지는 아낙사고라스의 최고의 신은 무한하고 무규정적이면서도 한정된(**호리스메노스**ὡρισμένος) 공기이자 프쉬케, 즉 신들과 우주 그 자체를 포함하여 크고 작은 모든 살아 있는 존재들 내의 생명의 원인인 아낙시메네스의 최고의 신과 동일하다.

그러므로 아낙사고라스 교설의 출발점과 일반적 본질은 아낙시메네스의 경우와 똑같다. 그러나 아낙사고라스의 책에서 남아 있는 단편들을 자세히 살펴보면, 우리는 첫눈에 보기에 서로에 대해서나 아낙시메네스 철학과 일관되지 못한 것으로 보이는 몇 가지 새로운 구절들과 관념들의 존재에 마주치게 된다. 아낙사고라스가 말하는 "작은 것"과 "큰 것"은 무엇을 의미하는가? "사물들"(크레마타χρήματα)과 "씨앗들"(스페르마타σπέρματα)은 무엇인가? 누스는 어떻게 "어떤 사물과도 섞여 있지 않을" 수 있지만, "어떤 것들 속에 들어 있을" 수 있는가? 누스는 어떻게 "아이테르의 둘러싸고 있는 커다란 것 속에" 있을 수 있는가?

이러한 난점들은 만약 우리가 탈레스를 제외한 모든 철학자에게 적용하는 것과 동일한 해석 방법을 사용하고자 한다면 상당히 감소될 수 있다. 그 방법이 탈레스에게 적용되지 않은 것은 다만 그가 반대해야 할 이를 전혀 가지고 있지 않기 때문이다. 어쨌든 이러한 당혹스러운 긍정적 진술들 가운데 여럿은 실제로는 부정들이며, 그들은 단적으로 부정적 형식으로 다시 놓일 필요가 있다. 일단 이 일이 수행되면, 우리는 부정이 실제적인 의미를 지닐 수 있는 한에서 아낙사고라스가 실제로 의미한 것이 무엇인지를 알 수 있을 것이다.

아낙사고라스는 우리가 탈레스와 아낙시만드로스 그리고 아낙시메네스의 추종자에 대해 기대할 수 있듯이 있음의 본질적인 통일성을 받아들이는 데서 출발하며, 아낙시메네스의 교설을 정통적인 입장에서 견지하여 있음이나 실체 또는 "함께 있는 것들"의 무한성을 강조한다. 그러나 여기에 새로움이 나타난다. 우리는 무한성이 함께 있는 것들의 수와 작음 모두에 대해 기술되고 있음을 보게 된다. 우리의 원리를 적용하자면, 우리는 "사물들이 함께 있지만, 수와 작음에서 제한되어 있다"고 말한 것이 누구인지를 물어보아야만 한다. 충분히 명확한 것은 이것이 스파이로스(불화는 그것의 가장자리에 있다) 안에 "함께" 있는 여섯 신들에 대해 말하는 엠페도클레스의 교설에 대한 상당히 훌륭한 진술이라는 점이다. 아낙사고라스의 관점에서 보면, 엠페도클레스는 여섯의 불연속적인 신적인 힘을 취하여 그들을 강제적으로 함께 놓았다. 아낙사고라스는 그들이 여섯이고 불연속적이라는 것을 부정하며, 공기와 아이테르의 절대적 우위를 주장한다. 그가 불연속성을 부정하는 용어들은 우리의 귀에 혼란스럽게 들린다. "작은 것이 무한하다"는 진술은 있음의 연속성을 긍정하는 우리의 방식이 아니다. 그러나 단편 3을 살펴보고 그것을 단편 6 및 8과 비교해보면 우리는 아낙사고라스가 자기의 논증을 어떻게 수행했는지를 알아볼 수 있다. "왜냐하면 작은 것의 가장 작은 것도 없으며, 오히려 언제나 더 작은 것이 있기 때문이다. 왜냐하면 있음이 있지 않음일 수 없으니까."(3)는 있음을 형성하는 절대적으로 가장 작은 분리된 복수의 단위들이 존재하지 않는다는 것을 말하는 그리스적인 방식이다. 왜냐하면 그러한 단위들이 생각된다면, 어떤 간격이 그것들을 완전한 없음이나 있지 않음으로부터 떨어지게 하지 않을 수 없는 한에서 그것들 가운데 어떤 것도 절대적으로 가장 작은 것이지 않으리라는 것이 명확하기 때문이다. 엘레아의 제논은 "만약 있는 것이 크기를 갖지 않는다면, 그것은 있지도 못할 것이다"(*FV*, 19 B 1)라고 말할 때 동일한 논증을 사용했다. 가장 작은 것이 존재하지 않기 때문에 있는 것들은 "[절대적으로] 서로 떨어져 있지 않고, 도끼로 쪼개져 있지도 않다."(8) 그러므로 아낙사고라스가 "떨어지다"와 "분리된" 그리고 "섞여 있지 않은"과 같은 용어들을 사용하는 것을 볼 때마다 우리는 그가 그것들을 이러한 형이상학적 단서에 종속시켜 사용한다는 점을 기억해야만 한다. 만약 그가 어떤 것이 "도끼로 쪼개져" 있는 것을 허락했다면, 그것은 크든 작든 곧바로 완전히 분리된 존재가 되었을 것이다. 아낙사고라스의 체계 전체는 있음 안으로 불연속성을 끌어들이려는 모든 시도, 특히 엠페도클레스의 시도에 대한 저항이다.

그러나 불연속성이 존재하지 않는다면, 어떻게 공기와 아이테르는 단편 1에서 그 밖의 모든 것을 장악하는 두 가지 것들로서 불릴 수 있을까? 무엇보다도 있음의 절대적 연속성을 주장한 아낙사고라스는 어떻게 최고의 신이 모든 있음의 하나의 인과적 실체라는 밀레토스학파의 교설을 엄격하게 준수하여 단편 12에서 대담하게 누스(정신)가 최고의 통치자라고 주장할 수 있었을까? 우리는 이제 있음을 도끼로 쪼개는 잘못을 범했다는 이유로 엠페도클레스에게 반대하는 철학자를 위한 적절한 보완 이상인 것으로 보이는 우주의 세 가지 최고 통치자들을 지닌다. 이 수수께끼와 비교하면 아낙사고라스 해석에서의 다른 모든 난점들은 그리 중요하지 않다. 이 수수께끼를 풀고자 하기 전에 우리는 플라톤과 아리스토텔레스의 증거를 검토함으로써 약간의 위안을 얻을 수 있는데, 그들은 아낙사고라스에 대해 기뻐했다가는 실망하게 되었으며, 일관되지 못하게 생각했다고 해서 그를 비난했다.

플라톤의 견해는 『파이돈』의 97과 98에서 소크라테스에 의해 진술된다. 소크라테스는 바로 자기가 젊었을 때 "각각의 사물이 왜 발생하고, 왜 소멸하며, 왜 존재하는지 그 사물들의 원인을 아는 법을 가르치는 학문으로서" 자연을 탐구하는 철학 분야를 정말로 간절히 알고자 했다고 말하고 있었다. 그리하여 소크라테스는 다양한 학설들을 연구했지만, 그것들 모두에 실망하게 되었으며, 그 자신의 방법에 대한 혼란스러운 개념을 형성하기 시작했다. "그런데 언젠가 나는 어떤 사람이 어떤 책을 읽어주는 것을 들었는데, 아낙사고라스의 저술이라

하면서 읽는 가운데, '누스(정신)가 만물에 질서를 주는 것이며 만물의 원인이다'라고 하는 말이 있었네. 나는 이 원인에 큰 기쁨을 느꼈네. 나는 누스가 실제로 어떤 의미에서는 모든 것의 원인이라고 생각했네. 그리고 만일 그렇다고 한다면, 만물을 질서 있게 하는 누스는 모든 것을 가능한 한 가장 좋은 방식으로 질서 있게 하리라고 생각했네. …… 나는 아낙사고라스에게서 내가 찾던 스승, 즉 만물의 원인을 알려주는 스승을 찾았다고 생각하여 기뻐해마지 않았네. …… 누가 아무리 많은 돈을 주고 사겠다고 하더라도 나는 이 희망을 팔 생각이 없었네. 그래서 나는 그 책을 움켜쥐고 최선의 것과 최악의 것을 될수록 빨리 알기 위하여 열심히 읽어갔네. 내 희망과 기대는 얼마나 컸던가! 하지만 나는 얼마나 크게 실망하지 않으면 안 되었던가! 그 책을 읽어나가면서 보니, 그 사람은 누스 같은 것은 숫제 문제 삼지 않고, 다만 공기니, 아이테르니, 물이니, 이밖에 여러 가지 이상야릇한 것을 우주적 질서의 산출에 있어서 원인으로서 끌어대고 있었네." 플라톤은 『법률』, 967 b-d에서 다시 비난하고 있다. "그때에도 어떤 이들은 누스가 하늘에 있는 것들에서의 모든 질서의 원천이라고 생각하고자 했습니다. 하지만 그들은 프쉬케의 참된 본성과 그것이 물체들보다 앞선다는 것을 발견하는 데 실패했고, 우주만물 또는 차라리 자기 자신들을 뒤집어 물체가 프쉬케보다 앞선다고 생각했습니다. 왜냐하면 그들은 현상에 의해 판단했고, 하늘이 회전하는 돌들과 흙, 그리고 다른 많은 생명 없는 물체들로 가득 차 있다고 생각했습니다."

아리스토텔레스는 플라톤을 따라 똑같은 기쁨과 똑같은 깊은 실망을 표현한다. "따라서 누군가 누스가 동물들 속에 들어 있는 것과 꼭 마찬가지로 자연 속에도 들어 있으며, 질서와 모든 배열의 원인이라고 말했을 때, 그는 아무렇게나 [술 취해] 말한 그 이전 사람들에 비해서 지각 있는 사람으로 보였다.'(*Met.*, 984 b 15) "초기 사상가들은 자신들의 원인들을 거의 사용하지 않고 있다. 왜냐하면 아낙사고라스는 누스를 우주만물의 형성에서 **기계로부터의 신***deus ex machina*으로 사용하기 때문이다. 그리고 어떤 것이 어떤 이유로 인해 필연적으로 존재하는지를 알지 못할 때 그는 누스를 끌어들이지만, 다른 모든 경우들에서 그는 생성에 대한 인과적 힘을 누스가 아닌 다른 것에 돌린다."(*Met.*, 985 a 17) 눈에 띄는 점은 아리스토텔레스가 플라톤보다 아낙사고라스에 대해 훨씬 더 불친절하다는 점이다. 플라톤이 다만 아낙사고라스가 누스(정신)를 거론한 후 실제로는 모든 인과성을 공기, 아이테르 그리고 물에 돌렸다고 말할 뿐인 데 반해, 아리스토텔레스는 아낙사고라스가 자신의 무지를 감추고자 할 때를 제외하면 결코 누스를 거론하지 않는다고 암시하고 있다.

만약 우리가 아리스토텔레스의 무례함을 그저 위대한 인물들이 역사적인 평가를 내리기 위해 정신적으로 노력하기보다는 습관적으로 자신의 선행자들을 오용하는 방식의 하나의 예일 뿐이라는 이유에서 무시한다면, 우리가 이 구절들로부터 끌어낼 수 있는 유일한 명확한 정보는 플라톤이 제공하는 그것이다. 즉 누스는 언젠가 아낙사고라스에 의해 모든 것의 원인으로서 언급되었고, 그 후 모든 인과성은 공기와 아이테르 그리고 물에 돌려졌다는 것이다. 우리는 아낙사고라스가 네 개의 원인을 믿었다고 가정할 수 있을까? 그것은 확실히 궁여지책일 것이다. 그와 반대로 우리 역시 아낙시메네스의 제자들이며 B.C. 4세기 중반의 지적 분위기에 의해 부과된 조건들 하에서 스승의 철학을 다시 진술하고자 하고 있다고 생각해보자. 우리는 파르메니데스의 비판에 깊은 인상을 받았으며, 그에 대해서는 단편 5와 17에 서처럼 양보해야 할 것이다. 있음의 총계는 비록 무한하다 할지라도 언제나 동등하며, 어떠한 실재적인 생성이나 소멸도 존재하지 않는다. 그러나 그것이 우리의 관대함의 한계인바, 우리는 결연히 우리 스승의 교설, 즉 최고의 신적인 힘, 우주뿐만 아니라 일시적인 개별적 존재자들 안의 모든 생명의 원천은 공기라는 교설을 다시 진술하고자 하지 않을 수 없다. 아낙시메네스가 주저함이 없이 "공기인 바의" 우리 자신의 프쉬케를 프네우마 및 우주만물 전체를 "둘러싸고 있는" 공기에 비유하고자 했던 것처럼, 우리 역시 프쉬케가 공기로 이루어 진다는 것을 긍정해야 할 것이며, 우주만물이 그로부터 나오는 하나의 신적인 실체를 공기와 아이테르라는 두 가지 이름을 가지고서 언급하는 데 주저하지 말아야 할 것이다. 공기는 차고 아이테르는 뜨겁지만, 우리는 공기와 아이테르를 동일한 하나의 힘의 두 측면일 뿐인 것으로서 간주한다. 우리는 이 점에 대해 단적으로 확신하는데, 왜냐하면 아낙시메네스가 그것을 입증했기 때문이다(Plutarch, 『원리로서의 차가운 것에 관하여』*De Prim. Frig.*, 7, 947 F). 그가 입을 열어 숨 쉴 때 공기는 뜨겁고 희박하지만, 휘파람을 불 때처럼 입술을 좁혀 숨을 내뱉으면 공기는 차갑고 촘촘해진다. 그러므로 우리는 우리의 철학에서 결코 이원론자가 되지 않고서 우리의 신적인 힘에 두 가지 명칭을 자유롭게 적용하게 된다. 이러한 제안은 우리에게 불합리하게 보일 수도 있을 것이다. 하지만 만약 그렇게 하고자만 한다면, 우리는 최고의 신적인 힘의 서로 다른 측면들을 계속해서 열거할 수 있을 것인바, 이는 가령 헤라클레이토스가 최고의 신이 불이라는 확신을 한 순간도 버리지 않고서도 자신의 최고의 신을 잇따라서 하나, 프쉬케, 하르모니아, 로고스(이성), 함께 쥠, 운명, 그리고 법칙과 동일시한 것과 전적으로 마찬가지이다.

그러나 우리는 매우 훌륭한 이유로 인해 우리의 하나의 가장 위대한 신의 속성들을 끝없이 증가시키고자 하지는 않는다. 엠페도클레스는 네 가지의 불변적인 불연속적 신들을 도입했으며 — 그것들은 실제로 분리되고 불변적인 실체들의 단위들이라는 의미에서 불연속적이다 —, 그것들에 불화와 사랑이라는 두 개의 다른 신을 결합시켰는데, 그 중 하나는 악마이며 다른 하나는 통일성의 (우리에게) 이해 불가능한 원인이다. 우리는 변화의 부분적인 실재성을 믿지만, 그렇다고 해서 엠페도클레스가 지니고 있는 것과 같은 열정적인 종교적 철학을 그 다채롭고 불연속적인 신들을 가지고서 뒷받침하는 대가를 치르고자 하지는 않는다. 우리는 어떻게 해야 할까? 우리는 우주만물을 형성하는 하나의 연속적인 힘이 존재하며, 우리가 그 하나의 힘으로서 간주하는 공기와 아이테르는, 완전성이 사랑과 불화의 정열에 의해서 훼손되어서는 안 되기 때문에, 우리의 최고의 신의 완전성을 가장 잘 나타내는 명칭에 의해 불려야만 한다고 확언할 것이다. 그러므로 우리는 우리의 최고의 신이 정신(누스)이라고 말한다.

이러한 방식으로 아낙사고라스는 자신의 결론에 도달해야만 했다. 만약 아낙사고라스가 하나의 신적인 실체라는 이오니아의 학설을 갑작스러운 이원론으로 대치한 것을 깨닫지 못한 채 누스의 신성을 물리적 실체로부터 떼어내 정립했다고 하는 잘못되고 비역사적인 개념을 떨쳐버린다면, 우리는 그의 학설들을 이해할 수 있는 정당한 기회를 가지고서 그것들에게로 되돌아올 수 있다. 공기와 아이테르는 모든 것이 함께 있을 때 모든 것을 장악하고 있었다(1). 또한 누스도 그랬다(12). 모든 것이 함께 있을 때 모든 대립물들은 섞여 있었으며, 특별히 양적으로 무한한 씨앗들이 그러했다(4). 이 씨앗들은 원자들이 아니며, 또한 그렇게 주장되었듯이 "원소들"도 아니다. 아낙사고라스 는 연속성을, 그리고 여럿이 아니라 하나의 "원소"를 믿는다. 씨앗들 은 다만 최고의 신의 선물들 가운데 하나인 생명을 창조하는 힘을 나타낼 뿐이다. 테오프라스토스(FV, 46 A 117)는 다음과 같은 아낙사 고라스의 주장을 기록하고 있다. "공기는 모든 것들의 씨앗들을 가지 고 있으며 이것들이 물과 함께 아래로 떨어져서 식물들을 낳는다." 아낙사고라스는 또한 식물들이 살아 있으며, 느낌들과 감정들을 지니 고, 생각하고 추리한다고 가르쳤다. 그러므로 식물들은 공기와 아이 테르인 누스, 즉 모든 생명과 사유의 원천을 나누어 갖는다. 그렇다면 아낙사고라스가 "누스는 어떤 사물과도 섞여 있지 않고, 저만 홀로 있다"고 말한 것은 어떤 의미일까? 같은 단편(12)에서 우리는 "누스 외에는 어떤 하나도 다른 하나로부터 결코 완전히 분리되지 않는다" 를, 그리고 단편 11에서는 "누스가 들어 있는 것들도 있다"는 것을 배운다.

　이러한 외견상의 모순들은 누스, 즉 최고의 신인 공기와 아이테르 가 일반적으로 그 자신의 가장 저차적인 형식들로부터 분리되어 있으 며, 그 결과 그 가장 저차적인 형식들은 살아 있지 않고 자기들 내에 현재하는 프쉬케를 지니지 않는다는 사실에 기인한다. 헤라클레이토 스가 불과 불의 저차적인 형식들 사이에서 동일한 구별을 확립한 바 있지만, 아낙사고라스는 신적인 불이 가로질러 가는 내림길의 비유를 변화시켜 자기의 최고의 신을 점점 더 커지는 원환에서의 회전 운동을 개시하는 자로서 표현했는데(**페리코레세이 에피 플레온**περιχωρήσει ἐπὶ πλέον, 12), 그 운동에 의해 신 자신은 자기가 최고의 힘으로써 알고 배열하며 다스리는 자기의 그 모든 저차적인 형식들로부터 점점 더 분리된다. 이 회전 운동(**페리코레시스**περιχώρησις)이 진행되는 동안 흙은 우주의 중심에서 특유하게 공기의 속성들인 촘촘하고 축축하며 어둡고 차가운 대립물들로부터 응축되며, 엄청난 속도로 움직이는 누스에 의해 전개되는 원심력으로 인해 "돌들"은 흙으로부터 분리되어 하늘로 던져지는데, 거기서 돌들은 아낙사고라스가 아이테르라고 부르는 회전하는 신적인 불에 의해 뜨거워지고 떠받쳐진다. 물론 조금이라도 불경건함으로서 의도된 것은 아니지만, 그의 학설의 바로 이러한 모습으로 인해 그는 해와 달과 별들이 신들이라는 수 세기 동안 믿어온 바로 그 믿음을 B.C. 431년에 믿고 있었던 아테네인들에 의해 유죄선고를 받았다. 우리는 지금까지 그 기록이 남아 있는 모든 철학자와 과학자가 이 대중적인 믿음을 지지했으며, 피타고라스와 그의 제자들은 별들과 해, 달, 행성들을 그의 신적인 중심의 불로부터 발생시킴으로써 그것들에 특별히 높은 정도의 신성을 부여했다는 점을 기억해야 한다.

회전 운동이 일단 확립되면, 누스는 계속해서 먼저 자기 자신을, 그러고 나서 그 자신의 모든 저차적인 형식들을 서로 구별되는 "사물들"로 분리하는 자기의 과제를 수행한다. 그런데 그 사물들은 우리가 보는 현상들이며, 또한 만약 우리가 아낙사고라스의 눈을 가지고 있다면 "보이지 않는 것의 드러남"(21 a), 다시 말하면 오로지 현상들 속에서만 볼 수 있고 또 그에 대한 완전한 봄이 불완전한 감각들에 의해 방해되는 까닭에 우리 속에 존재하는 누스의 부분이 단지 희미하게만 잡을 수 있는(21) 보이지 않는 최고의 신적인 힘, 즉 공기와 아이테르와 누스의 드러남이다. 그러나 현상들, 즉 "사물들"은 누스나 공기 또는 아이테르의 작용 하에서 끊임없이 변화하고 있다. 즉 공기와 아이테르의 저차적인 형식들은 실제로는 나누어질 수 없지만 누스에 의해 배열될 수 있는 지속적인 실체로서 생각되며, 모든 재배열은 그 재배열의 지배적인 유형이라 불리는 것에 따라서 분리된 이름들을 부여받는다. 이 유형들은 우리가 "머리털"과 "살"과 같은 질적인 차이들로서 인정하는 것들이다(10). 하지만 모든 경우에서 가시적인 질적 차이는 비가시적인 신적인 실체로부터 산출된 것인바, 이 비가시적인 신적인 실체는 무한한 수의 재배열을 받아들일 수 있고 따라서 머리털과 살을 포함하여 잠재적으로 어느 것으로든 될 수 있을 것으로서 말해질 수 있으며 그리하여 엠페도클레스의 불연속적인 네 가지 원소적인 신들과는 다르다. 요컨대 엠페도클레스의 네 가지 신들은 아낙사고라스의 적대적인 관점으로부터 판단되어 거부되는 것이다. 바로 이것이 아낙사고라스의 단편 10이 의미하는 바의 것이다. 엠페도클레스가 옳다면, 뼈는 사랑이 네스티스(물)의 두 부분을 헤파이스토스(불)의 네 부분 및 흙의 두 부분과 섞을 때 산출될 것이다. 그러나 아낙사고라스는 뼈가 완전히 불연속적이고 구별된 실체들로부터 나올 수 있다고 믿기를 거부한다. 그리하여 그는 어떻게 머리털이 "머리털이 아닌 것으로부터 생겨날 수 있는지"를 묻는다. 모든 외적인 질적 차이들 밑에 최고의 신이 그 원천인 바의 실체의 내적 연속성이 놓여 있다. 그리고 이러한 저차적인 실체들의 연속성은 다만 그 최고의 속성이 누스인 공기와 아이테르라는 신적인 통일성을 현상들의 언어로 번역한 것일 뿐이다. 아리스토텔레스는 이 연속성을 그 자신의 용어들로 기술하여 아낙사고라스가 채택한 "원소들"이 "동질부분들", 즉 호모이오메레ὁμοιομερῆ의 것들이라고 말한다. 그러나 아낙사고라스의 체계에는 오로지 하나의 실재적인 "원소"만이 존재하고, 모든 다양성은 그러한 최고의 신이 받아들일 수 있는 무한한 수의 측면들에 기인하기 때문에, 아낙사고라스를 논의함에 있어서는 오해의 여지가 덜한 용어들을 사용하는 것이 더 좋을 것이다.

그렇다면 지금까지 그리스 철학의 운동을 구성한 최고의 신에 관한 교설에서의 만화경적인 변화에 아낙사고라스가 수행한 공헌은 무엇이었던가? 그토록 다양한 교설들에서 그 결과가 드러났던 최고의 신에 대한 좀 더 완전한 정의에 도달하고자 하는 욕구의 자극 아래 아낙사고라스는 엘레아적인 난점에 대한 새로운 해결책을 제공했다. 그의 최고의 신, 생명—누스—공기—아이테르, 즉 "모든 사물들 가운데서 가장 미세하고 가장 순수한 것"(12)은 무한한 최상의 힘이며, 그 실체로부터 우리가 현상들이라고 부르는 모든 사물들이 나온다. 그러므로 이 우주는 아낙사고라스가 변화를 실재적인 것으로 간주한다는 사실에도 불구하고 하나의 통일이다. 그리고 통일을 강조하고 있을 때 아낙사고라스는, 단편 1에서처럼, "모든 사물은 함께 있었고" "아무것도 도끼로 쪼개져 있지 않다"(8)고 주장하며, 단편 21a에서처럼, 현상들이 최고의 신으로부터 분리된 한갓된 비실재들이 아니라 보이지 않는 사물들의 참다운 드러남이라고 천명한다. 더 나아가 그의 최고의 신은 파르메니데스의 있음을 한정한 것과 같은 한계들을 지니는 것이 아니라 생명에 속하는 창조적 자유를 지니는 가운데 다른 우주들을 창조함으로써 그 자유를 행사하는바, 그 우주들 각각은 본질적으로 단일체일 것이지만, 그 모두는 공존하고 있는 것으로 간주될 때마저도 지성의 무한한 통일성을 훼손하지 않을 것이다.

그리하여 아낙사고라스는 최고의 신에게 파르메니데스에 의해 박탈된 생명과 변화에 대한 그의 지배력을 회복해주고자 했다. 그는 이제 모든 변화와 모든 운동이 최고의 신의 완전성에 대한 오점이라는 엘레아적인 교설에 대한 대답을 창안해내지 않을 수 없는 것이다. 그 대답은 바로 누스(정신)이다. 누스는 모든 변화의 원천이며, 모든 운동의 원인이다. 그리고 누스가 완전한 원인인 까닭에, 이제 누가 감히 그것을 몰아세울 것인가? 누스의 정의를 다루고 있을 때, 아낙사고라스는 그것의 고독하고 전능한 완전성에 대해 깊이 생각한다.8) 그것은 "모든 것에 대해서 모든 앎을 가지고 있으며 가장 힘이 세며", 순수한 완전성을 보장하기 위해 그 밖의 모든 것으로부터 떨어지고 분리된다. 더 나아가 이것은 증명될 수 있는데, 우리가 아는 대로의 우주에서 공기와 아이테르는, 아낙사고라스가 단편 2와 12에서 말하듯이, 현실적으로 그 밖의 모든 것으로부터 떨어져 있고 분리되어 있는 것이다. 그들은 이러한 떨어져 있음을 그들 자신의 창조적인 순환 운동에 의해 획득했다. 엘레아 비판에 관한 한, 아낙사고라스는 이러한 속성들을 부여받은 누스에 만족했다.

아낙사고라스의 명예를 위해 말하자면, 그는 그에게 완전한 것으로 보이는 정의를 정립했을 때에도 그에 만족하여 머물지 않고 또한

• • •

8) 이 이유 때문에 아낙사고라스는 누스에 대해 "완전히 떨어져 있는"(12) 것으로서 이야기한다. 그러나 "아무것도 도끼로 쪼개져 있지 않다." 두 진술은 논리적으로 일관성이 없다. 하지만 그것이 아낙사고라스가 단일한 궁극적 실재를 믿지 않았다거나 누스와 아이테르가 동일한 것이 아니라는 것을 증명하는 것은 아니다. 그 비일관성은 모든 사물이 불이라는 하나의 완전한 실재의 형식들임에도 불구하고 죽은 몸 덩어리들이 경멸될 수 있다는 것을 긍정했을 때 헤라클레이토스가 범한 비일관성에 정확히 대응한다.

사실들에 어느 정도 주의를 기울였다. 사실들은 누스의 "최상의" 힘이 이런 저런 방식으로 제한되어 있으며 그 전능함이 공제되어야만 한다는 것을 드러내 보였다. 누스로부터 그 산물들로 내려가는 연속적인 단계의 다른 끝에는 누스를 전혀 포함하지 않는 까닭에 생명이 없고 스스로 움직일 수 없지만 누스-공기-아이테르에 의해서나 우주의 중심으로 내려가는 길에서 그것의 가장 가까운 동인에 의해서 바깥으로부터 움직여질 수 있을 뿐인 사물들이 존재한다. 이 단계에 놓인 것들 가운데 식물이라고 불리는 것들은 살아 있으며, 따라서 그것들 내에 누스 그 자체의 몫을 지녀야만 하고, 식물 위에는 다른 동물들과 인간이 존재한다. 이 모든 살아 있는 것들 속에는 누스가 존재하지만, 분명히 누스는 서로 다른 정도로 방해되고 제한되며 훼손된다. 동물들은 최고의 신의 몫을 포함하는 식물들을 전혀 벌 받지 않고서 먹어 치운다. 그리고 인간은 다른 많은 동물들을 종속시켜 이용할 수 있는데, 왜냐하면 그가 가장 지적인 동물이기 때문이다(21 b). 인간이 가장 지적인 동물인 것은 그 속에 있는 누스가 그 밖의 곳에 있는 누스와 다르기 때문이 아니라 그만이 손을 지니기 때문이다(Aristotle, 『동물 부분론』De Part. An., Δ, 10, 687 a 7). 그리하여 아낙사고라스는 그 단계의 밑바닥에 놓여 있는 실체들인 돌과 흙의 열등성과 누스의 완전성과 주권에 대립되어 있는 것들인 식물들과 동물들에서 누스를 에워싸고 있는 육체들의 열등성을 인정하지 않을 수 없었다. 오로지 인간의 경우에만 육체는 그 속에 있는 누스에 대해 제한된 자유를 허락할 수 있게끔 짜여 있었다. 그리고 인간의 경우에도 감각들이 불완전한 까닭에 누스는 불구화되어 있다.

아낙사고라스의 체계에서 누스(정신)는 그 자신으로부터 무한한 변화 가능성을 지닌 무한한 실체를 창조했는데, 이 실체는 누스와 연속적임에도 불구하고 일정한 정도로 누스에 대립된다. 완전성 단계의 저차적인 부분들에 놓여 있는 이 실체는 "물체"라고 불릴 수 있지만, 주목해야 할 것은 그것이 엠페도클레스의 불변적이고 불연속적인 네 신들과는 전혀 닮지 않았다는 점이다. 그것은 과학적 관념들의 함의를 거의 또는 전혀 지니지 않은 것으로 보인다. 그러나 우주만물의 모든 질서의 원천으로서의 신적인 누스 개념은 비록 새로운 것은 아니라 할지라도 아낙사고라스에 의해 매우 명확하게 그 윤곽이 그려졌으며, 플라톤과 아리스토텔레스 그리고 스토아학파에게 커다란 영향을 미쳤다.

제11장 원자론자들

레우키포스는 엘레아에 있는 파르메니데스학파의 일원이었는데, 거기서 그는 제논의 강의를 들었다고 전해진다. 우리는 그의 제자인 데모크리토스가 트라키아의 압데라에서 가르친 원자론자들의 철학을 그가 창시했다는 것을 제외하면 레우키포스의 생애에 관한 다른 명확한 정보를 가지고 있지 않다. 소크라테스보다 몇 년 뒤에(B.C. 460년경) 태어난 것으로 보이는 데모크리토스는 고대를 통틀어 가장 많은 작품을 저술한 이들 가운데 한 사람이었다. 그의 책들 중에서는 오직 단편들만이 남아 있는데, 그 대부분은 도덕 준칙들이다. 레우키포스의 책 중에서는 우리에게 『정신에 대하여』*Treatise on Mind*의 한 문장만이 남아 있다. "어떤 것도 아무렇게나 생겨나지 않는다. 오히려 모든 것은 이성(로고스)에 따라서, 그리고 필연(아낭케)에 의해 생겨난다."(*FV*, 54 B 2)

엠페도클레스와 아낙사고라스는 서로 다른 방식으로 그들이 보기에 파르메니데스의 있음의 가장 가치 있는 속성들을 포기하지 않고서 변화의 실재성을 긍정하고자 했다. 그러나 레우키포스는 자신의 철학적 생애를 훨씬 더 대담한 교설에 걸었다. 그는 파르메니데스 자신이 진리의 길에서 제기한 직접적인 도전을 받아들임으로써 시작했다. "왜냐하면 있음은 있고, 있지 않음은 있지 않기 때문이네. 나는 그대에게 이에 대해 생각하고 [있지 않음에 관한] 탐구의 이 첫 번째 길로부터 돌아올 것을 명하고자 한다네." 우리는 이미 "탐구의 이 첫 번째 길"이 피타고라스의 길이며, 파르메니데스가 허공에 의해 서로 분리됨으로써 하나가 소우주들의 다수성으로 분산되는 것을 있음의 파괴에 해당하는 것으로서 비난했음을 본 바 있다. 그리하여 파르메니데스는 있음의 불연속성을 인정하기보다는 현상들 및 현상들을 분리시키는 허공의 실재를 부정하는 극단으로 치달아갔다. 그런데 레우키포스는 자신이 현상들의 실재와 현상들을 분리시키는 허공의 실재를 있음의 완전성을 파괴함이 없이 보존할 수 있다고 주장한다. 있음의 완전성을 파괴하기는커녕 레우키포스는 그것을 증대시키고자 한다. 그의 관점에서 보건대 파르메니데스의 있음이 움직이지 않는다는 사실은 완전함이 아니라 불완전함이며, 나아가 파르메니데스의 있음이 단 하나의 형상·형태만을 지닌다는 사실도 마찬가지로 불완전함이다. 왜냐하면 그것은 있음이 다른 우주들에 대해서뿐만 아니라 이 우주의 전체적인 구체球體 형상을 제외하고 이 우주 내에 존재하는 모든 것에 대해서 그 인과적 기능을 행사하지 못하게 하기 때문이다. 그러므로 레우키포스는 파르메니데스의 최고의 신에게 운동의 속성을 회복해주고 그것을 무한한 수의 형태·형상들로 나눔으로써 그것을 개선한다. 이 형태들 각각은 파르메니데스의 하나인 있음과 꼭 마찬가지로 그 자체에서 절대적으로 있음으로 가득 차 있으며 완전하고 불변적이다. 각각의 형태는 현상들의 참된 원인이다. 그리고 상이한 형태들의 다양성은 무한한데, 왜냐하면 그들이 원인이 되어 일으키는 현상들의 다양성이 무한하기 때문이다.

이 교설에 대해 고대의 저자들이 제공하는 설명들로 향할 때 우리는 다른 학파들을 구성하는 철학자들이 행하는 보고에서 그것이 겪지 않을 수 없는 불가피한 왜곡을 참작할 준비를 해야만 한다. 레우키포스와 데모크리토스에게 커다란 빚을 지고 있고 따라서 그에 대해 당연히 고마워해야 했을 에피쿠로스마저도 자신의 빚을 인정하지 않았을 뿐만 아니라 "레우키포스라는 철학자의 생존 자체"를 부정했다(Diogenes Laertius, X, 13). 채권자를 없앰으로써 빚을 소멸시키는 이러한 편리한 방법은 두 사람의 근대 역사가들에 의해 진지하게 받아들여졌다.[1]

심플리키오스는 다음과 같이 말하고 있다(*Phys.*, 28, 4).

"엘레아 사람 또는 밀레토스 사람(둘 다 설명이 주어진다)인 레우키포스는 파르메니데스와 철학적 교문을 나누었지만, 있는 것들에 관한 설명에서 파르메니데스와 크세노파네스와 같은 길을 가지 않고 반대의 길을 갔던 것으로 보인다. 그들은 모든 것을 하나, 불변적이고 영원하며 한정된 것으로서 표현했으며, 있지 않음에 대한 탐구마저도 허락하지 않았다. 레우키포스는 무한하고 언제나 운동하는 원소들, 나누어질 수 없는 있음들, 그리고 그것들이 포함하는 무한한 수의

● ● ●

1) 로데와 브리거Brieger.

형태들을 가정했는데, 왜냐하면 어떤 현상에서도 질에서의 실재적인 차이가 없기 때문이고, 그는 있는 것들에서 끊임없는 생성과 변화를 보았기 때문이다. 나아가 있음은 있지 않음보다 실제로 더 많이 존재하지 않으며, 둘 다 마찬가지로 생성하는 것들의 원인들이다. 왜냐하면 그는 나누어질 수 없는 있음들의 있음이 **빽빽**하게 가득 차 있다고 가정했으며, 그것을 있는 것(있음)이라 불렀고, 그가 있지 않음이라 부르고, 있음에 못지않게 존재한다고 말한 허공 속에서 움직인다고 말했기 때문이다. 이와 유사하게 그의 동료인 압데라의 데모크리토스는 가득 찬 것과 허공을 첫 번째 원리들로서 확립하고, 전자를 있는 것, 후자를 있지 않은 것이라 불렀다. 왜냐하면 레우키포스와 데모크리토스는 나누어질 수 없는 있음들을 있는 것들의 질료로서 가정하고, 있음들에서의 차이들에 의해 그 밖의 모든 것들을 산출하기 때문이다. 이 차이들은 세 가지, 즉 형태(**뤼스모스**ῥυσμός), 방향(**트로페**τροπή), 상호접촉(**디아티게**διαθιγή)인데, 그것들은 모양(**스케마**σχῆμα), 위치(**테시스**θέσις), 배열(**탁시스**τάξις)과 동일한 의미를 지닌다. 왜냐하면 본성상 비슷한 것들은 비슷한 것들에 의해 움직여지며, 유사한 종류의 것들은 함께 몰려들고, 각각의 형태들은 형태들의 서로 다른 조합으로 배열될 때 서로 다른 배열을 낳기 때문이다. 그리하여 그들은 훌륭한 이유를 가지고서 이 첫 번째 원리들이 무한한 까닭에 그것들은 모든 실체들과 그 실체들의 모든 변형들을 산출하며, 생성되는 모든 것의 원인과 그것이 생성되는 방식을 설명해 준다고 주장했다. 그런 이유에서 그들은 오로지 원소들을 무한하다고 표현하는 철학자들만이 모든 것이 이성에 따라 발생한다는 것을 입증할 수 있다고 주장하기까지 한다. 그리고 그들은 나누어질 수 없는 있음들 사이에서 형태들의 수는 어떤 것에 있어 질에서의 실재적인 차이가 존재하지 않는 까닭에 무한하다고 말한다. 이것이 무한성의(즉 현상들에서 드러나지만 그 질들이 실제로는 존재하지 않는 무한히 상이한 질들의) 원인이라고 그들은 말한다."

아리스토텔레스는 『생성과 소멸에 관하여』*De Generatione et Corruptione* (315 a 34)에서 레우키포스와 데모크리토스를 높이 찬양하고 있다. "일반적으로 데모크리토스 이외의 그 어떤 사람도 이 문제들에 대해 피상적인 것 이상으로 깊이 고찰하지 못했다. 그는 그 모든 것들에 대해 고찰했으며, 그 당시에 이미 고찰 방식에서 아주 탁월했던 듯하다. 왜냐하면 우리가 이야기하고 있듯이 다른 철학자들 가운데 어느 누구도 어떤 아마추어가 행할 수도 있을 것들을 제외하면 성장에 관해 어떤 명확한 진술도 행하지 못했기 때문이다. 그들은 비슷한 것이 비슷한 것과 결합할 때 성장한다고 말했지만 그 과정을 설명하지 못했으며, 또한 조합에 대해서나 행동과 정열과 같은 다른 문제들에 대해서도 설명하지 못했는데, 요컨대 자연 속의 모든 행동들에서 어떻게 하나의 것이 작용하고 다른 것은 작용 받는지 설명하지 못했다. 그러나 데모크리토스와 레우키포스는 형태들을 가정하고 변화와 생성이 그것들로부터 결과하도록 만든다. 그들은 생성과 소멸을 형태들의 분산과 결합에 의해, 변화를 그것들의 배열과 위치에 의해 설명한다. 그리고 그들은 나타남 속에 참된 것이 있지만 나타나는 것들이 대립적이고 무한하다고 생각했기 때문에, 그들은 형태들을 무한하게 상정하여, 결합되는 것의 변화들에 따라 같은 것이 이 사람과 저 사람에게 대립되는 것으로 보이고, 작은 것이 덧붙여 섞여도 그 운동이 바뀌게 되며, 하나의 위치가 바뀌어도 완전히 다른 것으로 보이게끔

했다. 이를테면 비극과 희극은 같은 문자들로 이루어진다. …… 만약 있는 것들이 크기들이라면 그것들은 데모크리토스와 레우키포스의 체계에서처럼 물체들인가 아니면 『티마이오스』에서처럼 평면들인가? …… 이 주제에 대한 서로 경쟁하는 취급들은 자연학의 방법과 변증법적 탐구의 방법 사이의 커다란 차이를 보여준다. 왜냐하면 플라톤주의자들은 크기들이 나누어질 수 없는 것은 '그렇지 않으면 정삼각형은 여럿일 것'이기 때문이라고 논증하지만, 데모크리토스는 적절하고 또 자연학으로부터 이끌어내어진 논증들에 의해 이를 확신했던 것으로 보인다(325 a 23). …… 레우키포스는 감각에 일치하며 생성도 소멸도 운동도 또 있는 것들의 다수성도 부정하지 않는 설명을 자신이 가지고 있다고 생각했다. 그는 현상들에 대해서 이것들을 인정하는 한편, 하나를 주장하는 사람들에 대해서는 허공이 없다면 운동이 없다는 그들의 주장을 인정하고서, 허공은 있지 않은 것이며 있는 것의 어떠한 부분도 있지 않은 것이 아니라고 말한다. 왜냐하면 엄격한 의미에서 있는 것은 완전히 가득 차게 있는 것이기 때문이라는 것이다. 그러나 그는 계속해서 가득 찬 것은 하나가 아니라 수적으로나 양적으로 무한하며, 크기가 작기 때문에 보이지 않는다고 말한다. 이것들은 허공에서 움직인다(허공이 있으므로). 그리고 이것들이 함께 모일 때는 생성을 일으키지만, 해체될 때는 소멸을 일으킨다. 이것들은 접촉하는 한에서 영향을 주고 영향을 받는데, 그렇다고 이런 방식으로 그것들이 하나가 되지는 않는다. 그리고 이것들이 결합되고 얽힐 때는 산출해낸다(325 b 17). …… 레우키포스의 제1의 '물체들'은 나누어질 수 없으며, 오직 모양에서만 다르다(326 a). …… 레우키포스와 데모크리토스는 나누어질 수 없는 것의 각각이 어느 것도 허공을 통하는 것 외에는 영향 받을 수 없기 때문에 무감각하다[감각적 속성을 받아들일 수 없다]고 주장해야만 하며, 또한 각각의 나누어질 수 없는 것이 감각적 속성을 산출할 수 없는바2), 왜냐하면 어떤 나누어질 수 없는 것도 예를 들어 딱딱하거나 차가울 수 없기 때문이라고 주장해야만 한다. 하지만 그들이 뜨거움을 오로지 구체 형태에만 돌리는 것은 확실히 기이하다. 왜냐하면 만약 그것이 그토록 차갑다면 또 다른 형태에 속해야만 하기 때문이다. 나아가 뜨거움과 차가움이 나누어질 수 없는 것에 속하지만, 무거움과 가벼움, 딱딱함과 부드러움이 그것들에 속하지 않는다는 것도 기이하다. 하지만 데모크리토스는 나누어질 수 없는 것들 각각이 [견고함의, *De Caelo*, 309 a 14 참조] 지나침에 따라 더 무겁다고 말한다.3) …… 그러나 확실히 형태를 제외한 어떠한 속성도 나누어질 수 없는 것들에 속해서는 안 된다는 것은 기이하다. …… 더 나아가 큰 것들이 아니라 오로지 작은 나누어질 수 없는 것들만이 존재해야 한다는 것도 기이하다."

디오게네스 라에르티오스는 우주들의 형성에 대한 설명을 제공하고 있다(IX, 31).

"전체는 무한하며, 그것의 일부는 가득 찬 것이고, 일부는 비어

• • •

2) 이와 반대로 그들은 실제로는 나누어질 수 없는 것이 모든 감각적 성질을 산출할 수 있다고 주장한다.

3) 물론 데모크리토스는 이런 종류의 것을 전혀 말한 적이 없다. 이것은 다만 아리스토텔레스가 종종 분명히 그 스스로 꾸며낸 견해들을 다른 철학자들에게 돌리는 방식의 예일 뿐이다. 그는 그것들을 그 자신의 체계와는 다른 체계들에 함축되어 있는 불합리함에 대한 논증으로서 의도했다. 불행하게도 이 구절은 테오프라스토스에 의해 진지하게 받아들여졌으며, 그리하여 원자들이 본래적인 속성으로서 무게를 지니는가 하는 상상적인 문제가 창조되었다. 바로 아래에서 아리스토텔레스는 형태를 제외한 어떠한 속성도 나누어질 수 없는 것에 속하지 않는다는 것을 인정한다.

있는 것인데, 이것들을 그는 원소들이라고 부른다. 이것들로부터 무한한 우주들이 이루어지고 다시 이것들로 분해된다. 이러한 방식으로 우주들이 생겨난다. 온갖 종류의 모양을 지닌 많은 '물체들'이 무한한 것에서 잘라져서 조각난 채 거대한 허공으로 옮겨지며, 그것들이 한데 모여서 하나의 회오리를 만드는데, 이 회오리 안에서 서로 부딪히고 온갖 방식으로 회전하면서 비슷한 것들이 비슷한 것들 쪽으로 따로 분리된다. 그것들이 많아져서 더 이상 균형을 유지하며 회전할 수 없게 되면, 마치 체에 걸러지듯이 미세한 것들이 바깥의 허공으로 물러나가고, 나머지 것들은 함께 뭉쳐 서로 얽혀 함께 움직이면서 공처럼 둥근 최초의 어떤 체계를 만든다.4) 이 체계는 자신 안에 온갖 종류의 물체들을 에워싸고 있는 일종의 피막으로서 중심에서 떨어져 있다. 그것들 중심의 반발로 인해 맴도는 동안 둘러싸는 피막은 얇아지고, 회오리와 접촉함에 따라 물체들이 합류하면서 계속 함께 중심으로 흐른다. 그렇게 해서 물체들이 중심으로 옮겨진 후 함께 남아서 땅이 생겨난다. 그리고 피막처럼 둘러싸고 있는 것 자체는 바깥의 물체들이 유입됨에 따라 다시 자라난다. 그리고 이것은 회오리에 의해 움직이면서 뭐든 접촉하는 것들을 자신에게 덧붙여 갖는다. 그것들 가운데 일부는 서로 얽혀서 체계를 만들어내는데, 처음에는 축축하고 진흙덩이이지만, 회오리 전체와 함께 돌면서 마르게 되고 결국은 불붙어서 별들의 본성을 형성한다. 태양의 궤도는 가장 바깥이며, 달의 그것은 땅에 가장 가깝다. 나머지의 궤도들은 이들 사이에 놓여 있다."

· · ·

4) 레우키포스는 일종의 유기체적 결합을 의미하기 위해 **쉬스테마**ϲύστημα를 사용한 것으로 보인다.

프쉬케에 관해서는 아리스토텔레스의 『영혼에 대하여』 404 a를 찾아볼 수 있다.

"어떤 사람들은 프쉬케가 특히 그리고 우선적으로 운동의 원인이라고 말한다. …… 이로부터 데모크리토스는 프쉬케가 일종의 불 또는 뜨거운 것이라고 주장하는데, 왜냐하면 모양들과 나누어질 수 없는 것들이 무한하며, 그는 구체의 것들을 불 또는 프쉬케라고 부르기 때문이다. 그것들은 빛이 유리창을 통과할 때 보이는 공기 속의 작은 먼지들과 유사하다. 그는 [이러한 구체 모양의 것들로부터 만들어진] 모든 종류의 씨앗들의 혼합물을 자연 전체를 구성하는 원소들이라고 부른다. 레우키포스의 견해도 그와 유사하다. 구체 형태를 지니는 것들은 프쉬케를 구성하는데, 그런 형태들은 모든 것들에 가장 잘 스며들 수 있을 뿐만 아니라, 스스로 움직임으로써 가장 쉽게 다른 모든 것들을 움직일 수 있기 때문이다. 레우키포스와 데모크리토스가 이런 주장을 하는 이유는 프쉬케가 모든 생물들에게 운동을 제공한다고 믿기 때문이다. 이런 이유에서 그들은 호흡을 생명을 규정하는 것이라고 생각한다. 왜냐하면 동물들의 몸들을 둘러싸고 있는 것으로서의 공기가 그 몸들을 압축하여, 결코 정지하는 일이 없는 까닭에 생물들에게 운동을 나누어주는 그러한 형태들을 이끌어내고, 운동을 전해주는 데 부족한 형태들은 호흡을 통해 외부로부터 유입된 같은 종류의 다른 형태들에 의해 보충되기 때문이다. 왜냐하면 이러한 구체 형태들은 몸을 압축하고 딱딱하게 만드는 것을 붙들어두는 까닭에 동물들의 내부에 이미 존재하는 형태들이 밖으로 나가는 것을 방지하기 때문이다. 생물들은 이러한 작용을 할 수 있는 한 살아 있게 된다. 피타고라스학파의 교설도 같은 생각을 담고 있는 것으로 말해진다.

…… 데모크리토스는 단적으로 프쉬케와 정신을 동일시했으며, 진리는 [감각들에] 나타나는 것이라고 생각했다. ……"[5]

『영혼에 대하여』에 대한 필로포노스의 주석은 다음과 같다(83, 27).

"데모크리토스는 불이 비물질적인데, 절대적으로 비물질적이지는 않지만(그들 가운데 아무도 이를 의도하지 않았기 때문에), 물체들 가운데 그 섬세함 때문에 비물질적인 것이라고 말했다."

몇 구절은 지식의 이론과 신들을 다룬다.

"레우키포스와 데모크리토스는 감각들과 사유들이 몸의 변화들이라고 말한다. …… 감각과 사유는 상들(에이돌라εἴδωλα)이 밖으로부터 접근할 때 발생한다."(FV, 54 A 30)

"다른 이들은 감각들에 의해 지각되는 것들이 자연적으로 존재한다고 말한다. 그러나 레우키포스와 데모크리토스, 디오게네스는 그것들이 관습적으로(노모νόμῳ), 즉 의견과 우리의 감각들에 의해 존재한다고 말한다. 첫 번째 원소들, 즉 나누어질 수 없는 것들과 허공을 제외하면 아무것도 참되거나 이해될 수 있는 것이 아니다. 이들만이 자연적으로 존재하지만, 감각들에 의해 지각되는 것들은 그 원소들로부터 파생된 비본질적 성질들이며, 나누어질 수 없는 것들의 위치, 배열 그리고 모양 때문에 서로 다르다."(FV, 54 A 32)

"레우키포스와 데모크리토스는 상들이 그것들이 그로부터 흘러나오는 것과 유사한 형태로부터 흘러나와 보는 자의 눈 안으로 떨어짐으

● ● ●

5) 이러한 진술의 처음 부분은 참이다. 그러나 두 번째 부분은 첼러가 지적하듯이 데모크리토스의 이론이 이러한 불합리한 결론에 이르게 된다는 것을 보이기 위하여 아리스토텔레스가 꾸며낸 의견이다. 『생성과 소멸에 관하여』, 315 b 9에서 아리스토텔레스는 그 교설을 올바르게 진술하고 있다.

로써 봄이 발생한다고 생각한다."(*FV*, 54 A 29)

"당신은 아마도 물체와 정신의 최초의 시작들이 서로의 곁에 교대로 쌍으로 놓임으로써 틀을 함께 짜낸다는 위대한 데모크리토스의 존경받는 판단에 의해 정립된 의견을 받아들일 수 없을 것이다."(Lucretius, Ⅲ, 370-3)

"데모크리토스는 모든 것들이 일정한 종류의 프쉬케(생명)에 참여하며 죽은 '물체들'도 그렇다고 말하는데, 왜냐하면 그것들은 따뜻하고 감각을 부여받은, 그리고 그 숨으로 좀 더 커다란 부분에 침투하는 어떤 것에 언제나 가시적으로 참여하기 때문이다."(*FV*, 55 A 117)

"데모크리토스와 몇몇 다른 이들은 원소들이 프쉬카이(생명들, 영혼들)를 지니며 이들이 돌들의 탄생의 원인들이라고 말한다. 왜냐하면 그들은 돌 안에도 어떤 것을 탄생시키는 어떤 다른 씨앗들 안에서와 마찬가지로 프쉬케가 존재하며, 망치가 도끼나 톱을 만들어내기 위해 대장장이에 의해 움직여지는 것과 마찬가지로 질료 내부의 열이 돌의 탄생에서 운동의 원인이라고 말하기 때문이다."(*FV*, 55 A 164)

"데모크리토스는 감각들에 나타나는 것들을 무시하여 어떤 것도 참으로 존재하는 대로가 아니라 단지 그렇게 존재한다고 생각되는 대로만 나타나지만, 진리는 실재들 속에서, 즉 나누어질 수 없는 것들과 허공의 존재 속에서 발견되어야 한다고 말한다. 왜냐하면 그는 '관습에 의해 단 것이 존재하고, 관습에 의해 쓴 것이 존재하며, 관습에 의해 뜨거운 것이, 관습에 의해 차가운 것이, 관습에 의해 색깔이 존재한다. 그러나 진리 속에는 나누어질 수 없는 것들과 허공이 존재한다. …… 우리 자신은 실재에서 아무것도 정확히 이해하지 못하며 다만 우리 몸과 그 안에 들어오는 것들 및 그에 저항하는 것들의 배열에 따라서 그것이 변화하는 대로만 이해한다'고 말하기 때문이다. …… 그리고 『형태들에 대하여』Περὶ ἰδεῶν에서 그는 다음과 같이 말한다. '우리는 인간이 이러한 규칙에 의해 요컨대 진리로부터 멀리 떨어져 있음을 인정해야만 한다. …… 그리고 이러한 추론에 의해 우리가 참으로는 어떤 것에 관해 아무것도 알지 못하며 우리들 각각에 있어 각각의 의견이란 [상들의] 쇄도라는 것이 분명해진다. …… 지식의 두 가지 형태들(이데아이ἰδέαι)이 있는데, 하나는 적출이며, 하나는 서출이다. 서출의 지식에는 보고, 듣고, 냄새 맡고, 맛보고, 만지는 이 모든 것들이 속한다. 그러나 적출의 지식은 이로부터 분리되어 있다.' …… 디오티무스는 데모크리토스를 따라서 다음과 같은 세 가지 기준이 있다고 말했다. 현상들은 보이지 않는 것들의 이해를 위한 기준이다. (왜냐하면 데모크리토스가 이 교설로 인해 찬양하는 아낙사고라스가 말하듯이 현상들은 '볼 수 없는 것들의 드러남'이기 때문이다.) 개념은 탐구의 기준이다. (왜냐하면 '그대여, 모든 주제에 관련하여 하나의 시작, 즉 탐구가 무엇에 관한 것인지를 아는 것이 존재'하기 때문이다.) 감각경험들은 선택과 회피의 기준이다. (왜냐하면 우리가 그에 가깝게 동질적인 것은 선택되어야만 하고, 우리가 그에 이질적인 것은 회피되어야만 하기 때문이다.)"(Sextus Empiricus, Ⅶ, 135-40)

"플라톤과 데모크리토스는 둘 다 오로지 사유의 대상들만이 존재한다고 생각했다. 데모크리토스가 이렇게 믿었던 까닭은 자연의 근저에 놓여 있는 감각적 실체가 존재하지 않기 때문인데, 왜냐하면 그들의 조합들에 의해 모든 것이 형성되는 나누어질 수 없는 것들이 모든 감각적 성질들을 결여하는 본성을 지니기 때문이다. 그리고 플라톤이 이렇게 믿었던 까닭은 감각지각의 대상들이 언제나 생성될 뿐 결코 존재하지 않기 때문인바, 왜냐하면 존재가 강처럼 흐름으로써 동일한 것이 시간의 두 개의 최소 단위 동안에도 결코 머무르지 않기 때문이다."(Sextus Empiricus, Ⅷ, 6, 7)

"시인이 자기 안에 현재하는 신과 신성한 프네우마(혼 또는 숨)와 더불어 쓰는 것은 그것이 무엇이든 매우 아름답다."(*FV*, 55 B 18)

"프쉬케의 태양인 건강한 이성만이 그것이 정신의 깊이 내부에서 솟아오를 때 프쉬케의 눈을 비출 수 있다. 그리하여 데모크리토스는 아주 올바르게도 '이성을 소유하는 소수의 사람은 우리 그리스인들이 이제 공기라고 부르며 제우스로서 말 건네는 것을 향해 손을 뻗는다. 왜냐하면 제우스는 모든 것을 알고, 모든 것을 주고 빼앗으며, 모든 것의 왕이기 때문이다'라고 말한다."(*FV*, 55 B 30)[6]

"행복은 가축 떼나 금에 거주하지 않는다. 프쉬케가 신성의 거처이다."(*FV*, 55 B 171)

"신들은 사람들에게 옛것이든 지금 것이든 모든 좋은 것들을 준다. 그러나 옛것이든 지금 것이든 신들은 사람들에게 악하고 해로우며 소용없는 것을 주지 않는다. 그러나 사람들이 그들 정신의 무분별함과 무지로 인해 이러한 것들을 초래한다."(*FV*, 55 B 175)

"오로지 잘못을 하길 싫어하는 자들만이 신들에게 소중하다."(*FV*, 55 B 217)

"지혜로운 사람은 모든 땅으로 여행할 수 있다. 왜냐하면 우주 전체

● ● ●

6) 이것은 일종의 비꼬는 말로서 해석되어왔다. 하지만 그것은 물론 진지한 신학적 믿음의 진지한 진술이다. 공기가 불과 가깝고, 불이 신이라는 것은 레우키포스와 데모크리토스의 신학과 전적으로 일관된다.

가 지혜로운 프쉬케의 고향이기 때문이다."(*FV*, 55 B 247)

"상들이 인간들에게 가까이 다가와, 그것들 가운데 몇몇은 선을 행하고 몇몇은 악을 행한다. (그러므로 데모크리토스는 그가 행복한 상들을 만날 행운을 누리도록 기도했다.) 그리고 그것들은 크고 놀라우며, 거의 그러하기는 하지만 전적으로 불멸적인 것은 아니며, 그것들은 인간들에게 다가올 사건들을 예언하여 볼 수 있도록 말해준다. 그리하여 늙은이들은 이러한 상들을 지각할 때, 비록 실제로는 불멸적인 본성을 지니는 것만이 신이긴 하지만, 각각이 신이라고 생각했다."(*FV*, 55 B 166)

"데모크리토스는 정신이 신이며 구체 형태 속에 존재한다고 말한다(키케로, 『신들의 본성에 대하여』*De Deor. Nat.*, 1, 12, 29). …… 이제 떠돌아다니는 상들을, 그리고 이 상들을 쏟아내 밖으로 보내는 자연을, 그리고 우리 자신의 사유와 정신을 신들로서 간주하는 데모크리토스가 엄청나게 잘못을 범한 것이 아니라면, 그에 대해서는 어떻게 생각해야 할까? 그가 어떤 복합체도 결코 같은 조건에 머물지 않기 때문에 그것이 불멸적임을 부정하고 그리하여 신에 대한 어떠한 개념도 불가능하게 만들 때 그는 단적으로 신을 파괴하는 것이 아닌가? 왜냐하면 언젠가 데모크리토스는 신성을 부여받은 상들이 우주 속에 현존하며, 우주 속에서도 존재하는 정신의 시원들이 신들이며, 우리에게 이익을 주거나 해를 끼치곤 하는 프쉬케를 부여받은 상들과 몇몇 상들이 바깥으로부터 우주 전체를 포괄할 수 있을 만큼 거대하다고 말하기 때문이다…… (43, 120) ……."(*FV*, 55 A 74)

"어떤 이들은 우리가 신들에 대한 우리의 개념을 우주만물 속에서 발생하는 낯선 것들로부터 끌어냈다고 생각했으며, 데모크리토스도 이러한 의견인 것으로 보인다. 왜냐하면 그는 늙은이들이 천둥과 번개, 번갯불과 별들의 합 및 일식과 월식과 같이 하늘에서 벌어지는 것들을 볼 때 신들이 이들에 대해 책임이 있다고 생각한 까닭에 신들을 두려워한다고 말하기 때문이다."(*FV*, 55 A 75)

"공기는 이러한 상들로 가득 차 있다."(*FV*, 55 A 78)

"데모크리토스는 이러한 상들이 신의 있음으로부터 인간과 비이성적인 동물들 안으로 들어온다고 표현했다."(*FV*, 55 A 79)

레우키포스와 데모크리토스가 습관적으로 "원자론자Atomists"라고 불리는 사실은 그들의 교설을 뒤덮은 오해의 두터운 구름에 대해 책임이 있다. 그리스어 **아토모스**ἄτομος(atom, 원자)는 "부분들로 갈라질 수 없는 것", "나누어질 수 없는 것"을 의미한다. 에피쿠로스의 "원자"는 이미 레우키포스의 그것과는 매우 다르다. 가상디가 말한 "원자"도 에피쿠로스의 그것과 매우 달랐다. 그리고 물질의 내적 구조에 관한 이론의 부분인 근대 과학의 "원자"는 그것과 동음이의어인 선행자들 가운데 어느 것과도 유사하지 않으며, 최근의 물리학 이론에서 그것은 최소한 그것이 나누어질 수 없는 것이길 그쳤기 때문에 원자가 아니다. 그리하여 일련의 상이한 개념들을 지칭하기 위해 동일한 용어가 사용됨으로써 창조된 혼동은 아리스토텔레스 이후로 계속해서 철학사가들이 부주의하게 비역사적인 표현을 사용함으로써 더욱 더 확대되었다.

아리스토텔레스는 『형이상학』 I 권의 대부분을 형성하는 선행 철학들에 대한 적대적인 개관 과정에서 레우키포스와 데모크리토스에 관해 다음과 같이 진술하고 있다. "그들은 가득 찬 것과 허공이 원소들이라 말하며 하나를 있음으로 다른 하나를 있지 않음이라 부른다.

있음은 가득 차고 견고한 것이며, 있지 않음은 공허하고 희박한 것이다7)(그리하여 그들은 있음이 있지 않음만큼이나 참으로 존재하지 않는다고 말하는데, 왜냐하면 허공은 물체만큼이나 참으로 있지 않기 때문이다8)). 그리고 그들은 이들을 질료로서(**호스 휠렌**ὡς ὕλην) 존재하는 사물들의 원인들로 삼는다." 다시 말하면 아리스토텔레스 자신은 네 개의 원인, 즉 실체나 본질, 질료나 기체, 운동이나 변화의 근원 그리고 목적이나 선을 인정하는바, 레우키포스가 이들 네 원인 가운데 하나만을 인정했다는 이유로 레우키포스의 체계를 거부하며, 그 하나가 "질료적" 원인을 닮았다고 말하는 것이다. 아리스토텔레스가 여전히 사람들의 정신에 대해 행사하는 압도적인 권위가 아니었더라면 아리스토텔레스의 이러한 진술은 이미 오래 전에 일방적이고 잘못된 비판으로 인정되었을 것이지만, 그 비판은 심지어 아리스토텔레스 자신의 용어법과도 일치하지 않는다. 아리스토텔레스가 질료(**휠레**ὕλη)로써 의미했던 것은 무엇인가?

아리스토텔레스는 한 가지 의심스러운 것을 예외로 하면9) **휠레**ὕλη를 엄밀하게 철학적인 의미에서 사용한 최초의 사람이었다. 만약 로스에 의해 주어진 탁월한 정의로 향하게 된다면, 우리는 "아리스토텔레스에게 있어 질료Matter는 우리가 정신에 대립된 물질matter에 대해 말하는 것과 같은 일정한 종류의 사물이 아니다"라는 것을 발견

• • •

7) "견고"와 "희박"이라는 용어는 아리스토텔레스에 의해 덧붙여진 것들이다.

8) 모든 사본의 독해는 다음과 같다. **호티 우데 토 케논 투 소마토스**ὅτι οὐδὲ τό κενὸν τοῦ σώματος. 『형이상학』의 본래 텍스트가 언제나 엄밀하게 논리적이라고 가정할 필요는 없다.

9) *Met.*, edited by Ross, Ⅰ, 128.

하게 된다. 반대로 "그것은 형상에 관계하는 순수하게 상대적인 개념 …… 한 사물의 질료들을 함께 묶는 구조에 대립된 것으로서의 그 질료들, 즉 규정하는 것에 대립된 것으로서의 규정될 수 있는 것이다." 그런데 아리스토텔레스가 원자들과 허공이 실제로 질료인이라고 말하는 데까지 나아갔던 것은 아니었다. 그는 단지 그것들이 질료인과 닮았다거나 그것들이 "질료의 본성을 지닌다"(엔 휠레스 에이데이ἐν ὕλης εἴδει)고 말했을 뿐이다. 그러나 이러한 제한 내에서조차 레우키 포스의 나누어질 수 없는 있음들 및 그것들이 그의 체계에서 수행하는 역할과 아리스토텔레스의 형상을 지니지 않는 가능적이고 무규정적인 질료 및 그것이 아리스토텔레스의 체계에서 수행하는 역할 사이에서 어떤 유사성을 찾아내는 것이 어떻게 가능할 것인가? 레우키포스의 나누어질 수 없는 있음들은 사실 움직이긴 하지만, 다른 모든 측면에서는 질료와는 다른 사유의 극에 놓여 있다. 그것들은 영원하며, 그 자신과 영원히 동일한 실체의 것이다. 그것들은 신적인 있음(테이아스 우시아스Θείας οὐσίας)의 것인 까닭에 모든 생명과 정신의 원천이다. 따라서 우리는 아리스토텔레스의 이러한 진술이 예를 들어 "아무것도 알지 못하는 죽을 수밖에 없는 자들이 머리가 둘인 채로 상상하는" 탐구의 길에 관한 파르메니데스의 언명 이상으로 진지하게 받아들여질 필요가 없으며 또 그리되어서는 안 된다고 결론지을 수 있다. 헤라클레이토스는 단지 파르메니데스가 "귀먹고 동시에 눈먼 채로 혼미에 사로잡힌" 자라고 말했다고 해서 그런 사람인 것은 아니었다. 마찬가지로 레우키포스도 단지 아리스토텔레스가 그렇게 말했다고 해서 "유물론자"인 것은 아니다.

그러면 "원자"라는 용어의 계속된 적용과 아리스토텔레스의 자연스러운 허영심에 의해 발생된 그러한 편견에서 자유로운 정신을 지니고서 레우키포스와 데모크리토스의 교설들에 관한 이용 가능한 증거에 접근한다고 생각해보자. 곧바로 말할 수 있는 것은 데모크리토스의 백과전서적인 경향과 중요한 윤리학 체계의 창조를 예외로 한다면 두 사람의 철학적 태도를 구별할 것은 거의 또는 전혀 없다는 것이다. 따라서 나는 레우키포스가 개척자이며 데모크리토스는 모든 본질적인 교설에서 그에게 동의했다고 이해하는 가운데 그 두 사람에 대해 차별 없이 언급하고자 한다.

레우키포스의 나누어질 수 없는 있음들을 이해하기 위해 우리는 먼저 파르메니데스의 최고의 신이 지닌 속성들을 다시 개괄하지 않을 수 없다. 파르메니데스의 최고의 신은 하나인 있음이자 "전체가 균일한" 까닭에 나누어질 수 없다. 그것은 연속적이고 움직일 수 없는데(이는 변화할 수 없다는 것을 의미한다), 왜냐하면 그것은 "강한 아낭케(필연)가 그것을 빙 둘러 에워싸고 있는 한계의 속박들 안에 그것을 꽉 붙들고 있기" 때문이다. 또한 그것은 한계지어져 있기 때문에 완결되어 있으며, "한계들 안에서 한결같게 놓여 있고" 흩어지거나 나누어지지 않기 때문에 불가침이고, "있음으로 가득 차" 있고 따라서 사유로 가득 차 있고 사유의 원인이자 한계지어져 있는 까닭에 하나의 구체 형상이자 우주만물의 형상의 원인이다. 그러면 레우키포스가 이러한 최고의 신에게 변화하는 현상들과의 좀 더 직접적이고 좀 더 명백히 인과적인 관계를 부여하기 위하여 이 신에게 만들어 넣지 않으면 안 되었던 변화는 어떤 것들인가? 최고의 신은 최고의 실재이기를 그치지 않고서 다수가 되어야만 한다. 따라서 레우키포스는 자신의 나누어질 수 없는 있음들을 그 수와 양에서 무한하게 만들었다.

이러한 새로운 있음들의 각각은 매우 작으며, "그리하여 감각들을 벗어나고"(*FV*, 55 A 37), "사변적 이성에 의해서만 관찰"(*FV*, 55 A 102, 124)될 수 있다. 그러나 형태·형상을 제외한 다른 모든 내재적 측면에서 이러한 새로운 있음들은 파르메니데스의 하나인 있음과 동일한 것으로 남는다. 그들은 모두 나누어질 수 없는 것들인바, 다시 말하면 그들은 모두 연속적이고 균일한 있음으로 가득 차 있다. 그들은 모두 변화 불가능하다는 의미에서 내적으로 부동자이다. 파르메니데스의 하나인 있음은 구체의 형상이었다. 이러한 새로운 나누어질 수 없는 있음들은 모두 사실상 형상들이지만 모두가 구체 형상들은 아니며, 두 교설 사이의 이러한 차이에 대한 설명은 레우키포스를 이해하는 데서 근본적인 중요성을 지닌다.

우리는 이미 파르메니데스가 자기의 최고의 신과 우주만물 간의 인과적 속박을 확보하기 위하여 구체 형상의 속성을 채택했음을 본 바 있다. 파르메니데스의 목적을 위하여 하나의 형상은 그의 하나의 신과 하나의 우주 간의 인과적 관계를 표현하기에 충분했다. 그러나 바로 이 점에서 레우키포스는 자신의 스승에 반대했다. 그는 무한한 수의 변화하는 우주만물을 가정했으며(**아페이라 에이나이 타 판타**ἄπειρα εἶναι τὰ πάντα), 따라서 그는 형상들이 수와 양에서 무한하다고 가정하지 않을 수 없다. 나아가 이 새로운 형상들은 각각의 하나가 우주의 형상의 원인을 이루는 과제에 제한되어 있지 않다. 그것들은 가장 큰 것뿐만 아니라 가장 작은 것에 이르기까지 모든 곳의 모든 현상들의 원인들(**아이티아이**αἰτίαι)이다. 그리고 형상이 현상들에 대한 신적인 인과적 관계를 표현하는 있음의 속성인 까닭에, 나아가 현상들의 다수성이 무한한 까닭에, 이러한 새로운 형상들은 무한한 다양성을 지니는 것이 아니면 안 된다. 형상들이 지각될 수 없고 오로지 이성에 의해서만 접근될 수 있기 때문에, 어떤 하나의 형상도 혼자서는 정의상 지각될 수 있는 현상들을 산출하기에 적합하지 않다. 그러므로 이러한 형상적 원인들은 현상들을 산출하기 위하여 결합해야만 한다. 그리하여 우리는 레우키포스가 운동과 변화 그리고 있지 않음의 문제들을 다루지 않을 수 없게 된 지점에 도달한다.

형상들이 철저히 연속적이고 가득 차 있는 있음이고 내적인 변화나 운동을 할 수 없기 때문에, 모든 변화와 운동과 현상들은 뭔가 다른 종류의 실재의 도입에 의존하지 않을 수 없는데, 그러한 실재는 형상들이 그들의 인과적 힘을 행사하는 것을 허락하는 것으로서 파악되어야만 한다. 이러한 다른 종류의 실재는 두 가지 방식에서 고려되어야만 한다. 한 가지 관점에서 그것은 형상들을 분리시키고 그것들이 파르메니데스의 부동이자 불변적인 하나인 있음에로 합체하지 못하게 하는 것이어야 한다. 다른 관점에서 그것은 형상들의 대립물이어야 한다. 형상들은 있음으로 가득 차 있지만, 이 새로운 실재는 있음이 결여되어 있어야만 한다. 요컨대 형상들은 있음이고, 이 새로운 실재는 있지 않음이어야만 하는 것이다. 다시 한 번 레우키포스는 자신의 스승에 반대했다. 파르메니데스는 있지 않음의 실재를 부정했다. 그러나 레우키포스는 있지 않음의 실재를 주장한다. 만약 있지 않음이 실재가 아니라면, 무한하고 나누어질 수 없는 형상들은 파르메니데스의 하나인 있음과 마찬가지로 불모의 것이자 운동이 없는 것으로서 남을 것이다. 그리고 이러한 있지 않음은 가득 차 있는 것과는 대비되는 허공이다. 본래 피타고라스에 의해 제안된 그 용어는 그의 소우주적 현상들을 분리시키는 것을 의미했는데, 그 현상들의 각각에서는 하나가 "다른" 것과 일정한 비율로 결합되어 있었다. 제논은 운동하지 않는 하나인 있음의 적대자들에 반대하는 자신의 논증에서 이 허공을 사용했다. 레우키포스는 그 개념이 자신의 목적을 위해 아주 적합한 모양의 것임을 발견했다. 그것은 비어 있는 공간과 혼동되어서는 안 된다. 그리스인들은 아직 모든 현상의 근저에 놓여 있는 연속적 기체의 개념을 창안해내지 못했다. 있지 않음이기도 한 허공은 다만 있음들로 하여금 운동함으로써 현상들을 일으키도록 해주는 있음의 중단일 뿐이다. 그러나 그것은 필연적인 중단이었다.

일단 있지 않음이 가정되면 운동은 가능하며, 형상들 즉 그 수와 다양성에서 무한한 것은 현상들을 불러일으키는 그들의 영원한 과업을 떠맡는다. 아리스토텔레스는 과연 그답게 레우키포스와 데모클리토스가 "게으르게 운동의 원인을 무시했다"(*Met.*, 985 b 19)고 언명했지만, 그것은 다만 그들이 아리스토텔레스가 그것을 설명한 대로 설명하지 않았다는 것을 의미할 뿐이다. 형상들의 운동은 영원하며, 영원한 것은 물론 시간에서 기원이나 시작을 지니지 않는다. 영원한 운동은 단순히 인과적 과정의 영원성을 표현할 뿐이다. 우주만물이 형성되는 과정의 세부적인 것들에 관한 한, 그것들은 디오게네스 라에르티오스에 의해 주어진 설명에서 상당히 명확하다. 그 과정은 일반적으로 아낙사고라스에 의해 주어진 설명과 유사하다. 요컨대 형상들의 분리로 이어지는 단일한 회전이 존재하며, 그 분리에 의해 "비슷한 형상들이 비슷한 것과 결합하고" 불과 공기를 구성하는 것들인 미세한 형상들은 "마치 체에 걸러지듯이" 바깥쪽 비어 있는 것에로 떨어져 나간다. 태양의 궤도 바로 바깥에 있는 둘러싸고 있는 "피막"이 존재하며, 그 내부에서는 또한 불타는 별들이 형성된다. 이러한 둘러싸고 있는 피막은 물론 아낙시메네스의 체계와 아낙사고라스의 체계에서 아주 친숙한 둘러싸고 있는 공기나 프네우마에 정확히 대응하는 것이다.

무한히 다양한 현상들을 창조하는 무한히 다양한 형상들 가운데서 하나의 특수한 형상이 레우키포스와 데모크리토스에 의해 선발된다. 그들의 스승 파르메니데스가 하나인 구체 형상의 신적인 완전성을 역설했지만, 이제 레우키포스와 데모크리토스는 구체 형상을 지니는 무한한 수의 불가분적 있음들을 정신, 프쉬케, 불 그리고 신과 동일시한다. 이러한 신적인 구체 형상들은 판스페르미아Panspermia, 즉 모든 씨앗들의 혼합물이며, 모든 자연을 산출하는 원소들이다. 덧붙이자면, 그것들은 또한 공기와 프네우마이기도 한데, 왜냐하면 프쉬케는 헤라클레이토스의 교설에서 그랬던 것과 마찬가지로 호흡 과정에 의해 육체들 내부에서 유지되기 때문이다. 우주만물을 관통하여 생명을 발생시키는 이러한 구체 형상들은 우주만물을 통하여 서로 다른 비율로 분포되어 있다. 보통의 동물들에서 그것들은 물론 정신과 프쉬케이지만, 그것들은 모든 곳에서, 따라서 돌에서도 나타나기 때문에 돌도 프쉬케를 지닌다. 그리고 증거가 필요한 한에서 겉보기에 생명이 없는 것들에서 프쉬케가 현존한다는 것에 대한 증거는 돌들이 존재하게 된다는 사실인바, 따라서 "어떤 것을 존재하게 하는 어떤 다른 씨앗에서와 마찬가지로 돌에도 프쉬케가 존재한다." 보통의 동물들의 경우에 이러한 구체 형상들은 동물의 육체를 산출하는 구체가 아닌 형상들과 함께 "하나 옆에 하나가 번갈아 쌍으로" 놓인다. 이러한 구체 형상들이 다른 형상들과 대비되는 까닭은 단지 그들이 정신, 프쉬케, 신으로서 특수하게 기능하기 때문만이 아니라 또한 그들이 특유한 정도로 그 밖의 모든 것을 관통하는 힘을 지님으로써 "프쉬케가 모든 살아 있는 존재들에게 운동을 나누어주는" 까닭에 "그 밖의 모든 것을 너무도 쉽게 움직일 수 있기" 때문이다. 다시 말하면 모든 형상들이 움직이는 경향이 있지만, 육체들을 산출하는 형상들은 명백히 정신과 프쉬케를 구성하는 형상들과 대비된다. 덜 미세한 형상들은 "함께 머물러 뒤엉키게 되는" 경향이 있으며, 그러한 모든 뒤엉킴은 작든 크든 "체계"이다. 우주 그 자체는 그러한 체계이며, 불과 공기의 좀 더 섬세한 형태들로 이루어지는 피막 안에 둘러싸여 있고, 항상적인 회전 속에 놓여 있다. 그리고 이러한 회전하는 피막은 그것에 점착되어 있는 진흙의 체계들을 말려 그들을 신적인 불로 전환시키는바, 그것들은 별들이 된다.

이제 호흡의 과정에 대해 주어진 설명으로 향하게 되면, 우리는 유기체들의 단계를 내려가면서 보통의 동물과 돌 사이에, 그리고 그 단계를 올라가면서 보통의 동물과 우주 사이에서 뚜렷한 유비가 존재한다는 것을 보게 될 것이다. 외부로부터 동물의 육체 안으로 들어가는 구체 형상들은 "몸을 압축하고 딱딱하게 만드는 것을 붙들어두는" 것으로서 표현되지만, 그러나 더 이상 호흡의 과정을 유지하기에 충분한 힘이 존재하지 않을 때 동물은 "죽으며", 그 프쉬케의 구체 형상들은 뿔뿔이 흩어진다. 그러나 "죽음"은 레우키포스의 철학에서 단지 상대적인 술어일 뿐이다. 절대적으로 "죽은" 육체와 같은 그러한 것은 존재하지 않는다. 왜냐하면 죽은 것이라 불리는 육체들도 "그 프네우마(숨)를 가지고서 좀 더 큰 부분을 관통하는 따뜻하고 감각을 부여받은" 어떤 것에 참여하며, "딱딱해진 육체"인 돌도 프쉬케를 지니기 때문이다. 다른 한편으로 죽음이 상대적인 술어에 불과하듯이 생명도 상대적인 술어일 뿐이다. 그리고 불과 공기와 프네우마를 구성하는 구체 형상들은 보통의 동물들의 프쉬케뿐만 아니라 우리가 별들이라고 부르는 것과 같은 신적인 불들 및 그것들 가운데 "어떤 것은 선을 행하고 어떤 것은 악을 행하는" "크고 놀라우며, 거의 그러하기는 하지만 전적으로 불멸적인 것은 아닌" 상들의 신적인 원천이다. 그러므로 레우키포스와 데모크리토스에 따르면 구체 형상들에게는 가장 높은 정도의 인과적 힘이 부여되어 있다. 구체 형상들은 신이다.

그것들 가운데 어떤 것은 선을 행하고 어떤 것은 악을 행하는 "거의 그러하기는 하지만 전적으로 불멸적인 것은 아닌 상들"에 관해 이야기하자면, 그것들이 전통적인 그리스적 믿음의 다이몬들을 나타낸다는 것은 명백하다. 엠페도클레스의 체계에서 낮은 등급의 신들과 마찬가지로 그들도 영원할 수 없는데, 왜냐하면 그들은 형상들의 조합들이고, 우리가 우주라고 부르는 조합을 포함하여 형상들의 어떠한 조합도 영원하지 않기 때문이다. 데모크리토스는 이러한 상들의 한 종류를 그가 명백히 "사람들에게 좋은 모든 것들을 주지만 결코 해롭고 무용하거나 악한 것을 주지 않는" "신들"이라 부른 최상의 종류로부터 구별했던 것으로 보인다. 그러나 이러한 최상의 종류도 전적으로 불멸적일 수는 없었다.

그러므로 레우키포스의 최고의 신인 구체 형상들 그 자체는 있음의 다른 형상들에 대해 헤라클레이토스가 그의 최고의 신인 불과 불의 저차적인 형태들 사이에서 확립한 것과 똑같은 관계에 서 있다. 구체 형상들은 철저히 순수한 있음으로 이루어지며, 모든 다른 형상들은 불의 저차적인 형태들이 실제로 불로 이루어졌던 것과 마찬가지로 철저히 순수한 있음으로 이루어진다. 그러나 가장 높은 정도의 인과적 활동성은 구체 형상들에 맡겨지며, 다른 형상들은 그들의 있음과의 동일성에도 불구하고 덜 운동적인 것이자 따라서 우주의 중심에서 발견될 수 있는 종류의 조합들에 좀 더 쉽게 뒤엉킬 수 있는 것으로서 표현된다. 이러한 열등한 형상들은 그것들이 결합될 때 "모든 종류의 물체들"을 구성하는바, 주의해야 할 것은 레우키포스가 열등한 형상도 포함하여 어떠한 형상도 물체로서 간주하지 않았다는 점이다. 자기 자신의 철학에서 도출된 기술적 용어들을 습관적으로 다른 철학자들의 개념들에 적용한 아리스토텔레스는 『생성과 소멸에 관하여』 316 b에서 "나누어질 수 없는 물체들과 크기들"에 대한 믿음은 "쪼개짐이 그 이상으로 나아갈 수 없는 한계가 존재"하면서도 물체가 완전히 소멸하도록 하지는 않게 하는 근거 위에서만 정당화될 수 있겠지만, 그것은 불가능한 결론일 것이라고 주장했다. 다른 한편으로 아리스토텔레스는 "나누어질 수 없는 물체들"에 대한 믿음 그 자체가 거부되어야만 하는데, 왜냐하면 그것은 그가 『천체에 대하여』 303과 『자연학』 231 a 18 이하에서 상세하게 제시한 일련의 불합리하고 불가능한 결론들로 이어지기 때문이다. 다시 말하면 아리스토텔레스는 우리가 레우키포스와 데모크리토스에 관한 우리의 정보를 끌어내고 있는 다른 전거들 가운데 어디에서도 그 흔적을 찾을 수 없을 뿐만 아니라 그 타당성을 위해서는 레우키포스의 나누어질 수 없는 있음들이 "물체들과 크기들"이라는 가정에 의존하는 논증을 창안했던 것이다. 그러나 "물체들과 크기들"은 아리스토텔레스에 의해 각각 "감각적이고 변화할 수 있으며 지각될 수 있는 질료로부터 만들어진 대상들"과 "순수한 연장"이자 가지적인 질료로 이루어지는 대상들을 의미하기 위해 채용된 기술적 용어들이다. 이 가운데 후자는 수학자들에 의해 연구되는 기하학적 대상들이다. 레우키포스의 나누어질 수 없는 있음들과 아리스토텔레스가 말하는 나누어질 수 있고 변화할 수 있으며 덧없는 "물체들과 크기들"이 동일하다는 가정에 대해 우리가 어떤 타당성을 돌리는 것이 과연 정당할 수 있을까?

대답은 명확하다. 아리스토텔레스에 의해 이루어진 가정은 전적으로 부당하다. 그가 그렇게 가정한 것은 그 자신이 창안한 논증을 일시적으로 뒷받침하기 위해서였던바, 요컨대 그 논증의 붕괴가 좀 더 극적이고 설득력 있는 것일 수 있도록 함으로써 그 논증이 붕괴될 때 그와 더불어 레우키포스와 플라톤의 체계도 함께 쓸려가기를 바래서였다. 왜냐하면 "물체들"이 나누어질 수 없는 있음들의 아리스토텔레스 버전인 것과 마찬가지로 그가 "크기들"이라고 부르는 수학적 대상들은 플라톤 자연학 체계의 그의 버전이기 때문이다. 사실 나누어질 수 없는 있음들은 모든 감각적 성질과 실체를 결여하고 있는 사유의 대상들이다. 그것들은 지각과 변화에 종속되어 있는 물체들이 아니라 그 자신들이 모든 물체들의 원인들이다. 그것들은 수학자에 의해 연구되고 필연적으로 나눔에 종속되어 있는 것과 같은 크기들이 아니라 순수한 있음으로 이루어지는 불멸적인 형상들이며, 허공에 의해 떨어져 있다 하더라도 허공이나 그 밖의 어떤 것에 의해 나누어질 수 없다. 만약 아리스토텔레스가 구체 형상들보다 덜 빠르게 움직이며 돌들이나 땅과 같은 복합 물체들을 구성하는 경향이 있는 구체가 아닌 일정한 형상들이 있다고 말했다면, 그는 공정한 비판의 한계 내에 머물러 있었을 것이다. 왜냐하면 레우키포스에 의해 묘사되고 있는 신적인 구체 형상들의 완전성은 단적으로 그 형상들이 구체와는 다른 까닭에 불가피하게 더 낮은 등급의 인과적 힘을 부여받는 다른 모든 형상들에 대한 비판을 함의한다고 하는 것은 전적으로 참이기 때문이다. 다시 말하면 모든 형상들은 신의 있음으로 이루어지는 까닭에 신적이지만 몇몇은 다른 것들보다 더 낮은바, 레우키포스와 데모크리토스는 신의 이름을 구체 형상들에게만 유보하고 있는데, 이는 헤라클레이토스가 그의 최고의 신을 불의 저차적인 형태들이 아니라 불과만 동일시했던 것과 똑같다 할 것이다.

불행한 일은 아리스토텔레스가 올바르지 못하게 나누어질 수 없는 있음들에 적용한 용어법과 그러한 용어법의 사용에 동반되는 잘못된 개념들이 몇 가지 이유들로 인해 널리 받아들여지게 되었다는 점이다. 그 이유들은 아리스토텔레스에 의해 채용된 논증들과 그가 도달한 결론들이 "아는 자들", 즉 전문적인 학자들과 신학자들 그리고 철학자들과 과학자들뿐만 아니라 간접적으로는 알지 못하고 스스로 판단할 수 없으며 전문가들의 권위에 의지할 수밖에 없는 수많은 사람들의 정신을 지배하게 된 정도를 아리스토텔레스주의의 역사에 대한 연구를 통해 알고 있는 모든 이에게 명백할 것이다. 조금 후 나는 초기 그리스 철학자들의 관념들과 사유의 역사에 관계되는 한에서 바로 이 아리스토텔레스의 영향력에 관한 문제로 되돌아오게 될 것이다. 하지만 지금으로서는 지식의 이론과 과학 및 기계론, 나아가 유물론이라고 알려져 있는 일련의 좀 더 모호한 개념들에 대한 레우키포스와 데모크리토스의 태도를 개괄하지 않으면 안 된다.

결합에 의해 감각에 지각될 수 있는 물체들을 불러일으키는 나누어질 수 없는 형상들과 모든 형상들을 떨어져 있게 하고 그것들이 느리게든지 빠르게든지 운동할 수 있게 해주는 허공은 유일한 두 개의 실재들이며, 따라서 유일한 참된 지식은 형상들과 허공에 대한 지식이다. 이것은 다른 모든 지식이 거짓이라고 말하는 것과 똑같다. 앞으로 보게 될 것처럼 데모크리토스는 이렇듯 함의된 비난에 형상들과 허공을 인정하지 않는 모든 철학 체계들뿐만 아니라 감각들에서 도출되는 지식도 포함시켰는데, 그는 그러한 지식을 명백히 "서출의" 지식이라고 불렀던 것이다. 그러므로 현상들과 현상들 속에서 지각될 수 있는 성질들은 진리가 아니다. 그러나 그것들은 실재들에 의해 불러일으켜지기 때문에 "보이지 않는 것들의 이해를 위한 기준"이라고 말해질 수 있으며, 그것들 자체가 아낙사고라스의 체계에서의 현상들과 마찬가지로 완전한 비실재가 아니라 형상들과 허공의 드러남이다. 이것은 아리스토텔레스가 데모크리토스는 "진리는 [감각들에] 나타나는 것이라고 생각했다"고 말할 때 그에게 있었던 이유임에 틀림없다. 데모크리토스의 견해를 그보다 더 효과적으로 왜곡하는 구절을 고안해내기는 어려울 것이다. 하지만 아리스토텔레스가 진리는 나타나는 것 "속에" 있다고 말했을 뿐이라면 그의 진술은 올바를 것이다.[10] 그럼에도 불구하고 잘못을 범하는 감각들에 의해 지각된 현상들이 진리에 관계되어 있고 또 실재들을 원인으로 하여 불러일으켜져 있기 때문에, 그것들은 이성의 빛에 의해 적절히 고려된다면 현상들에 관해서뿐만 아니라 형상들과 허공에 관해서도 뭔가 참된 지식을 제공하게 될 것이다. 현상들에 대한 우리의 "서출의" 지식은 우리에게 현상들이 끊임없는 변화를 겪고 있으며 겉보기에 무한히 다양한 감각적 성질들을 지닌다는 것을 가르쳐준다. 그러나 그것들에 대한 우리

• • •

10) 위에서 번역된 『생성과 소멸에 대하여』, 315 b의 단락에서 아리스토텔레스는 레우키포스의 교설을 왜곡할 동기를 지니지 않은 채 그것을 올바르게 보고하여 진리가 "나타남 속에"(엔 토 파이네스타이ἐν τῷ φαίνεσθαι) 있다고 말했다.

의 참된 지식은 겉보기의 변화들이 현상들에 제한되어 있으며 그것들이 위치와 배열을 변화시키는 것을 제외하면 형상들에 영향을 미치지 못하고, 무한히 다양한 감각적 성질들이 실제로는 위치와 배열을 제외하면 결코 변화하지 않을 뿐만 아니라 전적으로 감각적 성질들을 결여하고 있는 근저에 놓인 인과적 실재들에 의해 산출된 기만이라는 것을 가르쳐준다. 허공은 언제나 있지 않음이다. 형상들은 언제나 있음이다. 이러한 의미에서 레우키포스와 데모크리토스는 "없음"이 어떤 현상이나 형상들의 조합을 가리키는 곳에서 "없음은 실제로는 또 다른 성질의 것이 아닌 하나의 성질의 것이다"라고 말한다. 그것은 요컨대 무한히 다양한 현상들이 한갓 현상일 뿐이라고 말하는 것이다.

하지만 무한한 다양성과 항상적인 변화는 이를테면 실재적인 현상들이다. 그리고 형상들 및 허공과 그것들이 불러일으키는 것 사이의 인과적 속박을 유지하기 위하여 레우키포스는 인과적 실재들 속으로 무한성을 도입하지 않을 수 없었다. 그리하여 형상들의 수와 양은 무한한데, 이는 아낙시만드로스의 아페이론의 양이 "사물들에서의 생성과 변화가 결코 그치지 않도록" 무한한 것과 똑같다(심플리키오스, *Phys.*, 28). 그렇다면 왜 레우키포스는 형상들의 다양성 역시 무한하다고 가정해야만 하는가? 아리스토텔레스는 레우키포스와 데모크리토스가 사물들이 세 가지 것들, 즉 "형태와 방향 그리고 상호접촉에서의 차이들"에 의해 생성되는 방식을 설명하고 있다고 말한다. 이 차이들 가운데 두 가지는 나누어질 수 없는 있음 그 자체가 아니라 운동에 속하며, 남아 있는 한 가지, 즉 형태·형상에서의 차이는 나누어질 수 없는 있음을 다른 나누어질 수 없는 있음으로부터 구별시키는 데 이바지하는 그것의 유일한 속성이며, 따라서 현상들에서 관찰되는 겉보기의 질적 차이들의 유일하게 실재적인 원천, 즉 있음들 자체들에 내재적인 원천이다. 그러므로 형상의 인과적 기능에 대한 이러한 강조는 레우키포스 체계의 빠트릴 수 없는 부분이다. 그리고 그와 그의 제자 모두 그들이 인정한 최고의 궁극적 실재의 가장 중요한 속성을 가리키기 위하여 나누어질 수 없는 있음(**아토모스 우시아**ἄτομος οὐσία 또는 **퓌시스**φύσις)보다는 **뤼스모스**ῥυσμός와 **이데아**ἰδέα, 즉 형태·형상이라는 용어를 훨씬 더 자주 사용한 것으로 보인다.

레우키포스가 믿은 두 가지 절대적인 실재는 둘 다 형이상학적이다. 있음과 허공은 감각지각의 범위를 넘어서 있으며, 오직 참된 이성의 시행을 통해서만 다가설 수 있는바, 참된 이성은 오로지 하나뿐인 이용 가능한 원천, 즉 레우키포스와 데모크리토스의 최고의 신인 구체 형상들을 지닌다. 이러한 신적인 형상들로 인간의 프쉬케와 정신이 구성되며, 인간이 죽을 때 그의 프쉬케인 구체 형상들은 그의 육체 내부에서 그것들의 인과적 기능을 수행하길 그치고 흩어진다. 그러나 오로지 인간의 개별적이고 일시적인 생명만이 그것들의 분산의 영향을 받을 뿐, 영원한 구체 형상들은 그것들이 어디 있든지 간에 계속해서 생명과 정신이며, 우주만물을 관통하여 생명의 현상들을 불러일으킨다.

레우키포스의 활동은 그의 형이상학적 체계를 확립하는 과제 너머로 그리 멀리 나아가지 않았다. 그러나 데모크리토스는 아리스토텔레스의 광범위한 호기심을 지녔고 체계를 여러 현상들의 설명에 적용했던 것으로 보인다. 이러한 제한된 의미에서 그는 그의 시대 전후의 여러 그리스 철학자들과 마찬가지로 과학자였다. 그러나 그도 레우키포스도 조화되지 않는 사실 앞에서 어떤 이론이나 가설을 기꺼이 포기하고자 하는 사람이라는 의미에서의 과학자는 아니었다. 레우키 포스는 "어떤 것도 아무렇게나 생겨나지 않는다. 오히려 모든 것은 이성에 따라서, 그리고 필연에 의해 생겨난다."고 말했다. 이것은 그가 유물론자였으며, 그가 관찰된 운동의 현상들이 수학적으로 진술될 수 있는 기계적 법칙들의 작용에 기인한다고 믿었다는 것을 의미하는 가? 전혀 그렇지 않다. 어떤 기적에 의해 아리스토텔레스의 질료 개념이 레우키포스에게 설명될 수 있었고 레우키포스가 그 자신의 확신들을 유지하기에 충분한 정신의 힘을 지녔었다고 가정한다면, 그는 아리스토텔레스의 질료를 잘못된 가설로서 거부했을 것이다. 또한 그는 정신과 대비되는 어떤 것이나 복사나 파동의 체계인 어떤 것 또는 정신적인 것도 물질적인 것도 아닌 좀 더 근원적인 소재로 구성되는 구조로서의 근대적인 물질 개념들도 똑같은 열의를 가지고서 거부했을 것이다. 그는 엘레아학파의 최고의 신을 완전한 인과적 활동성과 현상들과의 직접적인 관계로 회복시킴으로써 그것을 개선했다. 그는 구체 형상들이 최고 정도의 인과적 힘을 지닌다고 가정했다. 그러나 그는 구체 형상들이 기계적으로나 그들 자신에 외적인 법칙들에 "복종"하여 작용하는 것으로서 간주될 수 있으리라고는 결코 상상하지 않았다. 구체 형상들은 그 자체가 신적인 이성이다. 그리고 레우키포스가 말하는 필연에 관한 한 그것은 그리스 사상의 초기로부터 최고의 신적인 힘과 결합되어 있었던바, 그것도 그 힘에 외적인 것이 아니라 그것과 동일한 것으로서나 그것의 주요한 속성들 가운데 하나로서 결합되어 있었다. 레우키포스는 아리스토텔레스가 형상들과 허공이 "질료"인과 닮았다고 주장하리라고는 예견할 수 없었으며, 또한 그 이후의 철학자들과 철학사가들 대부분이 아리스토텔레스의 근거 없

는 주장을 반복하게 될 것도 예상할 수 없었다.[11]

그 모두가 사유이자 있음인 구체 형상들은 레우키포스의 최고의 신이었다. 이제 상당히 명확해진 것은 이 형상들이 "질료·물질"이란 용어를 고대나 근대에 어떻게 수용했든 그것과 조금도 닮아 있지 않다는 점이다. 그러나 레우키포스를 떠나기 전에 간단한 논의로 수행할 수 있는 한에서 바로 이 물질 문제와 원자론자들의 철학에 대한 물질의 관계를 명확히 하는 것이 좋을 것이다. 원자론자들의 철학에는 그 기능에서 아리스토텔레스의 물질이나 질료·휠레ὕλη와 닮은 개념이 존재한다. 그 개념은 있지 않음 또는 허공의 개념이다. 이 두 개념들 사이의 유사성은 동일성과는 거리가 멀며, 그 유사성의 한계들을 확립하기 위해서는 아리스토텔레스의 광대한 체계에 대한 해명이 필요로 될 것이다. 그러나 현재의 목적을 위해서는 아리스토텔레스가 레우키포스를 따라 형상의 신성을 인식했으며, 형상들의 위계질서에서 최고의 순수 형상이 아리스토텔레스의 최고의 신이었고, 아리스토텔레스가 형상을 질료와 대비시켰다는 것을 지적하는 것으로 충분할 것이다. 아리스토텔레스에게 있어 형상인은 목적인 및 작용인과 거의 동일한 것이었으며, 질료인 즉 휠레는 변화를 가능하게 하고 장소이동과 변질, 크기의 변화 그리고 생성과 소멸을 허락

● ● ●

11) 학설사가들은 레우키포스와 데모크리토스의 교설(Diels, Dox., 321, 330)을 한 구절에서는 올바르게, 다른 구절에서는 그릇되게 보고하고 있다. 321에서 데모크리토스의 필연은 아주 올바르게도 헤이마르메네(Heimarmene, 운명), 디케(Dike, 정의) 그리고 프로노이아(Pronoia, 섭리)와 동일시되어 있다. 어느 정도 적대적인 비판자로부터 유래한 330에서는 퓌시스 알로고스φύσις ἄλογος(이성을 결여한 실체)의 교설이 레우키포스에게 돌려진다. 상황에 따라서는 다행스럽게도 우리는 레우키포스 자신의 결정적인 증거를 가지고 있는데, 그것은 그가 이성과 필연의 최고의 인과적 힘을 믿었음을 입증해준다.

하는 것이었다.12) 아리스토텔레스에게 있어 질료는 분명히 형상과
대비되는 것이다. 거의 동일한 방식으로 레우키포스는 있지 않음과
허공의 개념을 형상들인 자신의 나누어질 수 없는 있음들로 하여금
움직이고 따라서 변화하는 모든 현상들을 산출할 수 있게 해주는
것으로서 받아들였다. 만약 아리스토텔레스가 자신의 체계에서 질료
가 레우키포스의 체계에서 있지 않음이나 허공이 수행한 것과 거의
동일한 기능들을 수행했다고 말했더라면, 어느 누구도 당연히 그 진
술에 이의를 제기할 수 없었을 것이다.13)

  우리는 이제 기원전 5세기에 도달했지만, 이즈음 그리스 사유는
우주만물을 지배하는 최고의 신적인 힘에 대한 완전한 정의를 획득하
기 위한 그 오랜 노력의 결과로 일시적이나마 완전히 지치고 낙담하여
한동안 형이상학과 신학의 전쟁터를 떠나 회의주의의 천막들 속에서
부루퉁해져 있었다. 처음으로 사람들은 궁극적인 신적인 실재가 존재
하지 않거나 존재한다 하더라도 알려질 수 없다고 과감히 선언했다.
이것은 한 시기의 특징을 나타낸다. 물론 최고의 신을 알고자 하는
그리스인들의 노력에서 연속성의 실재적인 단절은 존재하지 않았다.
여기저기 드러나지 않는 곳에서 피타고라스와 그의 제자들의 종교적
관념들이 애써 다듬어지고 있었다. 그리고 이미 최고의 신의 본성
및 세계와 인간에 대한 그의 관계에 대한 탐구가 소크라테스의 사유에
서 되살아나고 있었으며, 피타고라스의 종교적 철학을 재건하여 확대

● ● ●

12) *Aristotle*, Ross, p. 167.
13) 물론 형이상학의 역사는 아리스토텔레스의 "질료"와 레우키포스의 "허공" 또는
   "있지 않음"과 같이 그들의 외적인 표현에서는 크게 다른 두 개념들에서 볼 수 있는
   내적 기능의 유사성과 같은 명백한 역설들로 가득 차 있다.

한 플라톤의 빛나는 천재로, 아리스토텔레스의 냉정한 신학과 형이상학으로, 그리고 임박한 천국에 대한 확신으로써도 이 세계에 대한 호기심을 억누를 수 없었던 성 바울과 닮은 에피쿠로스와 제논의 열정적인 종교적이고 형이상학적인 체계들로 연장될 수 있었다. 그럼에도 불구하고 지금 당장의 그리스 정신의 전형적인 태도는 젊은 학생들을 정치적 기술과 설득의 힘에 의해 직접적인 이 세계에 정통할 수 있도록 준비시켰던 프로타고라스와 고르기아스와 같은 재기발랄한 전문적 인간들의 회의주의였다. 탈레스와 피타고라스가 물었던 물음은 그 최종적인 대답을 맞이하지 못했다. 물론 그것이 아직 최종적인 대답에 도달하지 못한 까닭은 이 탐구 분야에서 최종성이란 불가능하기 때문이다. 그러나 회의주의자들의 훼방과, 특권을 지닌 시민들에게 일종의 부분적이고 현세적인 구원을 약속함으로써 사람들의 정신을 흩뜨렸던 도시국가의 급속한 퇴조는 탐구의 다음 파도로 하여금 새로운 형태들을 취하도록 했다. 따라서 회의주의자들의 시대에 이르기까지 그리스의 철학적 사유의 역사를 하나의 단위로서 다루는 데는 모종의 이유가 있다 할 것이다.

물론 나는 그 제한된 시기를 통해서도 철학적 사유의 역사 전체를 다루고자 하지 않았다. 바로 그 처음부터 우리의 탐구는 본질적으로 하나의 문제에 제한되어 있었다. 우주만물의 실체가 신적이라는 믿음은 그리스의 철학적 사유의 최초의 위대한 창조적 시기를 통해 어떤 변형들을 겪었던가? 이 물음에 대해 주어진 대답은 불완전했다. 그것은 하나의 대답에 대한 접근일 뿐인데, 왜냐하면 완전한 역사만이 이용 가능한 사실들에 빛을 비추어줌으로써 그것들이 이를테면 내부로부터 이해될 수 있게 되고 한 철학자의 모든 주장이 마치 우리가 그의 정신 안에 위치하여 그의 목적에 의해 고무된다면 그럴 수 있을 것처럼 우리에게 명확해질 것이기 때문이다. 그러나 만약 우리가 이미 주어진 불완전한 대답에 되돌아간다면, 우리는 최고의 신적인 실재의 본성에 대한 탐구가 추동력으로서 작용했고 또 최고의 신의 정의들로 하여금 차례로 거부될 만큼 증대되도록 한 일정한 관념들과 확신들에 의해 철저히 지배되었다는 것을 보게 될 것이다.

제12장 신과 철학자들

그리스 철학은 시인들에 의해 촉진되고 그리스 민중들이 공유하게 된 믿음의 자극 하에서 그 경력을 시작했다. 이 믿음은 우주만물에서 드러나는 모든 힘이 신이거나 신적이며, 모든 신이 힘이고, 모든 신이나 신적인 힘들이 서로 관계되어 있으며, 하나의 신이나 신적인 힘이 다른 모든 신이나 힘들에 대해 최고의 주권을 지니고, 그로부터 현실의 신적인 우주와 다른 신들을 포함하여 그 우주 속에 존재하는 모든 것이 생성된 우주발생론적인 신이나 신적인 힘이 존재하거나 존재했다고 주장했다. 철학적 사유의 본질적인 새로움과 예를 들어 탈레스와 피타고라스를 초기 그리스인들과 구별시키는 특징은 탈레스와 피타고라스가 이러한 믿음 가운데 마지막 두 항목을 명시적으로 융합하여 우주발생론적인 신적인 힘을 최고의 신적인 힘과 동일시했다는 사실에 놓여 있다. 탈레스와 피타고라스는 더 나아가 우주발생론적인 힘이 본질적으로 비-의인화 · 비-인간형태적이라는 모든 그리스인들의 믿음을 공유했다. 그러나 비-인간형태적이라는 것은 단지 부정적인 술어일 뿐이어서 그 자체로는 어째서 우주발생론적인 힘에 관한 그들의 사유가 각각 걸어가게 된 방향으로 나아가게 되었는지를 우리에게 설명해주지 않는다. 그것은 어째서 그들 가운데 한 사람은 신적인 물을 거론하고 다른 한 사람은 신적인 불을 말했는지를 설명해주지 않는 것이다. 우리는 이미 참된 설명을 알고 있다. 그들의 사유는 자동적으로 현실적 우주의 실체적 부분의 방향을 취했는데, 왜냐하면 모든 그리스인들은 수 세기 동안 최초의 신들과 기원적인 신적인 힘들이 집단으로서는 신적인 실체적 우주와 동일하며, 개별자들로서는 그 우주의 부분들이나 그 우주가 그로부터 생겨난 (카오스와 같은) 뭔가 모호한 신적인 힘과 동일하다고 믿어왔기 때문이다.

그리하여 우리가 그리스 철학이라고 부르는 사유의 노력은 최고의 신을 현실적 우주 속에서 드러나는 신적인 실체와 동일시하는 데로부터 발생했던바, 그 신적인 실체는 그 자신으로부터 우주만물을 산출하거나(탈레스), 모호하고 유연하거나 또는 기술적인 언어로는 "무한하고 무규정적인" 또 다른 실체, 즉 피타고라스의 **아페이론**ἄπειρον과 그 자신을 결합함으로써 우주만물을 산출한다. 최고의 우주발생론적인 신의 교설이 겪은 변형을 몇 마디로 요약하는 것은 불가능할 것이다. 그러나 이 모든 철학들에서 처음부터 일종의 이원론1), 즉 최고의

● ● ●

1) 현대의 논의에서 "일원론"과 "이원론"보다 더 느슨하게 사용되는 용어들은 거의 없다. 참다운 일원론이 과연 어떤 철학자에 의해 주장된 적이 있었는지는 매우 의심스럽다. 스스로가 참다운 일원론자라고 생각하는 철학자들은 정신과 영혼의 현상들이 어떤 실재적인 의미에서는 존재하지 않는다고 주장하는 데에 상당한 에너지를 소비한다. 따라서 그들은 독특한 종류의 있지 않음을 개진하는 셈이다.

신의 고차적인 형태들과 저차적인 형태들 간의 분열 내지 최고의 신의 완전한 실체와 그것이 그에 작용하는 불완전한 실체 간의 분열이 명시적으로 표현되거나 함축되어 있다는 사실을 분간해낼 수는 있다. 이러한 분열, 즉 이러한 부분적 이원론은 철학자들이 다른 모든 그리스인들과 공유하는 확신, 즉 궁극적인 신적인 실재가 완전하다는 확신에 의해 산출된다. 최고의 신의 완전함에 대한 믿음은 철학자들로 하여금 그들의 선행자들과는 구별되게 최고의 신에 관한 새로운 교설을 창안하고 지금까지 수용되어 온 신학적 체계들을 파괴하도록 고무한 두 가지 커다란 추동력 가운데 하나이다.

완전함은 모호한 용어이다. 한 사람이 완전하다고 간주하는 것이 그의 친구들, 그의 경쟁자들, 그의 계승자들에게는 불완전한 것으로 나타날 것이다. 친구들과 경쟁자들 그리고 계승자들이 완전함에 대한 그의 정의에 동의하지 않는다는 사실이 최초로 자연스럽게 표현되는 것은 그의 교설에 대한 부정에서이다. 그러므로 바로 그 처음부터 철학자들은 자신들이 동의하지 않는다는 사실을 본질적으로나 최소한 상당한 정도로 부정적인 용어들인 새로운 용어들을 찾아 선택함으로써 표현했다. 그리하여 아낙시만드로스는 탈레스를 부정하는 동시에 최고의 신이 아페이론, 즉 무한하고 무규정적인 신적인 실체라고 말함으로써 최고의 신에 대한 좀 더 완전한 정의를 창안하고자 했다. 그러나 이러한 부정들이 모든 경우에서 신이나 우주에 대한 선행하는 교설의 한 부분에만 적용될 뿐 결코 그 교설의 전체에 적용되지 않는다는 점을 깨달아 기억하는 것은 대단히 중요하다. 최고의 신이 그 경력을 시작했을 때 그것은 모든 이에 의해 우주만물에서 드러나는 최고의 인과적 힘이라고 믿어졌으며, 그 자체나 그것의 고차적인 형태들은 우주만물을 관통하는 생명의 최고의 원천이었다. 최고의 신은 비록 여러 부정에 종속되어 있다 하더라도 결코 이러한 속성들을 전적으로 빼앗기진 않았던 것이다.

이 모든 부정들에서는 하나의 통일적인 경향이 식별될 수 있다. 그것은 불변적인 것이 변화할 수 있는 것보다 더 완전하다고 믿는 경향이다. 최고의 신은 처음에는 변화하고 그 자체가 전적으로 생명인 것이거나 모든 변화와 모든 생명의 제1의 근원이자 원인인 것이었다. 그러나 변화하거나 변화와 너무 밀접하게 연관되어 있는 것은 필연적으로 불완전할 수밖에 없다는 믿음은 점차로 최고의 신에 관한 교설들을 변화시켰으며, 이러한 경향은 파르메니데스의 최고의 신의 완전한 불변성에서 정점에 도달했다. 생명 또는 프쉬케의 속성들 가운데서 이 신은 오로지 사유만을 유지했는데, 이 사유는 정신의 불변적인 측면이었다. 또한 이 신은 존재하고 변화하는 속성들 가운데서는 오로지 있음만을 유지했는데, 이 있음은 변화가 존재로부터 제외된 후 남아 있는 유일한 것이다. 그리고 변화의 최고의 원인이 지닌 속성들 가운데서 이 신이 유지하는 것은 오직 형상인데, 이 형상은 우주만물의 살아 있는 물체로부터 실체가 제외된 후 남아 있는 유일한 것이다.

우리는 또한 완전함에 대한 탐색을 표현하고 있는 이 부정적 용어들이 오랫동안 한갓된 부정들로 남아 있지 않았으며, 따라서 오랫동안 실천적으로 중요성과 긍정적 의미를 결여하고 있는 것으로 남아 있지 않았다는 것을 알아볼 수 있을 것이다. 철학자 그 자신이나 그의 계승자들은 더 나아가 이 부정들을 마치 그것들이 긍정적 자료들로 가득 차 있어 그가 자신의 체계의 나머지를 그 위에서 구축할 수 있거나 그의 계승자들이 그들 자신의 부정들을 구축할 수 있는 것처럼 그것들을 사용했다. 그리하여 아페이론과 페라스, "무한자"와 "한계"와 같은 용어들은 현기증 나는 속도로 그 의미가 변화된다. 한때에 아페이론은 아낙시만드로스가 탈레스를 부정하고 있는 까닭에 완전한 최고의 신일 것이지만, 그 다음 순간에 아페이론은 종속적이고 불완전하며 수동적인 실체일 것인데, 왜냐하면 피타고라스가 한계를 그의 최고의 신, 즉 아페이론을 제한하는 하나인 불의 속성들 가운데 하나로서 확립하고 있기 때문이다.

그리스의 철학적이고 신학적인 사유 속에서 작용하는 또 하나의 추동력은 궁극적인 신적인 실재가 감각들에 직접적으로 주어지는 우주만물을 어떻게든 해명하고 설명해야만 한다는 확신이다. 다시 말하면 인과적 기능이 최고의 신의 완전함의 본질적 부분인 것으로 간주되는 것이다. 하나의 관점에서 보면 이 힘은 단지 이미 언급된 확신의 하나의 요소로서, 요컨대 신의 완전함의 측면들 가운데 하나로서만 간주될 수도 있을 것이다. 그럼에도 불구하고 최고의 신이 완전한 원인이어야 하며 뭔가 이해될 수 있는 방식으로 우주만물을 산출할 수 있게 작용해야 한다는 요구는 또 다른 관점에서 보면 완전함에 대한 일반적 추구와는 구별될 수 있을 것이다. 완전함에 대한 일반적 추구는 최고의 신을 점점 더 변화하는 것으로부터 분리시켰으며 파르메니데스의 신학에서 정점에 도달했다. 그러나 최고의 신이 완전한 원인이어야 하며 어떻게든 현재의 우주만물을 설명해야 한다는 요구는 최고의 신을 다시 변화하는 것 안으로 던져 넣어 그것이 현재의 우주만물과 밀접한 접촉을 유지하도록 하는 경향이 있었다. 이러한 요구가 피타고라스의 신학과 형이상학을 낳았다. 그리고 그것은 모든 철학자들, 특히 엠페도클레스와 아낙사고라스 그리고 레우키포스의 형이상학적 교설들 가운데 많은 것을 낳았다. 그리고 이 요구가 작용하는 모든 곳에서 우리는 그에 의해 고무된 철학자가 "과학"이라 불리는 것에 일정한 주의를 기울인다는 것을 보게 될 것이다. 오로지 활동의 이러한 하나의 측면에서만 그리스 철학자는 과학적 사유에 접근한다. 그리고 그의 활동의 이 측면은 언제나 그가 그의 최고의 신의 완전함을 훼손할 어떤 것도 지각해서는 안 되며 그와 같은 완전함과 일관되지 않은 어떠한 현상들에 대한 설명도 받아들여서는 안 된다는 그 자신의 확신에 의해 엄격하고도 엄밀하게 제한된다.

신학적이거나 종교적인 믿음들에 의해 제한되었긴 하지만 그리스의 철학적 활동의 이 측면은 철학자들이 관찰 가능한 사실에 대해 양보하거나 신적인 실재가 변화와 결합될 수 있다고 기꺼이 선언하고자 한 유일한 측면이었다. 그러나 그들은 결국 변화가 최고의 의미에서 실재적이기보다는 현상적이라는 것을 주장하는 데 그들의 정력의 대부분을 소비했다.

이러한 스스로 부과된 제한들은 필연적으로 그리스의 철학적 사유의 역사를 통하여 그리스 철학자들의 자연적 호기심을 방해하고 참다운 과학의 진보와 철학의 진보에 필수불가결한 관찰된 사실들에 대해 주목하지 못하게 훼방하는 영향을 미쳤다. 철학자들의 호기심은 파괴되지 않았으며, 그들은 여전히 사실들에 어느 정도 주목했다. 그러나 그들이 제안한 우주론적 이론들과 자연 현상들에 대한 그들의 관찰은 언제나 그들이 훨씬 더 중요하다고 믿은 그들 철학의 부분을 구성하는 신학 및 형이상학과 일관된 방식으로 최고의 신에 대한 그들 자신의 교설의 제한 내부에서 파악되고 표현되었다.

이러한 두 가지 커다란 "추동력들"은 물론 이 철학자들의 사유의 구체적이고 개별적인 역사로부터 추상된 것들이다. 우리는 그것들에 대해 외적인 힘들로서가 아니라 철학자들이 공유하고 그에 굴복하게 된 인간적 경향들로서 생각해야만 한다. 그 영향 하에서 아낙사고라스는 아낙시메네스의 오랜 신학을 받아들여 그것을 무한한 신적인 실체에 관한 학설로 훌륭하게 개조했는데, 그 실체는 무한히 나누어질 수 있는 것으로 생각될 수 있지만 실제로는 연속적이며 그 최상의 형식들이 공기와 아이테르 그리고 정신인 하나의 최고의 신이다. 그 영향 하에서 엠페도클레스는 실제로는 스파이로스의 하나의 최고의 신이지만 그것들의 완전한 통일성 사이의 가상적인 간격들에서 사실상 죽을 수밖에 없는 자들의 관심을 끄는 변화의 모든 현상들을 제공할 수 있는 여섯의 최고의 신적인 힘들의 개념을 창안해냈다. 그 영향 하에서 보기 드문 천재적인 사람인 레우키포스는 운동이 없는 사유와 형상인 파르메니데스의 하나인 있음의 변형을 창안하여 무한한 수의 무한히 다양한 인과적 있음들의 개념을 지닌 세계를 제시했는데, 그 있음들 모두는 형상들이고 그 가운데서 최고 정도의 인과적 힘(사유와 생명의 기능들)은 최고의 신의 그의 버전, 즉 있음에서는 동일하지만 수에서는 무한한 구체 형상들에 돌려진다.

이 찬란한 지적 창안들 모두는 신학과 형이상학의 영역에 속했으며, 그 창안자들이 그 창안들의 도움을 받아 자연의 사실들을 설명하고자 했을 때 그것들로부터 만들어낸 적용들은 우리에게 근대적인 과학적 지식의 예언자적인 예견들로서 보이는 때때로 나타나는 전적으로 우연한 의견들에도 불구하고 쉽게 예상될 수 있는 만큼 불합리하고 불모의 것이었다. 그러나 과학에 관한 한 불모의 것이었음에도 불구하고 그것들이 본래 파악되었을 때 그것들은 형이상학의 영역에서는 불모의 것으로 머물지 않았다. 그 창안들이 지닌 산출력과 플라톤과 아리스토텔레스, 에피쿠로스와 스토아학파의 제논에 의해 그것들로부터 이루어진 형이상학적 적용들에 대해 여기서 논증하는 것은 적절하지 않을 것이다. 여기서는 형상들의 신적인 인과적 힘에 대한 레우키포스의 선언이 최고의 신에 관한 이후의 모든 사유에 엄청난 영향력을 지녔다는 점에 주목하는 것으로 충분할 것이다.

그럼에도 불구하고 인간의 사유 경제는 인간의 노동 경제만큼이나 불가사의하다. 지적 창안 및 정신의 장치나 구조가 본래 형이상학적 개념과 신에 대한 설명으로서 이바지하기로 되어 있었다고 하는 사실이 그것들이 과학적 가설과 자연 현상들에 대한 설명으로서 이용되지 못하게 영원히 막지는 못할 것이다. 생략되거나 억눌려질 필요가 있는 것은 오로지 그 신성, 신적인 원인으로서의 그 지위, 생명과 정신인 프쉬케와의 그 역사적 결합뿐이다. 이 모든 것은 최고의 신의 신학적 개념과 이론으로부터 그 신적인 완전성을 제거하길 꺼려하지 않은 사람, 요컨대 기꺼이 그것을 약화시켜 그것이 그 창안자의 믿음과 그 믿음을 공유하는 자들에 의해 주장되는 차원보다 낮은 차원으로 내려앉도록 하고자 하는 사람에 의해 쉽게 성취될 수 있다. 그리하여 신학적 개념이 변형될 수 있는 그 용이함과 최고의 신의 정의가 저차적인 형식의 있음 내지 심지어 있지 않음이나 질료의 정의로 옮겨 놓일 수 있는 그 신속함은 엠페도클레스의 네 가지 신들이 이내 네 개의 원소들로 된 사실과, 특히 나누어질 수 없는 형상들이 아리스토텔레스에게는 단순한 물체들이었고 17세기에 그것들이 가상디의 체계에서 물질적 원리인 미립자들 내지 원자들로 되었으며 그 후 그것들

이 화학이론의 파괴될 수 없는 물질로 된 사실을 설명해준다.[2]

아리스토텔레스의 관점에서도 레우키포스의 나누어질 수 없는 형상들은 이미 그들의 신성과 생명을 상실하여 물체들로 되었다. 이것은 아리스토텔레스의 견해가 레우키포스의 사유에 관한 역사적 진리를 나타낸다는 것을 의미하는가? 그와 반대로 그것은 아리스토텔레스가 최고의 신에 관한 그 자신의 교설과 그 자신의 형이상학 체계를 창안했으며, 따라서 그는 그 밖의 누군가에 의해 창안되고 따라서 그에게는 낯설고 적대적인 빛 속에서 나타난 모든 형이상학적 교설들에 대한 믿음을 상실했다는 것을 의미할 뿐이다. 그러므로 그는 궁극적인 신적인 실재, 즉 형이상학과 최고의 신에 관해 논의할 때 그 교설들을 이해하고자 하는 어려움을 겪지 않았다. 아리스토텔레스가 자연학적 교설들을 다루고 있을 때 그는 레우키포스와 데모크리토스에 대해 공손히 언급했다. 그의 태도는 더 이상 적대적이지 않았는데, 왜냐하면 그는 다른 철학자들이 최고의 신과는 구별된 것으로서 현상들과 자연에 대한 설명에 뭔가 참다운 공헌을 수행했다는 점에 대해서는 기꺼이 인정했기 때문이다. 확실히 그는 그에 선행한 그리스 신학자들에게 헤아릴 수 없이 많은 빛을 지고 있었다. 그러나 그는 그 사실을 깨닫지 못했으며, 그들을 아낙사고라스를 예외로 하여 최고의 신이라는 논제에서 "아무렇게나 말한" 사람들이자 그들이 발견한 원인들을 올바로 사용할 수 없는 사람들로서 표현하기가 쉽다는 것을 발견했다. 최고의 신의 그 자신의 버전을 믿었기 때문에 그는 그들의

● ● ●

2) 그리하여 "원자들"은 비록 근대에 그것들이 지닌 신적인 속성들의 나머지를 상실했다 하더라도 본래 레우키포스의 체계에서 그것들이 지녔던 실재성을 언제나 어떻게든 유지했다.

것을 믿지 않았다. 초기 사상가들 대부분의 최고의 신들이었던 신적인 실체들은 신속히 한갓된 "질료인"의 낮은 지위로 내려앉았으며, 몇몇의 가장 위대한 그리스 정신들이 자유롭게 그들의 천재성을 발휘하여 그 신들의 각각에게 생각될 수 있는 모든 완전성을 부여하고자 했던 오랜 노력이 아리스토텔레스에게는 아무렇게나 하는 이야기로 보였던 것이다.

그리하여 아리스토텔레스가 그의 위대한 선구자들에 대한 그 자신의 감사의 결여와 그가 최고의 신에 관한 그들의 교설들을 이해하지 못했다는 사실에 대해 제시한 논증은 물론 그 자신이 참다운 천재가 아니라는 것을 조금도 나타내지 않는다. 그러나 그것은 일정한 뚜렷한 이유들로 인해 그리고 그가 궁극적인 신적인 실재의 오로지 그 자신의 통찰만을 존중했던 까닭에 그가 철학자들에 의해 제공된 노력을―지식의 결여와 모든 방식의 인간적 결함에 의한 훼방으로 인해―실재에 대한 우리의 이해를 심화하고 강화하기 위한 하나의 연속적인 노력으로서 파악할 수 없게 되었다는 것을 입증한다. 그리고 실재에 대한 탐구를 연속적인 노력으로서 파악할 수 없었던 까닭에 그는 또한 그의 선행자들의 부분적인 실패로부터 교훈을 얻어낼 수 없었으며, 고집스럽게 인류의 공동의 사유에 대한 그 자신의 공헌을 하나의 그 이상의 체계로 확장시키고자 했다. 왜냐하면 확실히 철학적 사유의 체계들은 다양한 방식으로 잘못을 범하지만, 아마도 그 대부분은 명목상으로나 그 체계의 형성자들의 자부심에서 완전하고 완결되어 있으며 수정 불가능한 것이었기 때문이다. 철학 체계의 형성자들은 완전함을 목표로 하기 때문에 다른 이들이 이미 이용 가능하게 만든 진리들의 일정한 부분에 의도적으로 눈을 감는다. 그들은 철학적 종파들의 전쟁을 낳는데, 그 전쟁에서 결국 모든 체계들이 소멸하는 까닭은 그것들의 죽은 부분이 살아 있는 내용과 전혀 균형이 잡혀 있지 않을 뿐만 아니라 비록 여전히 부분적이긴 하지만 새로운 진리들이 발견되기 때문이다.

아리스토텔레스가 선행자들을 참되게 파악하여 판단하지 못한 이러한 실패의 측면에서 다른 많은 위대한 철학자들보다 더 많은 잘못을 범한 것은 전혀 아니다. 이러한 연관에서 그의 이름이 언급된 것은 다만 초기 그리스 철학에 대한 그의 해석이 그것이 의존하는 토대에 대한 마땅한 검토를 거치지 않고서 오랫동안 널리 받아들여져 왔기 때문이다. 그리고 유사한 실패가 철학자들에게 한정되는 것도 아니다. 다른 이들에 의해 사용된 언어와 그들이 그 언어를 통해 전달하고자 하는 사유를 외부로부터 탐구하고 그들의 사유의 장점들과 단점들을 전적으로 외적인 현상에 의해 평가하는 습관에 빠지는 것보다 더 쉬운 것은 아무것도 없다. 다른 이들을 이해하기 위해서는 노력이 요구된다. 우리는 잠시 우리의 자기중심주의를 포기해야만 하지만, 그보다 더 어려운 것은 아마도 거의 없을 것이다. 기원전 6세기와 5세기의 짧은 기간 사이에 철학자들이 잇따라 선행자들의 신학적 교설들을 서로 다른 정도의 격렬함을 가지고서 공공연히 공격했다. 피타고라스와 크세노파네스는 호메로스와 헤시오도스의 신학을 공격했다. 헤라클레이토스는 헤시오도스, 피타고라스, 크세노파네스 그리고 헤카타이오스의 신학들을 공격했다. 파르메니데스는 헤라클레이토스를 눈멀고 귀먹고 벙어리며 무지하다고 부름으로써 그에게 보답했다. 그리고 엠페도클레스는 엘레아학파 사람들을 미친 사람들이자 바보들이라고 언급했다. 우리가 아는 한 선행자들의 신학에 대한 폭력적인 매도에 호소하지 않은 철학자들도 그들의 정신적 에너지의 대부분을 그 신학을 부정하는 데 소비했는데, 그 불가피한 결과는 우리가 보았던 것처럼 상당한 정도로 부정적인 용어들로 표현된 최고의 신의 각각의 새로운 교설들이었다.

이러한 경향이 보편적이기 때문에, 이런 저런 특수한 철학자가 때때로 선행자들의 교설들을 그릇되게 설명한 사실은 비교적 사소한 일이다. 어느 정도의 그릇된 설명은 한 인간이 다른 인간의 사유를 보고하고자 할 때마다 피할 수 없다. 그러나 실제로 중요한 사실은 이 철학자들 각각이 선행자들의 사유를 오해했으며, 나아가 그들이 다소간에 오해했던 까닭에 그들은 먼저 모든 지적인 규율들 가운데 가장 엄격한 것에 따르지 않고서 궁극적인 신적인 실재에 관한 선행자들의 교설을 자유롭게 부정하고 반대하며 (가장 나쁜 경우들에서는) 매도할 수 있다고 느꼈다는 점이다. 이 규율의 본성과 본질에 관하여 신비한 것은 아무것도 없다. 그것은 철학사의 규율인바, 그 본질은 다른 이들의 사유와 표현을 이해하기 위하여 필요한 노력을 기울이는 것과 어느 정도의 성공이 이루어지기까지 그 노력을 늘려가는 데 존재한다. 이러한 규율이 없다면 철학적 사유의 실천은 사실상 불가능해진다. 그것은 우리가 연구해온 시기의 빛나는 성취에 의해서 그리고 사실상 그 이후의 모든 철학자들의 성취에 의해서 증명되어 왔다. 그러나 이 규율이 기원전 5세기의 그리스인들에 의해서뿐만 아니라 그 이후 계속해서 무시되어온 사실은 철학 학파들과 종파들에 의해 수행된 파괴적이고 비합리적인 싸움뿐만 아니라 또한 철학의 역사가 궁극적 실재에 대한 좀 더 완전한 이해의 진보적인 획득보다는 견지할 수 없는 입장들로부터 일련의 퇴각의 역사와 닮아 있는 사실을 대부분 설명해준다.

　몇몇의 가장 위대한 철학자들마저도 자신들의 사유를 표현하는데서 사용하지 않을 수 없다고 느꼈던 부정들과 모순들 배후에는 살아 있는 진리와 참다운 직관의 작지만 무한히 귀중한 부분이 놓여 있는바, 그것은 철학에 공헌할 수 있는 천재의 특권이다. 철학자들이 스스로 철학사의 규율에 따를 수 없고 또 기꺼이 따르고자 하지 않는다면 철학은 성공적일 수 없으며, 그 노력은 자연과학들의 노력처럼 연속적이고 참으로 진보적일 수 없다. 철학사의 규율은 만약 그것이 충분히 이해된다면 자연과학들의 규율보다 훨씬 더 엄격하며 정신에 대해 훨씬 더 커다란 요구를 제기하는데, 그것은 다른 인간들의 사유의 실재적인 의미를 이해하고 살아 있는 실재를 이해하기가 자연과학들에 의해 연구되는 현상들 사이의 관계들을 파악하는 것보다 더 어렵다는 명백한 이유 때문이다.

　철학자들이 이러한 규율에 따르기를 거부하는 한, 그들은 의도적으로나 부지불식중에 다른 사람들의 사유와 철학적 성취들 속에서 살아 있고 타당한 모든 것으로부터 스스로를 갈라놓는다. 그리고 스스로의 오만함의 방책防柵 배후에서 그들은 다른 체계들의 폐허더미 위에서 새로운 체계들을 계속해서 쌓아올릴 것이다. 가령 헤라클레이토스는 크세노파네스 신학의 잔해 위에서, 그리고 파르메니데스는 헤라클레이토스의 폐허 위에서 자신들의 체계를 세웠다. 더 나아가 이러한 규율이 책들에 의해 전달될 수 없다는 것은 명확한데, 왜냐하면 그러한 규율이 요구하는 노력은 그 사태의 본성상 개인적이어서 누군가에 의해 대신 수행될 수는 없기 때문이다. 철학은 자연과학이 다루는 실재를 무시하거나 비웃지 않는다. 그러나 철학의 방법들과 규율은 필연적으로 다르지 않을 수 없는데, 왜냐하면 철학은 그 기원에서나 아니 지금도 생명 그 자체의 실재를 다루고자 해야만 하기 때문이다. 만약 철학사의 규율이 좀 더 광범위하게 실천되게 된다면 철학적 사유는 점차 과학에 대한 현재의 예속상태에서 벗어날 수 있게 될 것이며, 문제들을 하나하나 취급하여 과학이 도달한 해결책들만큼이나 연속적으로 개선될 수 있는 해결책에 도달할 수 있을 것인바, 그것은 이제 진리의 성장하는 부분을 포함하게 될 것이다.

참고 문헌

Allen, T. W., *The Homeric Catalogue of Ships*. Oxford, 1921.

    Homer; the Origins and the Transmission. Oxford, 1924.

Bérard, V., *Les Phéniciens et l'Odyssée*. Paris, 1902.

Blass, F., *Die Interpolationen in der Odyssee*. Halle, 1904.

Drerup, E., *Homerische Poetik*. I *Das Homerproblem in der Gegenwart*. Würzburg, 1921.

Finsler, G., *Homer.*[3] Leibzig, 1924.

Lang, A., *Homer and His Age*. London, 1906.

Laurand, L., *Progrès et recul de la critique*. Paris, 1913.

Leaf, W., *Troy*. London, 1912.

    Homer and History. London, 1915.

Mülder, D., *Die Ilias und ihre Quellen*. Berlin, 1910.

Murray, G., *The Rise of the Greek Epic.*[3] Oxford, 1924.

Rothe, C., *Die Ilias als Dichtung*. Paderborn, 1910.

Die Odyssee als Dichtung. Paderborn, 1911.

Scott, J. A., *The Unity of Homer.* Berkely, 1921.

Shewan, A., *The Lay of Dolon.* 1911.

헤시오도스

Mazon, P., *Les Travaux et les Jours.* Paris, 1914.

    Hésiode. Paris, 1928.

Powell, J. U., *New Chapters in the History of Greek Literature*, Second Series (Appendix
    I, pp. 198 ff.). Oxford, 1929.

Séchan, L., "Pandora," *Bulletin de l'Association Guillaume Budé*, Avril, 1929, pp. 3−36.

그리스 종교

Adam, J., *The Religious Teachers of Greece.*[2] Edinburgh, 1909.

Boulanger, A., *Orphée.* Paris, 1925.

Cornford, F. C., *From Religion to Philosophy.* London, 1912.

    Greek Religious Thought from Homer to the Age of Alexander. London, 1923.

Farnell, L. R., *The Cults of the Greek States.* Oxford, 1896−1909.

    Greek Hero Cults and Ideas of Immortality. Oxford, 1921.

    Outline History of Greek Religion. London, 1920.

Gruppe, O., *Griechische Mythologie und Religionsgeschichte.* Leipzig, 1908.

Kern, O., *Die Religion der Griechen*, I. Berlin, 1926.

    Die griechischen Mysterien. Berlin, 1927.

    Orphicorum fragmenta. Berlin, 1922.

Moore, George Foot, *History of Religions*, I. New York, 1916.

Murray, G., *Five Stages of Greek Religion*. New York, 1925.

Nägelsbach, C. F., *Homerische Theologie.*[3] Nürnberg, 1884.

Nilsson, M. P., *History of Greek Religion*. Oxford, 1925.

    The Minoan-Mycenaean Religion. Lund, 1927.

Pettazzoni, R., *La religione nella Grecia antique*. Bologna, 1921.

    I Misteri. Bologna, 1923.

Rohde, E., *Psyche* (English translation from the 8th edition). New York, 1925.

Rose, H. J., *Primitive Culture in Greece*. London, 1925.

그리스 철학

Aristotle, *Metaphysics*. Text, introduction and commentary by W. D. Ross. Oxford, 1924.

Bailey, C., *The Greek Atomists and Epicurus*. Oxford, 1928.

Bodrero, E., *Eraclito*. Torino, 1912.

Bréhier, E., *Histoire de la philosophie*, I. Paris, 1926.

Burnet, J., *Early Greek Philosophy.*[3] London, 1920.

    Greek Philosophy, Part I. London, 1914.

Bywater, I., *Heracliti reliquiae*. Oxford, 1877.

Carcopino, J., *La basilique pythagoricienne de la Porte Majeure*. Paris, 1926.

    Commentaria in Aristotelem graeca. Berlin, 1882.

Decharme, P., *La critique des traditions religieuses chez les Grecs*. Paris, 1904.

Delatte, A., *Études sur la littérature pythagoricienne*. Paris, 1915.

    La vie de Pythagore de Diogène Laërce. Bruxelles, 1922.

    Essai sur la politique pythagoricienne. Liège, 1922.

Diels, H., *Doxographi Graeci*. Berlin, 1879.

    Die Fragmente der Vorsokratiker.[3] Berlin, 1912. (Referred to as FV.)

Diès, A., *Le cycle mystique*. Paris, 1909.

Gianola, A., *La fortuna di Pitagora presso i Romani*. Catania, 1921.

Gilbert, O., *Griechische Religionsphilosophie*. Leipzig, 1911.

Krische, A. B., *Die theologischen Lehren der griechischen Denker*. Göttingen, 1840.

Macchioro, V., *Eraclito*. Bari, 1922.

Méautis, G., *Recherches sur le Pythagorisme*. Neuchâtel, 1922.

Nock, A. D., *Sallustius. Concerning the gods and the universe*. Cambridge, 1926.

Rivaud, A., *Le problème du devenir et la notion de la matière*. Paris, 1906.

Robin, L., *La pensée grecque*. Paris, 1923.

Ross, W. D., *Aristotle*. London, 1923.

Rostagni, A., *Il verbo di Pitagora*. Torino, 1924.

Scoon, R., *Greek Philosophy before Plato*. Princeton, 1928.

Tannery, P., *Pour l'histoire de la science hellène*. Paris, 1887.

Theophrastus, *Metaphysics*. Translation, commentary, and introduction by W. D. Ross and F. H. Fobes. Oxford, 1929.

Ueberweg-Praechter, *Die Philosophie des Altertums*.[12] Berlin, 1926. (Especially valuable for its bibliography.)

Zeller, E., *Die Philosophie der Griechen. Erster Teil: Erste Hälfte*[7]; *Zweite Hälfte*.[6] Leipzig, 1920, 1923.

옮긴이 후기

이 책은 로이 케네스 해크Roy Kenneth Hack의 *God in Greek Philosophy to the Time of Socrates*, Princeton: Princeton University Press, 1931을『그리스 철학과 신 — 소크라테스 이전 철학자들에서 신 개념의 역사』라는 제목으로 옮긴 것이다. 저자인 로이 케네스 해크 (1884~1944)는 1905년부터 1909년까지 옥스퍼드 대학에서 고전학을 공부했으며, 1923년부터는 신시내티 대학의 고전학과 교수로 재직했다. 그가 발표한 저술들로는 이『그리스 철학과 신』외에「11음절 시구의 법칙」The Law of the Hendecasyllable,「호메로스와 영웅 숭배」Homer and the Cult of Heroes,「문학적 형식의 교설」The Doctrine of Literary Forms과 스토아학파에서의 신과 프네우마 등에 관련된 여러 논문을 찾아볼 수 있다. 이『그리스 철학과 신』은 1931년과 1968년 사이에 영어로 세 판본이 출간되었다.

일반적으로 초기 그리스 철학의 역사는 우리 모두를 매혹시키는 고향과 같은 영역으로 나타난다. 그것은 바로 그 역사가 철학의 역사의 최초의 시원을 제시하는 까닭이겠지만 — 물론 이 최초의 시원은 그것이 비록 다른 철학은 아니라 하더라도 신화, 종교와 같은 철학 이전의 세계관들과의 연속성을 지닌다면 단적인 무로부터의 시원은 아니었다 —, 또한 시원적 사유의 천재성이 제시하는 풍부한 통찰들과 심원함, 그리고 그것들이 허락하는 너무도 다양한 해석 가능성들 때문일 것이다. 얼핏 생각해 보아도 우리는 초기 그리스 사유의 끝없이 이어지는 주제들을 떠올릴 수 있다: 신화적 이야기들, 뮈토스와 로고스, 종교와 철학의 연속성과 불연속성, 탈레스의 모든 것에 대한 사유와 아르케에 대한 물음, 아낙시만드로스의 아페이론, 아낙시메네스의 무한하면서도 한정적인 공기, 피타고라스의 수와 신비종교, 크세노파네스의 일자, 헤라클레이토스의 로고스와 만물유전, 파르메니스데스의 하나와 있음과 사유, 엘레아의 제논의 변증법, 엠페도클레스의 리조마타와 아낙사고라스의 스페르마타 및 누스, 레우키포스와 데모크리토스의 원자론, 나아가 소피스트와 소크라테스의 대립, 플라톤의 이데아와 국가, 아리스토텔레스의 개별자와 형상 및 질료 등등.

그런데 우리는 이렇듯 끝없이 이어지는 사유의 주제들과 통찰들 속에서 그것들이 도대체 무엇에 대한 것인지 알아들을 수 없다는 이해력의 결여와 어떤 접근의 통로를 찾을 수 없다는 사유의 무력함을 고백하지 않을 수 없게 된다. 그것은 더 나아가 각각의 철학자들 사이에 어떤 논리적·내용적 연관이 자리 잡고 있는지, 그리고 초기 그리스 사유 전체를 꿰뚫는 통일적 연관이 무엇인지를 파악하는 데서

겪게 되는 어려움의 문제로 이어진다.

이러한 형편에서 해크의 이『그리스 철학과 신』은 최고의 신적인 힘의 참된 본성에 관한 문제가 초기 그리스 철학자들을 관통하고 있는 중심 문제라는 작업틀을 통해 초기 그리스 사유에서 신 개념을 핵심으로 한 철학적 사유의 체계들의 역사적 전개를 단절 없는 연속과 그것들이 지닌 통일적인 연관 속에서 매우 흥미롭게 소개하고 있다. 가령 일반적으로 그리스 철학사는 그들의 활동 사이에 거의 아무런 관계도 없이 단절되어 있고 또 시기적으로 구분되어 있는 두 그룹의 철학자들, 즉 자연의 탐구에 온 정력을 쏟아 붓는 자연과학적・유물론적 유형의 철학자들과 궁극적인 존재의 본성에 대한 탐구에 몰두하는 형이상학적・관념론적 유형의 철학자들에 의해 이루어지는 것으로 여겨지고 있지만, 이『그리스 철학과 신』은 그리스 사유의 역사가 '신화적' 시기로부터 소크라테스의 시대에 이르기까지, 아니 플라톤과 아리스토텔레스를 거쳐 헬레니즘 시대의 스토아학파에 이르기까지 최고의 신적인 본성에 대한 사유의 연속성이라는 점에서 실제로 단절된 적이 결코 없었음을 보여주는 것이다.

이렇게 신 문제를 둘러싼 초기 그리스 사유와 그 개념 전개의 연속성을 해크는 일종의 '발생적' 방법, 즉 우주발생론적인 신적인 힘과 동일시되는 최고의 신적 존재에 대한 최종적인 정의를 제시하고자 하는 철학자들의 완전함에 대한 추구와 다른 철학자들의 정의들에서 발견되는 불완전함에 대한 각 철학자들의 부정적 판단이 서로 결부되는 모종의 연관에 대한 제시를 통해 해명하고 있다. 철학자들의 사유와 표현에서 부정 판단들이 지니는 의미에 대한 천착을 통해 해명되는 그리스 사유의 연속적이고 통일적인 연관에 대한『그리스 철학과 신』의 서술은 이제 우리로 하여금 호메로스와 헤시오도스의 시문으로부터 소크라테스 시대에서의 신적인 존재에 관한 철학적 탐구들에 이르기까지 그 역사적 발전을 전체적으로 조감할 수 있게 해주는 것이다.

뿐만 아니라 이 서술은 그리스 사유를 이끌어가는 또 다른 추동력이 신적인 실재와 우리에게 경험적으로 현상하는 우주만물의 관계에 대한 해명임을 보여줌으로써 그리스 사유의 전개과정에서 신 내지 신적인 힘에 관한 사유로부터 형성되는 그리스 철학의 통찰들과 그 개념들이 지닌 체계적인 의미를 통일적으로 파악하고 나아가 그 철학적 의의를 이해할 수 있도록 해준다. 그리하여 저자는, 물론 이 책이 기술의 대상으로 하고 있는 시기가 호메로스와 헤시오도스에서 시작하여 소크라테스 시대에서 끝나긴 하지만, 초기 그리스 사유에서의 최고의 신적인 힘 내지 신 개념과 그것과 세계와의 관계에 대한 이 탐구가 형이상학을 비롯한 최고의 신적인 실재와 관련된 문제영역들에서 좀 더 진전된 탐구의 출발점이 될 수 있기를 기대하고 있다. 요컨대 우리는 이『그리스 철학과 신』에 대한 독해를 통해 형이상학과 존재론, 신학의 영역에 걸쳐 철학함의 어떤 실마리를 얻을 수 있는 것이다.

옮기고 원고를 마무리하는 과정에서 b의 조기조 사장과 편집부의 김장미, 백은주 두 선생은 장인다운 솜씨를 보여주는 가운데 너무도 귀중한 제안들을 아끼지 않았다. 세 분에게 진심으로 감사드린다. 이제 옮긴이로서는 ― 스스로가 이른바 고대 철학 전공자는 아니지만 언제나 고대의 사유에 매혹당해 있는 학도로서 ― 이『그리스 철학과 신』이 옮긴이에게 그랬듯 독자들에게도 그리스 사유에 접근하는 어떤 통로를 제공할 수 있기를 바랄 뿐이다.

2011년, 4월
중계동 우거에서
옮긴이

찾아보기

235

167, 168, 170, 172, 173, 217

아페이론   71, 75, 82, 85, 89, 92, 101,
    130, 203, 212, 213, 215

악마 (→불화)

엠페도클레스   58, 143, 146,
    148, 149, 150, 151, 152, 153, 161,
    163, 167, 170, 174, 176, 198, 216,
    217, 218, 221

영웅   35

영웅 숭배 33

영혼 (→프쉬케)

오르페우스교   55, 58, 59, 72,
    80

운명   22, 23, 25, 27, 32, 34, 36,
    40, 48, 72, 73, 93, 110, 117, 120,
    121, 167, 206

원자   168, 181, 191, 218

이원론   92, 102, 130, 166, 167,
    212, 213

인격화   28, 29, 37

일원론   102, 134, 151, 212

(ㅈ)

정신   7, 16, 25, 28, 29, 33, 34,
    36, 45, 54, 60, 66, 72, 80, 87, 94,
    98, 103, 116, 120, 126, 133, 143,
    146, 157, 163, 164, 165, 167, 172,
    173, 175, 184, 185, 187, 190, 191,
    196, 201, 204, 205, 208, 212, 214,
    217, 218, 220, 223

제논(스토아학파의)   5, 13, 123,
    138, 175, 194, 208, 218

제논(엘레아의)   140, 162

질료   28, 75, 85, 118, 123, 130,
    141, 178, 185, 190, 191, 199, 205,
    206, 207, 218

(ㅊ)

첼러, E.   7, 44, 79, 84, 113, 123,
    126, 184

(ㅋ)

콘퍼드, F. M.   7, 12

크세노파네스   16, 18, 36, 40,
    94, 95, 98, 99, 100, 101, 102, 104,
    105, 106, 109, 117, 118, 121, 123,
    125, 129, 130, 132, 143, 177, 221,
    223

(ㅌ)

탈레스   11, 12, 13, 54, 65, 66, 67,
    68, 69, 70, 71, 72, 75, 161, 208, 211,
    213, 215

테아게네스   107

테트락튀스   84, 89

(ㅍ)

파넬, L. R.   24, 28, 29, 33

페라스 (→한계)

파르메니데스   85, 94, 123,
    125, 126, 129, 130, 131, 132, 133,
    135, 136, 137, 138, 139, 140, 143,
    148, 151, 165, 171, 172, 175, 176,

그리스 철학과 神

초판 1쇄 발행 2011년 04월 30일
　　3쇄 발행 2022년 12월 12일

지은이 로이 케네스 해크
옮긴이 이신철
펴낸이 조기조

펴낸곳 도서출판 b
등　록 2003년 2월 24일 제2006-000054호
주　소 08772 서울시 관악구 난곡로 288 남진빌딩 302호
전　화 02-6293-7070(대) 팩시밀리 02-6293-8080
이메일 bbooks@naver.com 홈페이지 b-book.co.kr

ISBN 978-89-91706-43-9　　03160
정 가 12,000원